[改訂版] 詳解ドイツ語文法

在間 進
Zaima Susumu

大修館書店

まえがき

　本書は，初級ドイツ語の学習を終え，ドイツ語をさらに詳しく学ぼうとする人のための文法書です。外国語を学ぶ目的は，第一義的にその外国語が使えるようになることでしょう。しかし，外国語を学ぶことそれ自体もとても楽しいことなのです。もちろん文法書は「推理小説」のように読むことはできないでしょうが，語学を真剣に学ぼうとする読者には少なくとも「読んで楽しいもの」でなければならないと思います。したがって，本書の執筆に際して，ドイツ語文法の実用的記述を目指しつつも，ドイツ語の背後にある「文を創り出す」体系性の記述にも十分にスペースを割きました。

　1998年8月1日より施行されたドイツ語新正書法は，様々な検討結果を踏まえて，2006年8月1日をもってドイツ語の唯一の正当な正書法になりました。したがいまして，今回の改訂では，新たな知見の追加，説明のより簡潔化などとともに，新正書法に基づく全面的な修正を行いました。正書法の大きな変更は，必要に応じて本書の中で取り上げましたが，「句読法」，「分綴法」については，巻末付録で詳しく説明してありますので，そちらを参照してください。

　外国語をしっかり学ぶということは決して容易なことではないでしょうが，しかし，だからこそ，それはとてもやりがいのあることだと考えられます。本書が読者のみなさんの実用的なドイツ語学習上の手助けになるだけではなく，本書を読むことによって，ドイツ語に対するみなさんの知的興味が少しでも深まっていくならば，それは私にとって大きな喜びです。

なお，初版刊行の際にお世話になった方々（特に鉄野善資氏，佐伯禎明両氏，三瓶裕文氏）に改めてお礼を申し上げるのは当然のことですが，本書を常に温かく見守ってくださり，今回の改訂に際しても忍耐強くお付き合いくださった大修館書店編集部の米山順一氏にも心からお礼を申し上げます。

　　　2006年8月

在間　進

目　次

まえがき —— *iii*

第1章　文 —— 3
 第1課　文 —— *4*
  §1　定義/*4*
  §2　下位分類/*4*
 第2課　文肢 —— *10*
  §1　定義/*10*
  §2　統語的機能/*11*
  §3　主語/*11*
  §4　述語/*13*
  §5　目的語/*15*
  §6　述語的形容詞の目的語/*19*
  §7　副詞類/*20*
  §8　付加語/*22*
 第3課　文型 —— *24*
  §1　補足成分と添加成分/*24*
  §2　文型/*24*
  §3　文型リスト/*25*
 第4課　文肢配列規則（語順）—— *29*
  §1　枠規定規則/*29*
  §2　順序規定規則/*32*
  §3　文頭/*36*
 第5課　文肢の位置 —— *38*
  §1　定形の動詞/*38*
  §2　述部成分/*40*
  §3　枠構造内の文肢配列　/*41*
  §4　nichtの位置/*48*
  ● 練習問題/*53*

第2章　動詞（1）―― 55
　　第1課　動詞の形 ―― *56*
　　　　§1　活用/*56*
　　　　§2　人称変化/*56*
　　　　§3　3基本形/*57*
　　　　§4　強変化動詞・弱変化動詞・混合変化動詞/*58*
　　　　§5　特殊な3基本形/*60*
　　第2課　動詞の人称変化（直説法）―― *61*
　　　　§1　現在時制/*61*
　　　　§2　過去時制/*64*
　　　　§3　未来時制/*67*
　　　　§4　完了時制/*67*
　　　　§5　haben と sein の使い分け/*68*
　　第3課　時制（直説法）―― *71*
　　　　§1　時制/*71*
　　　　§2　用法/*71*
　　　　§3　絶対的用法と相対的用法/*76*
　　第4課　受動態 ―― *77*
　　　　§1　受動態/*77*
　　　　§2　動作受動/*77*
　　　　§3　非人称受動/*79*
　　　　§4　表現機能/*81*
　　　　§5　動作受動の制限規則/*83*
　　　　§6　動作受動文の動作主表示/*84*
　　　　§7　bekommen 受動/*85*
　　　　§8　動作受動文に準ずる表現/*86*
　　　　§9　状態受動/*87*
　　第5課　接続法 ―― *89*
　　　　§1　接続法の種類/*89*
　　　　§2　第1式（接Ⅰ）の作り方/*89*
　　　　§3　第2式（接Ⅱ）の作り方/*91*
　　　　§4　時制/*93*
　　　　§5　用法/*95*
　　第6課　命令法 ―― *102*
　　　　§1　定義/*102*
　　　　§2　親称の命令形/*102*

　　　　　　§3　敬称の命令形/*104*/
　　　　　　§4　様々な命令文/*105*/
　　　　● 練習問題/*108*/

第3章　動詞（2）——— *109*
　　第1課　助動詞 ——— *110*
　　　　　　§1　定義/*110*/
　　　　　　§2　haben, sein, werden/*110*/
　　　　　　§3　話法の助動詞/*112*/
　　　　　　§4　使役の lassen/*121*/
　　第2課　複合動詞 ——— *122*
　　　　　　§1　動詞の接頭辞/*122*/
　　　　　　§2　複合動詞/*122*/
　　　　　　§3　分離前つづりと分離動詞/*123*/
　　　　　　§4　非分離前つづりと非分離動詞/*126*/
　　　　　　§5　分離・非分離前つづりと分離・非分離動詞/*128*/
　　　　　　§6　熟語動詞/*129*/
　　第3課　再帰代名詞・再帰動詞 ——— *131*
　　　　　　§1　再帰代名詞/*131*/
　　　　　　§2　再帰代名詞の用法/*131*/
　　　　　　§3　再帰動詞/*133*/
　　　　　　§4　再帰的表現形式/*134*/
　　　　　　§5　相互代名詞/*136*/
　　　　　　§6　状態再帰/*138*/
　　第4課　人称動詞・非人称動詞 ——— *139*
　　　　　　§1　人称動詞/*139*/
　　　　　　§2　非人称主語 es/*139*/
　　第5課　機能動詞構造 ——— *141*
　　　　　　§1　機能動詞/*141*/
　　　　　　§2　統語タイプ/*142*/
　　　　　　§3　表現機能/*143*/
　　第6課　動作相 ——— *145*
　　　　　　§1　定義/*145*/
　　　　　　§2　継続動詞/*145*/
　　　　　　§3　完了動詞/*145*/
　　　　　　§4　動作相と統語現象/*146*/

● 練習問題/148

第4章　不定形の動詞 —— 149
　　第1課　不定詞 —— 150
　　　　§1　定形と不定形/150
　　　　§2　不定詞/150
　　　　§3　zu のない不定詞の用法/152
　　　　§4　zu 不定詞・zu 不定詞句/154
　　　　§5　zu 不定詞句の意味用法/155
　　　　§6　zu 不定詞句を補足成分として持つ動詞/158
　　　　§7　zu 不定詞句と dass 文の関係/158
　　　　§8　zu 不定詞句＋sein/haben など/159
　　　　§9　相関詞/161
　　第2課　現在分詞 —— 163
　　　　§1　作り方/163
　　　　§2　用法/163
　　　　§3　現在分詞句/166
　　　　§4　現在分詞派生の形容詞/167
　　　　§5　未来受動分詞/167
　　第3課　過去分詞 —— 168
　　　　§1　作り方/168
　　　　§2　用法/170
　　　　§3　過去分詞句/172
　　　　§4　過去分詞派生の形容詞/173
　　● 練習問題/174

第5章　名詞類・冠詞類 —— 175
　　第1課　名詞の下位分類 —— 176
　　　　§1　具象名詞と抽象名詞/176
　　　　§2　普通名詞/176
　　　　§3　集合名詞/176
　　　　§4　固有名詞/177
　　　　§5　物質名詞/177
　　　　§6　抽象名詞/177
　　第2課　文法上の性 —— 178
　　　　§1　種類/178

〈目　次〉── ix

　　　§2　見分け方/178
　　　§3　複数の文法上の性を持つ名詞/180
　　　§4　合成名詞の文法上の性/180
第3課　数 ── 181
　　　§1　種類/181
　　　§2　複数形の作り方/181
　　　§3　2種類の複数形を持つ名詞/185
　　　§4　用法/186
　　　§5　特殊な複数形/187
　　　§6　数量などの単位を示す名詞の数/188
　　　§7　単数形名詞と複数形名詞/188
第4課　格 ── 190
　　　§1　種類/190
　　　§2　名詞の格変化/190
　　　§3　統語的機能/194
　　　§4　自立格と前置詞格/200
第5課　代名詞 ── 201
　　　§1　定義/201
　　　§2　人称代名詞/201
　　　§3　es/204
　　　§4　指示代名詞/208
　　　§5　不定代名詞/210
　　　§6　疑問代名詞/214
第6課　冠詞類・冠詞 ── 215
　　　§1　冠詞類/215
　　　§2　定冠詞/216
　　　§3　不定冠詞/218
　　　§4　ゼロ冠詞/220
第7課　定冠詞類 ── 222
　　　§1　定義/222
　　　§2　指示冠詞 dies-, jen-, solch-/222
　　　§3　不定数冠詞 all-, jed-, manch-/226
　　　§4　疑問冠詞 welch-/230
第8課　不定冠詞類 ── 231
　　　§1　定義/231
　　　§2　所有冠詞/231

　　　　　　　§3　否定冠詞 kein/*234*
　　　　　　　§4　疑問冠詞 was für ein-/*236*
　　　　　　● 練習問題/*238*

第6章　形容詞・副詞・前置詞 —— 239
　　　第1課　形容詞 —— *240*
　　　　　　　§1　用法/*240*
　　　　　　　§2　付加語的用法/*240*
　　　　　　　§3　述語的用法/*243*
　　　　　　　§4　副詞類的用法/*244*
　　　　　　　§5　形容詞の名詞的用法/*245*
　　　　　　　§6　格・前置詞を支配する形容詞/*246*
　　　第2課　副詞 —— *247*
　　　　　　　§1　下位分類/*247*
　　　　　　　§2　特殊な副詞/*248*
　　　　　　　§3　用法/*251*
　　　　　　　§4　副詞と前置詞/*253*
　　　　　　　§5　副詞と前置詞句/*253*
　　　第3課　前置詞 —— *254*
　　　　　　　§1　格支配と位置/*254*
　　　　　　　§2　格支配に基づく下位分類/*255*
　　　　　　　§3　前置詞と定冠詞の融合形/*256*
　　　　　　　§4　動詞・形容詞・名詞の前置詞支配/*257*
　　　　　　　§5　前置詞と人称代名詞・疑問代名詞の結合形/*258*
　　　　　　　§6　前置詞句の統語的機能/*259*
　　　　　　◆主な前置詞の用法/*261*
　　　　　　　　4格支配の主な前置詞/*261*
　　　　　　　　3格支配の主な前置詞/*263*
　　　　　　　　2格支配の前置詞/*266*
　　　　　　　　3・4格支配の前置詞/*268*
　　　　　　● 練習問題/*273*

第7章　複合文・副文 —— 275
　　　第1課　複合文 —— *276*
　　　　　　　§1　定義/*276*
　　　　　　　§2　並列複合文/*276*

〈目　次〉── xi

　　　　§3　従属複合文/*278*
　　　　§4　直接話法と間接話法/*279*
　　　　§5　体験話法/*280*
　第2課　副文 ── *281*
　　　　§1　形式/*281*
　　　　§2　統語的機能/*282*
　　　　§3　副詞類としての副文の意味的分類/*283*
　　　　§4　認容文/*284*
　　　　◆主な接続詞一覧/*286*
　　　　　　並列接続詞/*286*
　　　　　　従属接続詞/*288*
　第3課　関係文 ── *293*
　　　　§1　関係詞/*293*
　　　　§2　関係代名詞/*293*
　　　　§3　関係副詞/*298*
　　　　§4　関係文/*299*
　　　　§5　wie＋人称代名詞/*301*
　第4課　比較文 ── *302*
　　　　§1　定義/*302*
　　　　§2　原級・比較級・最高級/*302*
　　　　§3　用法/*304*
　　　　§4　絶対比較級・絶対最高級/*308*
　　　　§5　比較文のバリエーション/*309*
　　　　§6　形容詞・副詞を用いない比較文/*311*
　　　●　練習問題/*312*

［付録］── 313
　　　　Ⅰ　アルファベット/*314*
　　　　Ⅱ　発音とアクセント/*315*
　　　　Ⅲ　綴りの読み方/*317*
　　　　Ⅳ　句読法/*323*
　　　　Ⅴ　分綴法/*330*

［練習問題解答］── 332

［文法索引］── 340

［改訂版］詳解ドイツ語文法

第1章
文

第/1/課　文

[§1] 定義

文は，「…は…である」「…は…する」のように，1つのまとまった事柄を表す言語形式で，主語と述部の組合せによって形成される。主語は，大ざっぱに述べて，行為者，出来事や状態の担い手などを，述部はそれに関する行為，出来事，状態などを表す。

  Der Schüler   geht zur Schule. 〈生徒は学校に行く〉
   主語   述部

【注】　文は，1語から成り立つ場合もある。これを1語文と呼ぶ。
  Wie?　〈どうやって〉
  Aufstehen!　〈起きろ〉

[§2] 下位分類

文は，様々な観点から分類しうるが，主なものとして，形式的，統語的，意味的下位分類がある。

1.　単一文と複合文

形式的観点から，述部の数に基づき，単一文と複合文に分けることができる。単一文は，1つの述部（と1つの主語と）から成る文で，複合文は，複数の単一文が組み合さったもので，複数の述部から成る文である。複合文については第7章を参照。

〔単一文〕
  Er hat den ganzen Tag gearbeitet.
   〈彼は一日中働いた〉
〔複合文〕
  Als er das Haus verließ, begann es zu regnen.
   〈彼が家を出た時，雨が降り出した〉

2. 主文と副文

統語的観点から，統語的機能に基づき，他の文に従属することなく，構造上自立している主文と，他の文の一成分としてその文に構造上従属している副文に分けられる。次の文のイタリック体の部分が副文，太字体の部分が主文である。

Wenn ich Zeit hätte, *würde ich ins Kino gehen*.
〈もし時間があれば，私は映画を見に行くのだが〉
Der Tisch, *der in der Ecke stand,* **ist kaputt.**
〈隅にあったテーブルはこわれている〉

3. 平叙文，疑問文，命令文

意味的観点から，平叙文と疑問文と命令文の3つのタイプを分けることができる。なお，これらの他に，第4の文タイプとして感嘆文（願望文）がある。平叙文，疑問文，命令文には統一的な文構造が認められるが，感嘆文は形式的に多様である。

3. 1. 平叙文

平叙文は，行為，出来事，状態などを叙述する場合に用いる文である。定形の動詞は第2位に置き，イントネーションは降り音調である。文末に終止符（ピリオド）を打つ。

Der Zug hat fünf Minuten Aufenthalt.
〈列車は5分間停車する〉
Das Eichhörnchen springt von Ast zu Ast.
〈リスが枝から枝へ跳ぶ〉

3. 2. 疑問文

疑問文は，不確かな事柄あるいは要素を確定しようとする場合に用いる文である。これには，直接疑問文と間接疑問文がある。直接疑問文はさらに，次のように分けることができる（間接疑問文については第7章第1課§4を参照）。

3. 2. 1. 決定疑問文

決定疑問文は，ある事柄が事実かどうかを尋ねる，すなわち相手から

ja あるいは nein の答えを要求する疑問文である。定形の動詞を文頭に置き，英語の do にあたるような助動詞は用いない。また，イントネーションは昇り音調である。

  Hast du keine Angst ?
  〈恐くないか〉
  Habe ich mich richtig ausgedrückt ?
  〈私は適切に表現したでしょうか〉

【注】 間接疑問文の主文を省略し，接続詞 ob を文頭に置いた疑問文がある。確信のない気持ちが伴う。

  Ob er diesem Vorschlag zustimmt ? —— Wohl kaum.
  〈彼はこの提案に賛成するだろうか。——まあないね〉

3. 2. 2.　補足疑問文

　補足疑問文は，事柄の一部が未知の場合にそれらを明らかにしようとする疑問文である。疑問詞を文頭に置く。疑問詞には，疑問代名詞と疑問副詞と疑問冠詞類の3種類がある。定形の動詞を第2位に置き，英語の do にあたるような助動詞は用いない。また，イントネーションは降り音調である。

  Mit wem geht er zur Schule ?
  〈誰と一緒に彼は学校へ行くの〉
  Wie viel hast du dafür ausgegeben ?
  〈それにいくら使ったんだい〉

【注】 相手に親しみの感情を持ちながら，問い尋ねる気持ちを強く前面に出す場合，昇り音調になる。

3. 2. 3.　特殊な疑問文

　特殊な疑問文として選択疑問文，確認疑問文，修辞疑問文などがある。
　① 選択疑問文は，2つ（あるいはそれ以上）のものから該当するものを選択するように求める疑問文である。形式は決定疑問文と同一になる。イントネーションは降り音調で，問いの対象になる要素にはアクセントを置く。

  Wohnt er in Köln oder in Bonn ?
  〈彼が住んでいるのはケルンですかボンですか〉

Wünschen Sie Kaffee oder Tee？
〈コーヒーをお望みですか，それとも紅茶ですか〉

② 確認疑問文は，話者が期待する応答を求める疑問文である。定形の動詞は第2位に置く。イントネーションは昇り音調である。しばしば doch を付け加える。
Sie sind also damit zufrieden？
〈ではあなたはそれで満足なのですね〉
Er wird es doch nicht gar vergessen haben？
〈彼はまさかそれを忘れてしまったわけじゃないよね〉

③ 修辞疑問文は，疑問文の形式をとりながら，一定の主張を伝える疑問文である。したがって問い尋ねるという性質はほとんどない。doch を含む平叙文に対応する。
Habe ich dich nicht vor ihr gewarnt？
〈私は君に彼女に注意するように言わなかったかい〉
（＝Ich habe dich doch vor ihr gewarnt.
〈私は君に彼女に注意するように言ったろ〉）

3.3. 要求文

① 要求文（あるいは願望文）は，特定の事柄の実現を求めて発する文である。基本的な表現形式は，命令法の命令文で，相手が一人か二人以上か，親しい人かそうでないかで形が異なる。定形の動詞を先置し，降り音調で，強い強勢を持つ。命令文については第2章第6課を参照。
Lies！（一人の場合）/Lest！（二人以上の場合）〈読め〉
Lesen Sie！〈読みなさい〉

② 命令は，次のような様々な形式によっても表現する。
不定詞：Absteigen！〈降りろ〉
過去分詞：Aufgepasst！〈気をつけて〉
名　　詞：Hilfe！〈助けて〉
形 容 詞：Langsam！〈ゆっくりと〉
副　　詞：Sofort！〈すぐに〉
分離前つづり：Zurück！〈戻れ〉

【注】
（a） 命令は，平叙文の形でもイントネーションを強めたり，未来や話法の助動詞を用いたりして表すことができる。
　　Du gehst gleich ins Bett !
　　〈すぐに寝なさい〉
　　Du wirst gleich ins Bett gehen !
　　〈同上〉
　　Du sollst gleich ins Bett gehen.
　　〈同上〉
（b） 要求文のバリエーションとして，話し手を含む提案の形式あるいは第三者に対する要求形式もある。
〔提案〕
　　Gehen wir !　〈行きましょう〉
　　Lass uns gehen !　（相手が一人の場合）/Lasst uns gehen !　（相手が二人以上の場合）　〈同上〉
〔第三者への要求〕
　　Er komme !　〈彼が姿を現さんことを〉
　　Er soll〔möchte〕kommen !　〈彼に来て欲しい〉

3. 4.　感嘆文

感嘆文は，ある事柄を激しい感情（喜び・怒り・興奮など）とともに述べる場合に用いる文である。平叙文の形式をとることも，疑問文の形式をとることもある。疑問文の場合，定形の動詞を文末に置くことがある。イントネーションは降り音調で，表記上，文末に感嘆符を置く。
　　Hier ist es aber kalt !
　　〈ここは寒い〉
　　Das ist ja ein grässliches Wetter !
　　〈これはひどい天気だ〉
　　Glück und Glas, wie leicht bricht das !
　　〈幸せとグラス，なんと壊れ易いものか〉
　　Wie schön doch das Wetter ist !
　　〈天気はなんと素晴らしいんだ〉
　　Was für ein herrliches Wetter !
　　〈なんと素晴らしい天気だ〉

4. 肯定文と否定文

　文が否定詞を含むか否かに基づき，肯定文と否定文に分けることができる。内容が否定的であっても，否定詞を含まない場合，肯定文になる。

〔肯定文〕
　　Ich bin mit meiner Stellung unzufrieden.
　　〈私は自分の地位に不満だ〉

〔否定文〕
　　Ich bin mit meiner Stellung nicht unzufrieden.
　　〈私は自分の地位に不満でない〉

【注】　決定疑問文に答える場合，肯定するなら ja，否定するなら nein を用いる。しかし，否定詞を含む決定疑問文の場合は，肯定するなら nein を用い，否定するなら doch を用いる。

　　Bist du mit deinem neuen Wagen *zufrieden*?
　　〈君は新しい車に満足しているかい〉
　　——*Ja*, ich bin zufrieden.
　　　　〈はい，満足しています〉
　　——*Nein*, ich bin nicht zufrieden.
　　　　〈いいえ，満足していません〉
　　Bist du mit deinem neuen Wagen *nicht* zufrieden?
　　〈君は新しい車に満足していないのかい〉
　　——*Nein*, ich bin nicht zufrieden.
　　　　〈はい，満足していません〉
　　——*Doch*, ich bin zufrieden.
　　　　〈いいえ，満足しています〉

ただし，否定接頭辞の場合にはこの規則はあてはまらない。

　　Bist du mit deinem neuen Wagen *unzufrieden*?
　　〈君は新しい車に不満なのかい〉
　　——*Ja*, ich bin unzufrieden/ich bin nicht zufrieden.
　　　　〈はい，不満です/満足していません〉
　　——*Nein*, ich bin nicht unzufrieden/ich bin zufrieden.
　　　　〈いいえ，不満ではありません/満足しています〉

第/2/課　文肢

[§1] 定義

　文中の語句の配列順序を変える場合（たとえば，文頭に語句を移動させる場合），1語が移動することも，数語が移動することもある。語句を移動させる場合，かならずひとかたまりで移動する語群を文肢と呼ぶ。

〔1文肢〕

Karl　　　　　　　　besucht seinen alten Onkel ab und zu.
〈カールは　　　　　　年老いた叔父をときどき訪れる〉
Seinen alten Onkel　 besucht Karl ab und zu.
〈年老いた叔父を　　　カールはときどき訪れる〉
Ab und zu　　　　　　besucht Karl seinen alten Onkel.
〈ときどき　　　　　　カールは年老いた叔父を訪れる〉

【注】　文は，表面上「語」によって直接構成されているように見えるが，統語的には，動詞と，1語あるいは数語が結合して作る文肢の組み合せから成る。したがって，文の構成には，次のような階層関係が認められる。

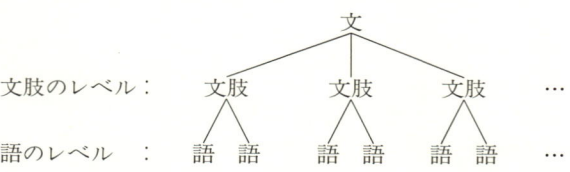

　また，文肢は，1語から成ることも，数語から成ることもあるため，1語からなる文肢と数語からなる文肢が，統語的に同一の機能を果たすことがある。

〔目的語〕

Er besucht　sie.　　　　　　　（1語の場合）
　　　　　　seine Tante.　　　　（2語の場合）
　　　　　　seine alte Tante.　　（3語の場合）

[§2] 統語的機能

文肢は，――動詞とともに――文を直接構成する単位である。文の構成において果たす統語的機能に応じて，主語，述語，目的語，副詞類に分類することができる。文肢の構成素としての付加語も扱う。

【注】 動詞句の一部である（話法の助動詞文と複合動詞文の）不定詞，（完了形と受動形の）過去分詞，分離前つづり，動詞の熟語成分を述部成分と呼ぶ。これらも，一定の条件で文頭に置くことができるため，文肢と呼ぶこともできるが，ここでは取り扱わない。

[§3] 主語

1. 定義

主語は，動詞の定形と人称・数が呼応する文肢である。

Ich **lerne** fleißig Deutsch. 〈私はまじめにドイツ語を学ぶ〉
Der Student **lernt** fleißig Deutsch.
〈その学生はまじめにドイツ語を学ぶ〉
Die Studenten **lernen** fleißig Deutsch.
〈その学生たちはまじめにドイツ語を学ぶ〉

【注】 主語には，1格の名詞句（あるいは代名詞）の他に，dass文，zu不定詞句，間接疑問文，不定関係代名詞文などの文形式もなる。

Es regt mich auf, *dass er nicht kommt*.
〈彼が来ないので私はイライラする〉
Es ist schwer, *ihn zu überzeugen*.
〈彼を納得させるのは難しい〉
Wann wir verreisen, steht noch nicht fest.
〈私たちがいつ出発するかはまだ未定だ〉
Wer nicht arbeiten will, (der) soll nicht essen.
〈働く意志のない者は食うべきでない〉

2. 主語の省略

文において主語は原則的に不可欠な文肢（補足成分）であるが，2人称親称の命令文，非人称の受動文などは，主語のない文になる。

〔命令文〕
    Lüge nicht !　〈うそをつくな〉
    Kommt gleich !　〈すぐに来い〉
〔非人称受動文〕
    Hier darf nicht geraucht werden.　〈ここは禁煙だ〉
    Gestern wurde gegessen und getrunken.
    〈昨日は食べたり飲んだりした〉

【注】 命令文でも，主語を強調する場合は，主語を表示する。
    Komm *du* wenigstens !　〈せめて君だけは来てくれ〉

3. 種類

主語は，意味的には非常に多様で，次のようなものがある。

① 動作者
    Er schlägt Hans.　〈彼はハンスを殴る〉
    Er besucht seinen Lehrer.　〈彼は先生を訪問する〉

② 被動作者
    Er bekommt einen Schlag.　〈彼は一発殴られる〉
    Er wurde von ihnen geschlagen.　〈彼は彼らに殴られた〉

③ 出来事・状態・変化などの担い手
    Der Wald brennt.　〈森が燃えている〉
    Da steht sein Haus.　〈そこに彼の家がある〉
    Er ist gestern gestorben.　〈彼は昨日亡くなった〉
    Das Fass rollt in den Keller.　〈樽は地下室に転がっていく〉

④ 2項的関係の一方の項
    Er besitzt ein Haus.　〈彼は家を所有している〉
    Das Buch gehört ihm.　〈この本は彼のものだ〉
    Der Anzug kostet 2 000 Euro.　〈この背広は二千ユーロする〉

【注】
（a） 能動文の主語は，対応する受動文で von（あるいは durch）前置詞句になる。
    Amerika wurde *von Kolumbus* entdeckt.
    〈アメリカはコロンブスによって発見された〉

← Kolumbus entdeckte Amerika.
　　　　　〈コロンブスはアメリカを発見した〉
（b） 動作名詞を主要語とする名詞句では，自動詞から派生した動作名詞の場合，主語は2格付加語で表し，他動詞から派生した動作名詞の場合，主語は基本的に durch 前置詞句で，一部，2格付加語で表す。
〔自動詞〕　die Ankunft *des Präsidenten*　〈大統領の到着〉
　　　　← Der Präsident kommt ... an.　〈大統領が…に到着する〉
〔他動詞〕　die Entdeckung von Amerika *durch Kolumbus*
　　　　　〈コロンブスによるアメリカの発見〉
　　　　← Kolumbus entdeckte Amerika.
　　　　　〈コロンブスがアメリカを発見した〉
　　　　die Liebe *der Mutter* zum Kind　〈子供に対する母親の愛情〉
　　　　← Die Mutter liebt das Kind.　〈母親は子供を愛する〉

[§4] 述語

1. 定義

　述語は，主語ないし目的語に対しイコールの関係に立つ文肢である。主語に対するものを主語述語，目的語に対するものを目的語述語と呼ぶ。

2. 主語述語

　主語述語には，sein, werden, bleiben などと結合し，イコールの関係を表すものと，他の動詞を介して間接的にイコールの関係を表すものがある。

　① sein, werden, bleiben などと結合する主語述語
　　Er ist *ein fauler Student*.　〈彼は不真面目な学生だ〉
　　Er ist *derselben Meinung*.　〈彼も同じ意見だ〉
　　Der Student ist *faul*.　〈その学生は不真面目だ〉
　　Alles Bemühen war *vergebens*.　〈努力はすべて無駄だった〉
　　Die Tür bleibt *geschlossen*.　〈扉は閉ざされたままだ〉
　　Das Ereignis ist *von politischer Bedeutung*.
　　〈その出来事は政治的に重要だ〉

【注】　副文も述語になる。
　　Sein Wunsch ist *Medizin zu studieren*.

〈彼の望みは医学を勉強することだ〉
Die Frage war, *ob wir gleich gehen oder einen Tag warten sollten*.
〈問題は私たちがすぐに行くべきか一日待つべきかということだった〉

② 他の動詞と結合する主語述語
Er ist *jung* gestorben. 〈彼は若くして死んだ〉
Er kam *krank* nach Hause. 〈彼は病気になって帰宅した〉
Er ist *glücklich* heimgekehrt. 〈彼は無事帰宅した〉

【注】 付加語は一般的に持続的な属性を表すのに対し（下例1），②のタイプの主語述語は，動詞の表す出来事が生じたとき，主語がどのような状態であったかを表す（下例2）。
（1） Der *junge* Mann starb gestern. 〈その若い男は昨日死んだ〉
（2） Der Mann starb *jung*. 〈その男は若くして死んだ〉

3. 目的語述語
目的語述語には，主なタイプとして次のような3種類がある。
① 「…を…と呼ぶ/考える/みなす」というように，主語の判断における4格目的語の属性を表す。この用法を持つ動詞は，bezeichnen, finden, halten, nennen などである。4格名詞，前置詞句，現在分詞，過去分詞のこともあれば，als/für を伴った名詞，形容詞のこともある。
Das nenne ich *Glück*. 〈これこそ幸運だ〉
Ich glaubte ihn *im Urlaub*.
〈私は彼が休暇中だと思った〉
Ich finde das Problem *schwierig*.
〈私はその問題を難しいと思う〉
Ich halte dich *für meinen Freund*.
〈私は君を友人だと思う〉
Diese Arbeit kann man *als gelungen* bezeichnen.
〈この仕事は成功したと言える〉

【注】 目的語述語は，受動文の場合，4格目的語が主語になるのに呼応して，1格になる。
Sie schilt ihn *einen Lügner*. 〈彼女は彼を嘘つきだとののしる〉
→ Er wird *ein Lügner* gescholten. 〈彼は嘘つきだとののしられる〉

② 「…を…の状態で…する」というように，主語が4格目的語に対して動詞の行為を行う際の4格目的語の一時的な状態を表す。
　　Er trägt das Haar *kurz*.
　　〈彼は髪を短くしている〉
　　Er aß die Mohrrüben *roh*.
　　〈彼はニンジンを生で食べた〉
　　Er hat das Auto *gebraucht* gekauft.
　　〈彼は車を中古で買った〉
　　Er hat den Kaffee *ohne Zucker* getrunken.
　　〈彼はコーヒーを砂糖なしで飲んだ〉

【注】この場合の目的語述語は，目的語の状態に発話の焦点を置くもので，目的語に対する主語の意図的な関与を表す。
　　Dein Kaffee ist schwarz.
　　〈君のコーヒーはブラックだね〉
　　—Ja, ich trinke ihn *schwarz*.
　　　〈はい，私はコーヒーをブラックで飲みます〉

③ 「…を…の状態にする」というように，主語の動作によって生じる4格目的語の結果状態を表す。
　　Er schleift das Messer *scharf*.
　　〈彼はナイフを研いで鋭くする〉
　　Er riss den Brief *in Stücke*.
　　〈彼は手紙をズタズタに裂いた〉
　　Man hat ihn *zum Präsidenten* gewählt.
　　〈人々は彼を大統領に選んだ〉

【注】結果状態に対し，「…を…の状態にしておく」というように，維持される状態を表すこともある。
　　Er hält das Zimmer *sauber*.
　　〈彼は部屋をきれいにしておく〉
　　Er lässt die Arbeit *ungetan*. 〈彼は仕事を放っておく〉

[§5] 目的語

目的語は，動詞（あるいは述語的形容詞）が補足成分として要求する

対象を表す文肢である。目的語は形態的に，4格目的語，3格目的語，2格目的語，前置詞格目的語の4種類に分けられる。

1. 4格目的語
   Er beobachtet *die Natur*. 〈彼は自然を観察する〉
   Er schüttelt *den Baum*. 〈彼は木をゆする〉
   Er wäscht sich *die Hände*. 〈彼は(自分の)手を洗う〉
   Er kauft *ein Buch*. 〈彼は本を買う〉

【注】
(a) 4格目的語には，dass 文，zu 不定詞句などもなる。
   Er behauptet, *mich zu lieben*.
   〈彼は私を愛していると言い張る〉
   Sie lehnt es ab, *dass er hilft*.
   〈彼女は彼が手助けすることを拒絶する〉
(b) 特殊な4格目的語として，動詞の行為によって生じるものを表す「結果目的語」や，動詞と語根が同一の動作名詞で，出来事・動作の様態を表す「同族目的語」(付加語を伴う) がある。
〔結果目的語〕
   Sie backt *einen Kuchen*. 〈彼女はケーキを焼く〉
   Die Spinne spinnt *ein Netz*. 〈クモが巣を張る〉
   Man sprengt *einen Tunnel* in die Felsen.
   〈岩を爆破してトンネルをつくる〉
〔同族目的語〕
   Er starb *einen Heldentod*. 〈彼は英雄的な死に方をした〉
   Einen harten Kampf habe ich gekämpft. 〈厳しい戦いを私は戦った〉
   Einen herrlichen Traum habe ich geträumt. 〈素敵な夢を私は見た〉
(c) 4格目的語を本来要求する動詞を4格目的語なしで用いることを他動詞の絶対的用法と呼ぶ。この場合，目的語への働きかけよりも行為そのものが (テーマ的な意味合いなどを持ち) 表現の前面に出る。このような用法を持つ動詞は具体的な行為を表すものである。
   Er trinkt gern. 〈彼は(酒を)飲むのが好きだ〉
   Du musst kräftiger reiben. 〈君はもっと強くこすらなきゃだめだ〉
(d) 4格目的語は受動文において主語になる。また，動詞を名詞化した場合，ふつう2格付加語になる。
   Der Lehrer lobte *den Schüler*. 〈先生はその生徒を褒めた〉

〈第1章 文〉—— 17

→ *Der Schüler* wurde von dem Lehrer gelobt.
  〈その生徒は先生に褒められた〉
Die Polizei befreit *die Geiseln*. 〈警察は人質を救出する〉
→ die Befreiung *der Geiseln* durch die Polizei
  〈警察による人質の救出〉

2. 3格目的語
Er bietet *dem Freund* eine Zigarette an.
〈彼は友人にタバコを一本勧める〉
Er empfahl *mir* seinen Hausarzt.
〈彼は私に彼のかかりつけの医者を推薦した〉
Er hat *ihr* freundlich geantwortet.
〈彼は彼女に親切に答えた〉

【注】
（a） 3格目的語は，上例のように，行為の到達点を表すだけではなく，出発点をも表す．
  Der Gefangene konnte *den Wächtern* entfliehen.
  〈その囚人は看守たちから逃亡することができた〉
  Die Polizei hat *ihm* den Führerschein entzogen.
  〈警察は彼から運転免許証を取りあげた〉
（b） 3格目的語をとる動詞には，接頭辞 bei-, ent-, entgegen-, nach-, vor-, wider-, zu- などを持つものが多い．
  Viele wohnten *dem Fest* bei.
  〈多くの人が祝祭の催しに列席した〉
  Das entspricht nicht *der Wahrheit*.
  〈それは事実に合致していない〉
  Sie kam *mir* auf der Treppe entgegen.
  〈彼女は階段で私の方に向って来た〉
  Er geht *der Spur eines Tieres* nach.
  〈彼は動物の足跡を追う〉
  Er beugte dadurch *einer Ansteckung* vor.
  〈彼はそれによって感染を予防した〉
  Er widersprach *dem Redner* heftig.
  〈彼は講演者に激しく反論した〉
  Er hörte *meinen Worten* aufmerksam zu.

〈彼は私の言葉に注意ぶかく耳を傾けた〉

3. 2格目的語

Diese Behauptung entbehrt *jeder Grundlage*.
〈この主張にはいかなる論拠もない〉
Man beschuldigt ihn *des Mordes*.
〈人は彼を殺人罪で告訴する〉
Man hat ihn *der Verschwörung* angeklagt.
〈人は彼を反逆罪で訴えた〉
Sie bedienen sich *einer Wiese* als Flugplatz.
〈彼らは草地を飛行場として使っている〉
Bei der Abstimmung enthielt er sich *der Stimme*.
〈投票で彼は棄権した〉

【注】 2格目的語はふつう文語的で, 現代ドイツ語では, 前置詞格目的語によって書き換えるものが多い。
Er erinnert sich *seines Freundes*. 〈彼は友人のことを覚えている〉
→ Er erinnert sich *an seinen Freund*.

4. 前置詞格目的語

前置詞格目的語は, 動詞の目的語になる前置詞句である。この場合の前置詞句は, 動詞によって支配されるため, どの前置詞が用いられるかは動詞によって決まる。

Er denkt *an seine Kinder*.
〈彼は自分の子供たちのことを思う〉
Sie sorgt *für ihre Familie*.
〈彼女は家族の面倒を見る〉
Er hat immer *nach Ruhm* gestrebt.
〈彼はいつも名声を求めた〉
Die Reise hängt letztlich *vom Wetter* ab.
〈旅行をするかどうかは結局天候次第だ〉
Der Graben dient *dazu, das Wasser abzuleiten*.
〈この溝は水を脇にそらすためのものだ〉

【注】 副詞類としての前置詞句は動詞によって支配されない（前置詞が表現内容に応じて決まる）ため，前置詞に意味的自立性が認められるが，目的語としての前置詞句は動詞によって支配される（前置詞が動詞によって決まる）ため，前置詞の意味的自立性は弱い。

〔目的語〕
　　Er wartet　auf　den Freund. 〈彼は友人を待っている〉

〔副詞類〕
　　Er wartet { hinter / in / neben / vor / ----- } der Kirche. 〈彼は教会 { の後ろで / の中で / の横で / の前で / ----- } 待っている〉

[§6] 述語的形容詞の目的語

述語的形容詞も，4格目的語，3格目的語，2格目的語，前置詞格目的語を持つ。

① 4格目的語

Das Kleid ist *4 000 Euro* wert.
〈そのドレスは4千ユーロの価値がある〉
Er ist *schwere Arbeit* gewohnt.
〈彼はきつい仕事に慣れている〉
Ich bin endlich *die langweilige Arbeit* los.
〈私はようやく退屈な仕事から解放された〉

② 3格目的語

Mir ist alles egal.
〈私にはすべてがどうでもいい〉
Er ist *seiner Frau* treu.
〈彼は奥さんに誠実だ〉
Der Sohn ist *seinem Vater* ähnlich.
〈息子は父親に似ている〉
An Intelligenz ist er *uns allen* weit überlegen.
〈知能にかけては彼は私たちのだれよりもはるかに優れている〉

③　2格目的語

Er war sich *des Sieges* gewiss.　〈彼は勝利を確信していた〉
Er war sich *seiner Verantwortung* durchaus bewusst.
〈彼は自分の責任を完全に自覚していた〉

④　前置詞格目的語

Das ist nur *vom Wetter* abhängig.
〈それはもっぱら天候次第だ〉
Er war sehr stolz *auf seinen Erfolg*.
〈彼は自分の成功を非常に誇りに思っていた〉
Er war selbst schuld *an seinem Unglück*.
〈事故の責任は彼自身にあった〉
Sie ist *mit dem neuen Staubsauger* zufrieden.
〈彼女は新しい掃除機に満足している〉

[§7] 副詞類

1. 定義

　副詞類は，動詞・述語に関与する時間，場所，様態などを規定する文肢である。副詞類には，副詞，形容詞，前置詞句，2格および4格名詞などがなる。

〔副　　詞〕　Der Gast kommt *heute* an.
　　　　　　　〈その客は今日到着する〉
　　　　　　　Er hat *umsonst* auf sie gewartet.
　　　　　　　〈彼は彼女を待っていたがむだだった〉
〔前置詞句〕　Er arbeitet *in Berlin*.
　　　　　　　〈彼はベルリンで働いている〉
　　　　　　　Er ist *seit einem Monat* in Deutschland.
　　　　　　　〈彼は一か月前からドイツにいる〉
〔4格名詞〕　Das Mädchen liest *den ganzen Tag*.
　　　　　　　〈その少女は一日中読書をする〉
　　　　　　　Treten Sie bitte *ein paar Schritte* zurück!
　　　　　　　〈どうぞ数歩下がってください〉

〔2格名詞〕　*Eines Tages* kam ein Zirkus in unsere Stadt.
〈ある日私たちの町にサーカスがやって来た〉
Schnellen Schrittes kam er auf mich zu.
〈急ぎ足で彼は私の方に向って来た〉

2. 補足成分と添加成分

副詞類には，補足成分（削除できないもの）としてのものと添加成分（削除できるもの）としてのものがある。第1章第3課を参照。

① 補足成分

Ich wohne *in Berlin*.
〈私はベルリンに住んでいる〉
Er fährt sehr *vernünftig*.
〈彼の運転は非常に落ち着いている〉
Das Feuer entstand *durch Leichtsinn*.
〈その火事は不注意によって起きた〉
Die Verhandlung dauerte *einige Stunden*.
〈交渉は数時間続いた〉

② 添加成分

Er arbeitet *gern*.
〈彼は喜んで仕事をする〉
Er wird *möglicherweise* kommen.
〈彼は多分来るでしょう〉
Ich gehe *mit meinem Freund* ins Kino.
〈私は友人と映画に行く〉
Gestern hat er sich einen neuen Anzug gekauft.
〈昨日彼は（自分用に）新しい背広を1着買った〉

3. 意味的分類

意味的に見た場合，様々な副詞類がある。

Mein Freund kommt *heute*.　　　　　　　　　〔時間〕
〈私の友人はきょう来る〉
Das Bild hängt *an der Wand*.　　　　　　　　〔空間〕

〈その絵は壁に掛かっている〉
Die Sekretärin schreibt *schnell*.　　　　　　〔様態〕
〈その秘書は書くのが早い〉
Die Familie fährt *zur Erholung* ins Gebirge.　〔目的〕
〈その家族は休養のために山地へ行く〉
Wegen seines verletzten Beines kann er nicht laufen.　〔理由〕
〈脚の怪我のため彼は走ることが出来ない〉
Die Stadt wurde *durch ein Erdbeben* zerstört.　〔手段〕
〈町は地震で破壊された〉
Mit etwas Fleiß könnte er die Prüfung bestehen.　〔条件〕
〈少し勤勉ならば彼は試験に合格できるのだが〉
Die beiden sehen sich *zum Verwechseln* ähnlich.　〔程度〕
〈2人は見間違えるほどよく似ている〉
Er kam *trotz seiner Erkältung*.　　　　　　〔認容〕
〈彼は風邪にもかかわらずやって来た〉

[§8] 付加語

1. 定義

付加語は，名詞句の核をなす名詞を修飾するもので，冠詞類と名詞の間に置くことも，名詞の後ろに置くこともある。

〔冠詞類〕〔付加語〕〔名　詞〕〔付加語〕
　　das　　*schöne*　Mädchen　　　　　　〈美しい女の子〉
　　der　　　　　　Vater　　*im Garten*　〈庭にいる父〉

2. 種類

付加語には形容詞，2格名詞，副詞，前置詞句などがなる。
　　Er führt ein *moralisches* Leben.
　　〈彼は品行方正な生活を送っている〉
　　Sie haben am Ufer *des Sees* kampiert.
　　〈彼らは湖岸でキャンプをした〉
　　Das Leben *dort* ist eine Hölle.
　　〈そこでの生活は地獄だ〉

Die Kontrollen *an der Grenze* sind verschärft worden.
〈国境での検問は強化された〉

付加語に副文がなることもある。
Das ist der Arzt, *der mir geholfen hat*.
〈その人が私を助けてくれた医者です〉
Der Grund, *warum er das getan hat*, ist mir unbekannt.
〈彼がそれをした理由は私には分からない〉
Er hat die Absicht *zu kommen*.
〈彼は来るつもりである〉
Ich habe keine Hoffnung, *dass er je wieder gesund wird*.
〈私は彼がいつかまた健康になるとは思っていない〉

3. 冠飾句

補足成分や添加成分などを伴い長くなった付加語を冠飾句と呼ぶ。特に，現在分詞や過去分詞を含む付加語に見られる。第4章第2課§2および第3課§2を参照。

Der *immer nachdenklich die Pfeife stopfende* Freund ist gestern gestorben.
〈いつも考えに耽けりながらパイプを詰めていた友人は昨日死んだ〉
Bei den *ums Leben gekommenen* Personen handelt es sich um die Gastarbeiter aus Griechenland.
〈死亡した人たちはギリシアから来た外国人労働者だ〉

【注】 他の名詞を詳しく説明するために，並列的に置く名詞も付加語の一種と言える。このような用法を同格と呼ぶ。これには，称号などのような全体が1つのまとまりを示す（したがってコンマで区切らない）場合と，同格の名詞の独立性が強く，ふつうコンマで区切る場合とがある。

Friedrich *der Große* war König von Preußen.
〈フリードリッヒ大王はプロシアの国王だった〉
Sein Vater, *ein ehrlicher Mensch*, hat viele Freunde.
〈彼の父親は正直な人で，多くの友人がいる〉

第/3/課　文型

[§1] 補足成分と添加成分

　削除すると当該の文が非文法的になる文肢を補足成分，削除しても当該の文が非文法的にならない文肢を添加成分と呼ぶ。動詞の，特定の補足成分を要求するこの特性を結合価と呼ぶ。

【注】　文を構成する文肢には，削除すると当該の文が非文法的になるものと削除しても当該の文が非文法的にならないものがある。たとえば動詞 wohnen の場合，主語と場所副詞類をかならず表示しなければならない。
　　Er wohnt seit drei Jahren in Köln. 〈彼は3年来ケルンに住んでいる〉
　　→ Er wohnt in Köln.
　　→*Er wohnt seit drei Jahren.／*Wohnt seit drei Jahren in Köln.
　このように，それぞれの動詞において，削除してもよい文肢と削除してはならない文肢が文法的に決められている。動詞の結合価は，ドイツ語の正しい文を作る上で，是非とも知らなければならない文法規則で，語句の削除が極めて自由な日本語を母語とする私たちにとって非常にわずらわしく思われるであろうが，この規則によって，ドイツ語の文構造が常に明確に顕在化する。

[§2] 文型

　文型は，動詞と補足成分が構成する文の基本的構造である。動詞がどの補足成分を必要とするかは動詞のそれぞれの意味用法において決まっており，1つの動詞が複数の意味用法を持ち，それに応じて複数の文型を構成することがある。

● **kochen**
　　Das Wasser kocht.　　　　〔主語＋動詞〕
　　〈お湯が沸く〉
　　Die Mutter kocht das Wasser. 〔主語＋動詞＋4格目的語〕
　　〈母はお湯を沸かす〉

また，複数の補足成分から任意のものを選び，複数の文型を構成することもある。
● **warten**
　　Er wartet auf sie.　　　　　〔主語＋動詞＋前置詞格目的語〕
　　〈彼は彼女を待っている〉
　　Er wartet schon lange.　　　〔主語＋動詞＋時間副詞類〕
　　〈彼はもう長いこと待っている〉

[§3] 文型リスト

　文型は，形態的，統語的，意味的側面をどこまで取り入れるかによって下位区分がいくらでも多様になりうる。ここでは，典型的な文型のみを取り上げ，文型の概観を示す。

1. 主語 ＋ 動詞
　　Das Fass rollt. 〈樽が転がる〉
　　Das Kind schreit. 〈子供が叫ぶ〉
　　Das Kind wacht auf. 〈子供が目を覚ます〉

2. 主語 ＋ 動詞 ＋ 述語
　　Der Lehrer ist krank. 〈先生は病気だ〉
　　Es ist bekannt, dass er kommt. 〈彼が来ることは知られている〉
　　Er heißt Karl. 〈彼はカールという名だ〉
　　Das Eis wird wieder zu Wasser. 〈氷がふたたび水になる〉

3. 主語 ＋ 動詞 ＋ 副詞類
〔場　所〕Er fährt nach Hamburg. 〈彼はハンブルグに行く〉
　　　　　Der Arzt wohnt in Köln. 〈その医者はケルンに住んでいる〉
〔時　間〕Der Gast kommt heute an. 〈客はきょう到着する〉
　　　　　Die Versammlung dauerte zwei Stunden.
　　　　　〈会合は2時間続いた〉
〔対　象〕Die Reise hängt vom Wetter ab. 〈旅行は天候次第だ〉

Seine Aussagen beruhen auf der Wahrheit.
〈彼の陳述は真実に基づいている〉

4. 主語＋動詞＋目的語
① 4格目的語
Schließ bitte das Fenster！〈窓を閉めてくれ〉
Die Mutter schiebt den Kinderwagen. 〈母親は乳母車を押す〉
Es freut den Arzt, seinen Kollegen wieder zu sehen.
〈その医者は同僚と再会するのを喜ぶ〉

② 3格目的語
Der Raum gehört der Universität.
〈その部屋は大学の所有物である〉
Er hörte meinen Worten aufmerksam zu.
〈彼は私の言葉に注意ぶかく耳を傾けた〉
Es gelingt ihm, dem Patienten zu helfen.
〈彼は患者を助けることに成功する〉

③ 2格目的語
Diese Behauptung entbehrt jeder Grundlage.
〈この主張にはいかなる論拠もない〉
Dass er in Berlin war, bedarf keines Beweises.
〈彼がベルリンにいたことは証明の必要もない〉
Die Klasse gedachte des verstorbenen Schülers.
〈そのクラスは亡くなった生徒を偲んだ〉

④ 前置詞格目的語
Er hat mit der Arbeit aufgehört. 〈彼は仕事を止めた〉
Er hat nach einem Ausweg gesucht. 〈彼は逃げ道を探し求めた〉
Er sorgt für die Zukunft seiner Kinder.
〈彼は子供たちの将来を気づかう〉
Ich zweifle nicht an deinem guten Willen.
〈私は君の善意を疑うわけではない〉

5. 主語＋動詞＋目的語＋目的語
   ① 3格目的語＋4格目的語
   Sie vermietet dem Studenten eine Wohnung.
   〈彼女はその学生に住居を賃貸する〉
   Die Mutter erzählt den Kindern eine Geschichte.
   〈母親は子供たちに物語を語って聞かせる〉

   ② 4格目的語＋2格目的語
   Sie bezichtigt den Nachbarn des Diebstahls.
   〈彼女は隣人に窃盗の罪を着せる〉
   Der Staatsanwalt klagt den Mann des Mordes an.
   〈検事はその男を殺人の罪で訴える〉

   ③ 4格目的語＋4格目的語
   Er lehrt uns Deutsch. 〈彼は私たちにドイツ語を教える〉
   Die Arbeit hat mich drei ganze Tage gekostet.
   〈私はその仕事をするのに丸三日費やした〉

   ④ 4格目的語＋前置詞格目的語
   Sie fragte ihn nach seinem Namen.
   〈彼女は彼の名前を尋ねた〉
   Der Lehrer lud die Studentin zu einer Autofahrt ein.
   〈先生はその女子学生をドライブに誘った〉

   ⑤ 3格目的語＋前置詞格目的語
   Antworte mir auf meine Frage!
   〈私の質問に答えろ〉
   Ich kann Ihnen für Ihre Hilfe nicht genug danken.
   〈私はあなたのご助力にお礼の言いようがありません〉

6. 主語＋動詞＋目的語＋副詞類
   ① 4格目的語＋副詞類
   Der Lehrer legt das Buch auf den Tisch.
   〈先生は本を机の上に置く〉

Die Mutter gewöhnt die Kinder daran, pünktlich aufzustehen.
〈母親は子供たちを時間どおり起きることに慣れさせる〉

② 3格目的語＋副詞類

Das Rauchen bekommt ihm schlecht.
〈喫煙は彼の体質に合わない〉
Der Lehrer dankt dem Schüler für die Hilfe.
〈先生は生徒に手助けしてくれた礼を言う〉

7. 主語＋動詞＋目的語＋目的語述語

Er war froh, sie gesund anzutreffen.
〈彼は彼女が元気そうなのを見て喜んだ〉
Er nannte die Frau eine gute Arbeiterin.
〈彼はその女性を働き者だと言った〉
Sie schimpfte ihn einen Taugenichts.
〈彼女は彼を役立たずとののしった〉
Er bezeichnet den Mathematiker als guten Lehrer.
〈彼はその数学者を良い教師であると評している〉

【注】
（a） 動詞がどのような格・前置詞を伴うかは，それぞれの動詞による。この現象を動詞の格・前置詞支配と呼ぶ。また，動詞は複数の格・前置詞を支配することがあるが，通常，支配する格・前置詞が異なれば，動詞の意味も異なる。すなわち，動詞の格・前置詞支配は，動詞の個々の意味用法と密接に関連している。

Der Gegenstand besteht *aus* Silber.
〈その物体は銀からできている〉
Er besteht hartnäckig *auf* der Forderung.
〈彼はしつようにその要求を主張する〉

（b） 学校文法では，4格目的語をとる動詞を他動詞，それ以外の動詞を自動詞と呼ぶ（3格目的語をとる helfen「助ける」も自動詞）が，この区別は，完了形の作り方（自動詞の一部が sein によって完了形を作る）および受動形の作り方（自動詞も受動文を作る）において必要になるだけで，格体系が保持されているドイツ語の場合，動詞の用法を学ぶ上であまり有効な概念ではない。また，4格目的語を持つ動詞のうち，受動形を作るもののみを他動詞と呼ぶ文法書もある。

第4課　文肢配列規則（語順）

[§1] 枠規定規則

1. 定義

　文肢配列の枠組は，定形の動詞（定動詞），および述部成分（第5課§2を参照）を軸にして形成する。文のタイプに基づく定動詞および述部成分の配列規則を枠規定規則と呼び，以下のようになる。ただし，述部成分は文中に現れないこともある。

　① 平叙文の場合，定動詞を第2位に置く。定動詞が述部成分（たとえば過去分詞）を伴う場合，述部成分は文末に置く。

　　Er *kommt* morgen früh nach Mannheim.
　　〈彼は明朝マンハイムに来る〉
　　Der Lehrer *hat* das Wort mit Kreide an die Tafel **geschrieben**.
　　〈教師はその単語をチョークで黒板に書いた〉

　② 疑問文の場合，決定疑問文では定動詞を文頭，補足疑問文では定動詞を第2位に置く。定動詞が述部成分を伴う場合，述部成分は文末に置く。

〔決定疑問文〕
　　Kommt er morgen wirklich？　〈彼は明日本当に来るのか〉
　　Haben Sie das Buch **gelesen**？　〈あなたはその本を読みましたか〉
〔補足疑問文〕
　　Wann *kommt* er eigentlich？　〈彼はそもそもいつ来るのか〉
　　Warum *bist* du nicht **gekommen**？　〈なぜ君は来なかったの〉

　③ 命令文の場合，定動詞を文頭に置く。定動詞が述部成分を伴う場合，述部成分は文末に置く。

　　Genieße deine Jugend！　〈君の青春を楽しめ〉
　　Bring doch deine Freundin **mit**！

〈ぜひガールフレンドを一緒に連れて来なさい〉

④　副文の場合，定動詞を文末に置く。定動詞が述部成分を伴う場合，述部成分はその直前に置く。

Er fragte sie, warum sie immer zu spät *komme*.
〈彼は彼女になぜいつも遅刻するのかと尋ねた〉
Das ist das schönste Schloss, das ich je **gesehen** *habe*.
〈これは私がかつて見た最も美しい城である〉

【注】「主語＋動詞＋…」の配列を正置，「…＋動詞＋主語＋…」の配列を倒置と呼ぶことがあるが，これは主語が動詞の前にあるのが基本であるという考えに基づく。しかし，ドイツ語では主語をかならずしも動詞の前に置くとは限られていないため，本書では正置，倒置という用語は用いない。

2. 枠構造

定動詞を第2位あるいは文頭に置く主文では，定動詞と述部成分が，また，接続詞文，関係文などの副文では接続詞，関係詞などと定動詞が一種の枠を形成する。これを枠構造と呼ぶ。

①　定形第2位：
　　文頭　　第2位(定動詞)…………………………文末（述部成分）
　　Heute　hat　　　　　er ein Buch　　　　　gekauft.
②　定形文頭：
　　文頭（定動詞）……………………………………文末（述部成分）
　　Hat　　　　　　　er heute ein Buch　　　　gekauft ?
③　定形文末：
　　接続詞／関係詞………………………………………文末（定動詞）
　　wenn　　　　　　er heute ein Buch　　　　kauft

述部成分を伴わない定動詞を第2位に置く場合，文末が明示されないことになるが，このような場合でも，動詞と密接な関係がある文肢（たとえば，述語，方向規定など）を文末に置くため（第5課§2と§3を参照），一種の枠構造を想定することは可能である。

Er war sich seines Erfolges *gewiss*. 〈彼は成功を確信していた〉
Er legt ein Tuch sorgfältig *auf den Tisch*.

〈彼はクロスを丁寧にテーブルの上に敷く〉

【注】 英語の場合，文末に置く語句，また日本語の場合，文頭に置く語句を規則的に規定することができない。したがって，英語でも日本語でも，枠構造が形成されることがないが，ドイツ語では，文の基本になる文肢（定動詞と述部成分）が文頭か第2位と文末に配列されるため，一種の枠が形成され，文肢配列の基盤になる。なお，枠構造は，文の構造に統一と緊張を与えるため，ドイツ語における論理的な表現の基盤であると言われる。

3. 枠外配列
　枠構造の後ろに文肢を置くことを枠外配列と呼ぶ。枠外配列には文法的要因による場合と伝達的（文体的）要因による場合の2つがある。

3.1. 文法的要因
　文法的要因による枠外配列として，次の3つの場合がある。
① 比較の対象を表す als/wie 句
　Ich bin schneller geschwommen *als er*.
　〈私は彼よりも速く泳いだ〉
　Du hast dich benommen *wie ein kleines Kind*.
　〈君は小さな子供のように振舞った〉

② 副文
　Ich nahm an, *dass ihr mitgehen wolltet*.
　〈私は君たちが行きたがっているのかと思った〉
　Er ist heute nicht gekommen, *weil er krank war*.
　〈彼は病気なのできょう来なかった〉
　Er lädt mich in das Wochenendhaus ein, *das seinen Eltern gehört*.
　〈彼は両親の所有する週末の家に私を招待する〉

③ zu 不定詞句
　Er wurde aufgefordert, *seinen Ausweis zu zeigen*.
　〈彼は証明書を見せるように要求された〉
　Er hat sich beeilt, *um den Zug zu erreichen*.

〈彼は列車に間に合うように急いだ〉

3.2. 伝達的要因
伝達的要因による枠外配列として，次の2つの場合がある。
① 述部の全体的把握を困難にする程長い文肢（特に前置詞句）
Er ist stolz *auf seinen Sohn, der ein bekannter Arzt ist*.
〈彼は有名な医者である息子のことを誇りに思っている〉
Was sie sprachen, war aus der Entfernung nicht zu verstehen *wegen des brausenden Windes, der in den Baumwipfeln wühlte*.
〈彼らの話していることは遠くからでは木の梢を通り抜けるゴーゴーいう風の音のために理解できなかった〉

② 強調する文肢
Wir bauen um für Sie.
〈私たち改装します，みなさま方のために〉
Du hast mir sehr gefehlt *im letzten Jahr*.
〈君がいなくて去年は本当に寂しかった〉

[§2] 順序規定規則

枠構造における文肢配列は，形態的要因，統語的要因，伝達的要因によって規定される。これらの3つの要因に基づく文肢配列規則を順序規定規則と呼ぶ。それぞれの要因は，独立して文肢配列を規定するのではなく，相互にからみあいながら，様々な文肢配列を作り出す。

1. 形態的要因
形態的要因に基づく順序規定規則は，文肢の形態的長さに基づくもので，「形態的に長い文肢あるいは構造的に複雑な文肢ほど後方に置く」という規則である。たとえば，名詞の目的語と代名詞の目的語が並列する場合，名詞の目的語を代名詞の目的語より後方に置く。

Ich habe **ihm** *ein Buch* geschenkt.
〈私は彼に本を贈った〉

Ich habe **es** *dem Freund* geschenkt.
〈私はそれを友人に贈った〉
Hat **Sie** *Ihre Frau Gemahlin* begleitet？
〈奥様はあなたに付き添って行かれたのですか〉

　また，前置詞格目的語と自立格目的語（前置詞を伴わない目的語）が並列する場合，および前置詞句と副詞が並列する場合，それぞれ前置詞のあるものを後方に置く。
〔前置詞格目的語と自立格目的語〕
　　Er bittet **seinen Vater** *um Geld*.
　　〈彼は父親に金をくれるように頼む〉
　　Er schreibt **einen Brief** *an seinen Freund*.
　　〈彼は手紙を友人に書く〉
〔前置詞句と副詞〕
　　Er bleibt **deshalb** *am Sonnabend* zu Hause.
　　〈彼はそれゆえに土曜日家に留まる〉

【注】　意味的に近似した副詞類を同格的に並べる場合も，一般的な意味内容で形態的に軽い副詞類よりも意味的に詳細で形態的に重い副詞類の方を後ろに置く。
　　Ich fahre **morgen** *um 6 Uhr* ab.
　　〈私は明日6時に発つ〉

2.　統語的要因

　統語的要因に基づく順序規定規則は，動詞との統語的関係に基づくもので，「動詞と統語的に密接な関係にある文肢ほど後方に置く」という規則である。たとえば，述語および補足成分としての場所・方向副詞類は，（定動詞と述部成分を除いて）文末にもっとも近いところに置く。述語および補足成分としての副詞類は，動詞と1つの意味的なかたまりを形成するもので，動詞と統語的にもっとも近い文肢である。
〔述語〕
　　Er war heute sehr *müde*.
　　〈彼はきょう非常に疲れていた〉
　　Er muss heute sehr *müde* sein.

〈彼はきょう非常に疲れているに違いない〉
〔副詞類〕
　　Er wohnte damals *in Köln*.
　　〈彼は当時ケルンに住んでいた〉
　　Er will mit ihr *in Köln* wohnen.
　　〈彼は彼女と一緒にケルンに住むつもりだ〉

　また，補足成分と添加成分が並列する場合も，補足成分の方が動詞との結び付きが強いため，補足成分を添加成分よりも後方に置く（太字体が補足成分，イタリック体が添加成分）。
　　Er fährt *in diesem Sommer* **an die Ostsee**.
　　〈彼はこの夏バルト海へ行く〉
　　Er hat *gestern mit seinem Freund* **seinen Lehrer** besucht.
　　〈彼は昨日友人とともに先生を訪ねた〉
【注】補足成分が代名詞の場合は，形態的要因の方を適用する。
　　Er hat *sie gestern mit seinen Freunden* besucht.
　　〈彼は彼女を昨日友人とともに訪ねた〉
　また，添加成分を強調する場合，添加成分の方を補足成分よりも後ろに置くこともある。3.を参照。

3. 伝達的要因

　伝達的要因に基づく順序規定規則は，伝達すべき情報価値に基づくもので，「伝達上の情報価値が大きい文肢ほど後方に置く」という規則である。たとえば，定冠詞の付いた目的語と不定冠詞の付いた目的語が並列する場合，不定冠詞の付いた目的語を定冠詞の付いた目的語よりも後方に置く。すなわち，定冠詞の付いた既知の情報より，不定冠詞の付いた未知の情報の方が情報上の価値が大きいからである。
　　Ich habe *dem Freund* **ein Buch** geschenkt.
　　〈私は友人に本を贈った〉
　　Ich habe *das Buch* **einem Freund** geschenkt.
　　〈私はその本をある友人に贈った〉

　補足疑問文の答でも，疑問文の中で前提となる情報よりも新たに提示される未知の情報を後ろに置くが，これも伝達的要因に基づく。

Was hast du **heute** gekauft ?
〈君はきょう何を買ったの〉
―Ich habe **heute** *ein Fahrrad* gekauft.〔未知の概念 Fahrrad〕
〈私はきょう自転車を買いました〉
Wann hast du **das Fahrrad** gekauft ?
〈いつ君はその自転車を買ったの〉
―Ich habe **das Fahrrad** *heute* gekauft.〔未知の概念 heute〕
〈私はその自転車をきょう買いました〉

　以上のように，ドイツ語では，情報価値の小さなものほど前方に置き，情報価値の大きい文肢ほど後方に置くが，それは，情報価値の少ない既知の情報を先に提示すると，情報価値の大きい未知の情報を受け入れる心構えが聞き手に作り出され，情報の伝達が容易になるからである。

【注】　情報価値の大きい文肢ほど後方に置くという伝達的要因は，動詞の位置などを除けば，ドイツ語の文肢配列の基本になるものである。形態的規則によって名詞句は代名詞よりも後方に置かれるが，名詞句の方が基本的に代名詞よりも伝達価値が高いので，したがって，伝達的観点から眺めた場合でも，名詞句が代名詞よりも後方に置かれるのは当然である。また，統語的規則によって補足成分は添加成分よりも後方に置かれるが，補足成分の方が一般的に添加成分よりも伝達価値が高いので，したがって，伝達的観点から眺めた場合でも，補足成分が添加成分よりも後方に置かれるのは当然である。
　なお，日本語の語順規則も，原則的には伝達的要因に基づくので，定動詞の位置を除けば，ドイツ語と日本語の語順は同一であると言える。したがって，日本語をドイツ語に直す場合，日本語と同一の順序でドイツ語の語句を並べ，定動詞の位置を適当な位置（平叙文の場合は第2位）に移すことによって，正しいドイツ語の文を作ることができるということになる。

```
太郎は   ――   きょう    花子と       コンサートに    行く
Taro            heute     mit Hanako   ins Konzert     gehen

Taro    geht    heute     mit Hanako   ins Konzert.
```

[§3] 文頭

1. 文頭に置く文肢

定動詞を第2位に置く平叙文の場合，文頭には，日本語と同様に，主語以外の様々な語句も置くことができる。平叙文の文頭には，叙述的機能と強調的機能が与えられる。

2. 叙述的機能

叙述的機能とは，先行する文から予想される既知の情報を文頭に置く場合である。既知の情報を文頭に置くことによって，脈絡の流れが保持され，伝達内容の理解が容易になる。叙述的機能を持つものには，大ざっぱに述べて，次のような2種類の文肢がある。

① 先行する文に関連する場所，時間，理由などを表す文肢――前文に関連する語句を文頭に置くことによって，事柄の展開に連続性がもたらされる。

Wera geht in die Bibliothek. *Dort* gibt es Computer mit E-Mail-Anschluss.
〈ヴェーラは図書館に行く。そこにはeメールの使えるコンピュータがある〉

② 先行する文で言及され，新しく述べる事柄の話題（テーマ）になる文肢――聞き手にとって既知である話題（テーマ）を文頭に置くことによって，未知の情報を受け入れる一定の心構えが生じる。

Dort steht ein Wagen. *Er* gehört meinem Vater...
〈そこに車がある。それは私の父のものだ…〉
Es war einmal eine neugierige Alte, *die* schwatzte gern über ihre Nachbarn...
〈昔，好奇心の旺盛なおばあさんが1人おりました。おばあさんは隣人の噂話をするのが好きで…〉

3. 強調的機能

強調的機能とは，先行する文から予想されない未知の情報を文頭に置く場合である。未知の情報を担う文肢を文頭に置くことは，「既知の情報

→未知の情報」という伝達にもっとも自然な配列順序に逆らうため，そこに強調という文体的効果が生じる．

Ein Lügner ist er！〈うそつきだ，奴は〉

対比的なテーマを文頭に置く場合も，強調的な意味合いが伴う．第5課§2を参照．

An seinen Freund hat er nicht geschrieben.
〈友人には彼は手紙を書かなかった〉
Diese Reparatur muss ein Mechaniker machen.
〈このような修理は機械工にまかさなければならない〉
Bei einem solchen Lärm kannst du arbeiten？
〈こう騒々しくても君は仕事が出来るの〉

【注】 先行する文に関連する文肢も話題（テーマ）を形成する文肢もない場合，伝達価値の低い副詞類を文頭に置くのが原則である．したがって，文脈がまだ形成されていない小説の冒頭の場合，もっとも多く用いるのは場所，時などを表す副詞類である．

In einem Hafen an der westlichen Küste Europas liegt ein ärmlich gekleideter Mann in seinem Fischerboot und döst.
〈ヨーロッパの西海岸のある港で貧しい服装をした一人の男が漁船に横たわり，うとうとしている〉
Im August des Jahres neunzehnhundertvierzehn lebt in New York ein junger Mann namens Nikolaus Tarabas.
〈1914年の8月，ニューヨークにニコラウス・タラバスという名前の男が暮らしている〉

なお，「穴埋めのes」と呼ぶ非人称のesを文頭に置くことがある．「穴埋めのes」は，特に存在文や出来事文などに用いる．このような文では，主語がふつう未知の情報を担い，文中に置かれるため，文頭が空位になることが多いからである．第5章第5課§3の4.を参照．

Es ist ein Unglück geschehen．〈事故が起きた〉
Es war einmal vor Zeiten ein König.
〈昔ある時1人の王様がおりました〉
Es bleibt ihm nur eine schwache Hoffnung.
〈彼にはかすかな望みが残されているだけである〉
Es ist gestern ein Kind von einem Auto überfahren worden.
〈昨日子供が1人自動車にひかれた〉

第 5 課　文肢の位置

[§1] 定形の動詞

　定形の動詞（定動詞）は，文頭，第2位，あるいは文末のいずれかに置く。これらのどの位置に置くかは，文のタイプによって決まる。

1. 定動詞第2位

　定動詞を第2位に置く文タイプは，平叙文，補足疑問文，要求話法の文である。

〔平　叙　文〕　Er *kommt* heute nicht.
　　　　　　　〈彼はきょう来ない〉
〔補足疑問文〕　Wann *kommt* er eigentlich？
　　　　　　　〈彼はいったいいつ来るの〉
〔要 求 話 法〕　Man *nehme* täglich eine Tablette.
　　　　　　　〈一日一錠服用のこと〉

【注】
（a）　接続詞 dass を省いた間接話法の文（および独立的間接話法の文）の場合にも定動詞第2位になる（定形第2位と言う場合もある）。
　　(Er sagte,) er *sei* krank gewesen.
　　← (Er sagte,) dass er krank gewesen sei.
　　　　〈彼は病気だった（と言った）〉
　　(Ich denke,) er *liest* das Buch noch.
　　← (Ich denke,) dass er das Buch noch liest.
　　　　〈彼はまだその本を読んでいる（と私は思う）〉
（b）　断わり書きや認容文を先置する場合も，定動詞第2位になることがある。
　　Um die Wahrheit zu sagen, ich *bin* weder dafür noch dagegen.
　　〈本当のことを言うと，私はそれに賛成でも反対でもない〉
　　Magst du Recht oder Unrecht haben, du *musst* mir immer zuhören.
　　〈君が正しかろうが誤っていようが，私の言うことにいつも耳をかさなく

〈第1章 文〉── 39

てはならない〉

2. 定動詞文頭

定動詞を文頭に置く文タイプは，決定疑問文，命令文である。

〔決定疑問文〕　*Kommt* er heute wirklich ?
　　　　　　〈彼はきょう本当に来るの〉
〔命　令　文〕　*Kommt* schnell bitte !
　　　　　　〈すぐに来てくれ〉
　　　　　　Seien Sie vorsichtig !
　　　　　　〈危ないから注意してください〉

【注】
（a）wenn 文で wenn を省略し，定動詞を文頭に置くことがある。
　　Kommt Zeit, kommt Rat.
　　← Wenn Zeit kommt, dann kommt Rat. 〈時来れば，助けあり〉
（b）認容文，要求話法，wollen/lassen を用いた提案文でも，定動詞を文頭に置くことがある。
　　Ist der Himmel auch heiter, mein Herz ist es doch nicht.
　　〈天澄み渡れども，我が心さにあらず〉
　　Möge er doch gesund bleiben !
　　〈彼が健康であり続けんことを〉
　　Lassen Sie uns spazieren gehen !　〈散歩へ行きましょう〉

3. 定動詞文末

定動詞を文末に置く文タイプは副文で，これには接続詞文，関係文，間接疑問文の3つがある。

　　(Er leugnet,) dass er mit ihr ins Konzert gegangen *ist*.
　　〈彼は彼女とコンサートに行ったこと（を否定する）〉
　　(Ich kenne den Mann,) der ihn ermordet *hat*.
　　〈私は彼を殺した（男を知っている）〉
　　(Ich weiß,) wer ihn ermordet *hat*.
　　〈私は誰が彼を殺したのか（知っている）〉

【注】　副文において不定詞（zu 不定詞）が2つ以上連続する場合，定動詞は不定詞群の前に置く。

Ich bin heute sehr müde, weil ich gestern den ganzen Tag *habe* arbeiten müssen.
〈私は昨日一日中働かなければならなかったので，きょうは非常に疲れている〉

[§2] 述部成分

　述部成分（分離前つづり，複合動詞の不定詞，話法の助動詞文の不定詞，完了形・受動形の過去分詞，動詞の熟語成分）の位置は，定動詞の位置に関連して決まる。
　①　定動詞を第2位に置く主文では，述部成分は文末に置く。
　　Er fährt morgen *ab*.
　　〈彼はあす出発する〉
　　Er geht heute *schwimmen*.
　　〈彼はきょう泳ぎに行く〉
　　Er muss einen Brief *schreiben*.
　　〈彼は手紙を書かなければならない〉
　　Er hat einen Brief *geschrieben*.
　　〈彼は手紙を書いた〉
　　Der Brief wurde gestern *geschrieben*.
　　〈手紙は昨日書かれた〉
　　Er fährt gern *Auto*.
　　〈彼は自動車の運転が好きだ〉
　　Darin hat vielleicht Ihr Vater *Recht*.
　　〈この点ではひょっとしたらあなたのお父さんが正しい〉

【注】　述部成分を強調する場合，文頭に置くことがある。
　　Schlittschuh laufe ich sehr gern.
　　〈スケートは私は非常に好きだ〉
　　Kann er Deutsch sprechen？―Nein, *sprechen* kann er es nicht.
　　〈彼はドイツ語を話せますか。― いいえ，話すことはできません〉
　　Abgeschickt habe ich das Paket gestern nicht.
　　〈昨日私は小包の発送はしなかった〉
　　Informiert wirst du rechtzeitig.　〈連絡は遅れずにしてもらえるよ〉

② 定動詞を文末に置く副文では，述部成分は定動詞の直前に置く．
　　..., dass er morgen　　　　　*ab-*　　　　fährt.
　　..., dass er heute　　　　　　*schwimmen*　geht.
　　..., dass er einen Brief　　　 *schreiben*　 muss.
　　..., dass er einen Brief　　　 *geschrieben* hat.
　　..., dass der Brief gestern　 *geschrieben* wurde.
　　..., dass er gern　　　　　　 *Auto*　　　　fährt.

③ 述部成分が複数個ある場合，それらを一定の規則に従って並べ，文末ないし定動詞の前に置く．
　　Er muss schon den Brief *geschrieben haben*.
　　〈彼はもう手紙を書いてしまったに違いない〉
　　..., dass der Brief gestern *geschrieben worden* ist.
　　〈その手紙が昨日書かれたということ…〉

【注】ドイツ語の述部成分はすべて文末に集中し，また定動詞を文末に置く副文では，定動詞と述部成分が日本語と同一の配列を見せる．したがって，日本語の語順から出発するならば，副文の文肢配列はもちろんのこと，述部成分が複雑に並列するような主文も，末尾の定動詞だけを第2位ないし文頭に移し変えることによって自動的に形成することができる．

```
彼は ── 手紙を　　　書い　　　　た　　　に違いない
er 　　 einen Brief geschrieben haben  muss
```

Er *muss* einen Brief geschrieben haben.

このように，日本語とドイツ語の語順を比べた場合，主文の語順で異なるのは原則的に定動詞の位置のみである．第4課§2の3.の注を参照．

[§3] 枠構造内の文肢配列

　定動詞，述部成分以外の，枠構造内に現れる文肢の配列は，形態的，統語的，伝達的規則に基づいて規定される．

1.　主語述語
　主語述語は，コプラ動詞（sein, werden など）と統語的に密接に結び

付く文肢であるため，コプラ動詞を第2位ないし文頭に置く場合には文末に，コプラ動詞を文末に置く場合にはその直前に置く。
>Er ist *begabt*.
>〈彼は才能がある〉
>Er ist *Lehrer* geworden.
>〈彼は先生になった〉
>Wirst du mit der Arbeit bald *fertig* werden?
>〈もうすぐ仕事終わるかい〉
>Er hat gesagt, dass ihm der Abend *unvergesslich* bleiben wird.
>〈彼は自分にとってその晩が忘れ難いものとなるでしょうと言った〉

強調の場合は，文頭に置くこともある。
>*Eine Millionenstadt* ist Berlin.
>〈百万都市なんだよ，ベルリンは〉
>*Wichtig* ist diese Frage für mich nicht.
>〈この問題は私にとって重要というわけではない〉

【注】
（a） 形容詞的述語は，前置詞格目的語の前に置くこともある。
>Er ist *entrüstet* über diese Ungerechtigkeit.
>〈彼はこの不正に激怒している〉

（b） 述語が代名詞 es の場合，定動詞の直後に置く。
>Er ist *es* gern geworden. 〈彼は喜んでそれになった〉
>（参照：Er ist gern Lehrer geworden.）

2. 目的語述語

目的語述語は，主語述語に準じる。すなわち原則的に文末，定動詞が文末にある場合は，その前に置く。
>Man nennt ihn *ein Talent*.
>〈人は彼を才人と呼ぶ〉
>Alle haben seine Entscheidung *als falsch* bezeichnet.
>〈みんな彼の決定を間違っていると言った〉

【注】 強調の場合，目的語述語は文頭に置くことができるが，意味的に主語の関係にある4格目的語の直前に置くことは出来ない。

3. 主語

主語は，原則的に文頭に置くが，伝達的規則によって文中に置くこともできる。

〔文　頭〕　*Die Zuschauer* erhoben sich von ihren Sitzen.
〈観衆たちは席から立ち上がった〉
Er hat heute drei Stunden gerudert.
〈彼はきょう3時間ボートを漕いだ〉

〔文　中〕　Im Sturm knickten *die Bäume* wie Streichhölzer.
〈嵐の中で木々はマッチ棒のようにへし折れた〉
Mit ihm kann zurzeit *niemand* konkurrieren.
〈彼には目下誰もかなわない〉

【注】
（a）　未知の情報を担うか，人称代名詞あるいは man のように，あまり重要でない情報を担う主語は，多く文中に置く。

Das kann *ein Laie* nicht beurteilen.
〈そういうことは素人では判断できない〉
Auf dem Boden liegen *teure Teppiche*.
〈床には高価な絨毯が敷いてある〉
Zu einer modernen Wohnung gehört *eine Klimaanlage*.
〈近代的な住居にはエアコンが必要である〉
So kannst *du* das nicht machen.
〈そんなふうにはそれは出来ないよ〉
In diesem Sessel sitzt *man* sehr bequem.
〈この安楽椅子は座りごこちが非常にいい〉

（b）　主語が自立格目的語と文中で並列する場合，主語が名詞で，自立格目的語が代名詞ならば，主語を自立格目的語の後ろに置くことがある。ただし，前置詞格目的語の場合は，前置詞格目的語が代名詞でも，主語は前置詞格目的語の前に置く。

Sie waren in einer solchen Lage, dass **ihnen** *der Mut* verschwand.
〈彼らは勇気が消え失せるような状況にあった〉
Heute schreibt *der Student* **an sie**.
〈きょうその学生は彼らに手紙を書く〉

4. 目的語

目的語は原則的に文中に置く。

① 4格目的語と3格目的語が並列する場合，4格目的語の方が原則的に動詞との関係が密接であるため，4格目的語を3格目的語の後ろに置く。伝達価値が高いものほど，後方に置くのである。
　　Er zeigt dem Freund *das Bild*.
　　〈彼は友人に絵を見せる〉

不定冠詞，無冠詞を伴う（すなわち未知の情報を担う）4格目的語は，かならず3格目的語の後ろに置く。
　　Er schenkt dem Freund *ein Buch*.
　　〈彼は友人に本を贈る〉
　　Sie streut den Vögeln *Körner* als Futter.
　　〈彼女は鳥たちに餌として穀粒を撒く〉

【注】
（a）3格目的語が代名詞で，4格目的語が名詞の場合，4格目的語はかならず3格目的語の後ろに置く。
　　Ich habe ihm *meinen Standpunkt* klargemacht.
　　〈私は彼に私の立場をはっきりさせた〉
（b）4格目的語が代名詞の場合，3格目的語が名詞でも代名詞でも，4格目的語はその前に置く。
　　Er zeigt es dem Freund. 〈彼はそれを友人に見せる〉
　　Er zeigt es ihm. 〈彼はそれを彼に見せる〉
ただし，4格目的語が指示代名詞の場合は「3格目的語→4格目的語」の語順になる。
　　Er zeigt ihm das. 〈彼は彼にそれを見せる〉
（c）3格目的語が抽象的な物事の場合，4格目的語よりも後方に置く。
　　Er widmet sein Leben *der Kunst*. 〈彼は人生を芸術に捧げる〉

② 前置詞格目的語と自立格目的語が並列する場合，前置詞格目的語は原則的に，形（名詞か代名詞か）に関係なく，自立格目的語の後ろに置く。
〔4格〕Er kehrte das Gesicht *zum Himmel*.
　　　〈彼は顔を空の方へ向けた〉
　　　Er fragt den Polizisten *danach*.
　　　〈彼は警官にそのことを尋ねる〉

〔3 格〕 Er hilft seinem Bruder *bei den Schulaufgaben*.
〈彼は弟の宿題の手助けをする〉
Er dankt dem Lehrer *dafür*.
〈彼はそのことで先生に感謝する〉

新しい情報を担う自立格目的語（前置詞を伴わない目的語）は，前置詞格目的語の後ろに置くことができる。

Er knüpfte daran die Bedingung, dass...
〈彼はそのことに…という条件を付けた〉

【注】 前置詞格目的語は，他の文肢よりも文末に置く傾向がある。
Er jagte sein Leben lang *nach Ruhm*.
〈彼は一生涯名声を追い求めた〉
Er bat kleinlaut *um Verzeihung*. 〈彼は小さな声で許しを乞うた〉

③ 目的語が主語と並列する場合，目的語は，原則的に主語の後ろに置く。3.の注（b）を参照。
Heute schreibt der Student *seinen Eltern*.
Heute schreibt der Student *an seine Eltern*.
〈きょうその学生は両親に手紙を書く〉

5. 述語の目的語

述語の目的語の場合，目的語が自立格であるか前置詞格であるかによって，配列規則が異なる。

① 自立格の場合，目的語は述語の前に置く。
Er ist *Kälte* gewohnt.
〈彼は寒さに慣れている〉
Ist er *seinem Vater* ähnlich?
〈彼は父親に似ているの〉
Es heißt, dass er *großer Leistungen* fähig ist.
〈彼には大きなことを成し遂げる力量があると言われている〉

② 前置詞格の場合，目的語は述語の前にも後ろにも置く。
Er ist *an dem Unfall* schuld＜schuld *an dem Unfall*＞.
〈その事故の責任は彼にある〉

【注】 自立格目的語と前置詞格目的語が並列する場合, 前置詞格目的語を後ろに置く.
> Er ist dem Lehrer *für die Ratschläge* dankbar.
> 〈彼は先生に助言してくれたことに感謝している〉

6. 副詞類

副詞類は, 補足成分（削除できないもの）として用いるか, 添加成分（削除できるもの）として用いるかによって配列規則が異なる.

① 補足成分として用いる副詞類は, 動詞と統語的に密接な関係にあるため, 文末に置く.
> Er legt eine Vase *auf den Tisch*. 〈彼は机の上に花瓶を置く〉
> Die Straße führt in steilen Kurven *zum Pass*.
> 〈道は急なカーブを描きながら峠に通じている〉
> Wenn du klug bist, fährst du erst im September *nach Japan*.
> 〈君は賢ければ日本へは9月になってから行くだろうよ〉

② 添加成分として用いる副詞類は, 原則的に位置が自由である. 文中に置く場合, 伝達上重要なものほど後ろに置く.
> *Am nächsten Tag* hatte er einen Kater.
> 〈次の日彼は二日酔いだった〉
> Die Menge jauchzte *über diese Nachricht vor Begeisterung*.
> 〈群衆はこの知らせに感激のあまり歓声を挙げていた〉
> Sie lebten *mit den Studenten drei Wochen in einem Lager* zusammen.
> 〈彼らは学生たちと3週間キャンプ地で一緒に暮らした〉

【注】
（a） 添加成分の副詞類が目的語と並列する場合, 情報価値の大きい方を後方に置く. したがって, 目的語が代名詞の場合, 副詞類は目的語の後ろに, 目的語が不定冠詞を伴うような不特定のものを指す場合, 副詞類は目的語の前に置く.
> Das Kind sah **ihn** *mit klugen Augen*.
> 〈その子供は彼を賢そうな目で見た〉
> Wir haben **ihn** *neulich* kennen gelernt.
> 〈私たちは彼と最近知合いになった〉

〈第1章 文〉—— 47

Ich habe **ihn** *mehrmals* in der Stadt getroffen.
〈私は彼に何度か町で会った〉
Ich kenne *hier* **ein nettes Lokal**.
〈私はこの近くに感じのよい店を知っている〉
Man muss *im Leben* **Kompromisse** machen.
〈人生には妥協が必要だ〉

ただし，添加成分の副詞類を強調する場合，副詞類を目的語の後ろに置くこともある。

Er klopft **das Fleisch** *mehrmals*.
〈彼は肉を何度も叩く〉
Der Kranke hat **die Krise** *gut* überwunden.
〈病人は無事に峠を越えた〉

(b) 添加成分の副詞類が主語と並列する場合，副詞類を主語の後ろに置くのがふつうである。

Gestern ist **der Student** *trotz seiner Erkältung* gekommen.
〈昨日その学生は病気だったのに来た〉
Sie sagt, dass **ihr Sohn** *auf Grund seines Fleißes* Sieger geworden ist.
〈彼女は息子が熱心であったために勝利者になったと言う〉

だだし，副詞類よりも主語を強調する場合，主語を副詞類の後ろに置くこともある。

Wohnt *hier* **dein Freund**?
〈ここに君の友達が住んでいるのか〉
Er sagt, dass *heute* **sein Freund** kommt.
〈彼はきょう彼の友人が来ると言う〉

(c) 添加成分の副詞類が並列する場合，空間および様態副詞類は，文末に向う傾向を持つ。

Er jagt zurzeit *in Afrika*.
〈彼は目下アフリカで猟をしている〉
Er kennt Deutschland, er hat lange *dort* gelebt.
〈彼はドイツのことを知っている，長い間そこで暮らしていたのだ〉
Er lebte jahrelang *unter falschem Namen*.
〈彼は何年にもわたって偽名で暮らしていた〉
Sie haben sich gestern *nett* unterhalten.
〈彼らは昨日楽しい語らいのひと時を持った〉
Die Mutter ernährt das Kind *selbst*.
〈その母親は子供を母乳で育てる〉

Du gehst mit deinen Sachen *nachlässig* um.
〈君は自分の持ち物をそまつに扱う〉
接続副詞は，前方に向う傾向を持つ。
Er arbeitet *trotzdem* seit einiger Zeit sehr eifrig.
〈彼はそれにもかかわらず少し前から非常に熱心に働いている〉
Wir sind zurzeit in Urlaub und können Sie *daher* leider erst in zwei Wochen besuchen.
〈私たちは目下休暇中なので，あなたを訪問出来るのは残念なことに2週間後になります〉

7. 所有の3格

① 4格および前置詞格目的語に関連する所有の3格は，それらの前に置く。強調の場合は，文頭に置くこともできる。
Der Arzt operiert *dem Patienten* den Magen.
〈医者は患者の胃を手術する〉
Plötzlich sah der Mann *dem Mädchen* in die Augen.
〈突然その男は少女の目を見た〉
Dem Sohn muss die Mutter die Haare waschen.
〈息子は（自分で洗えないので）母親が髪を洗ってやらねばならない〉

② 主語に関連する所有の3格は，主語が文頭にある場合，3格目的語と同一の規則を適用する。テーマとして文頭に置くこともできる。
Ihm zitterten die Knie vor Angst.
〈彼は不安のあまり膝が震えた〉
Dem Kranken hat heute der Magen wehgetan.
〈病人はきょう胃を痛がった〉

[§4] nicht の位置

1. 文否定と部分否定

否定には，文全体（主語と述部からなる事柄）を否定する文否定と文の一部（文肢ないし語）を否定する部分否定の二種類がある。たとえば，日本語で，「彼はドイツに行かない」と言えば，文全体（「彼はドイツに行く」）を否定し，「彼はドイツには行かなかった」と言えば，文の一部

(「ドイツ」)を否定している。前者が文否定であり，後者が部分否定である。

【注】 文否定と部分否定では意味が異なり，それに応じて nicht の位置も本来異なるのであるが，一部の否定文では，nicht の位置が同一になり，多義になることがある。なお，音調は異なる。
    Er stellte die Vase *nicht* auf den Tisch.
    〔文 否 定〕彼は花瓶をテーブルの上に置かなかった。
    〔部分否定〕彼は花瓶をテーブルの上には置かなかった。

2. 文否定の nicht

文否定の nicht の位置に関する規則は，原則的なものと文肢の種類によって影響を受けるものとがある。

2.1. 原則

文否定の nicht は原則的に，述部成分(不定詞，過去分詞，分離前つづり，述語)がない場合，文末に置き，述部成分がある場合，それらの前に置く。

〔述部成分がない場合〕
    Er kommt heute *nicht*. 〈彼はきょう来ない〉
    Das lohnt die Mühe *nicht*. 〈それは苦労に見合わない〉
    Er besucht uns vermutlich *nicht*.
    〈彼は私たちを恐らく訪ねて来ないだろう〉
〔述部成分がある場合〕
    Er wird *nicht* Arzt. 〈彼は医者にならない〉
    Er reist heute *nicht* ab. 〈彼はきょう出発しない〉
    Er ist heute *nicht* abgereist. 〈彼はきょう出発しなかった〉
    Er wird heute *nicht* abreisen. 〈彼はきょう出発しないだろう〉

【注】
(a) 述語が副詞の場合，nicht の位置は前でも後でもよい。
    Er ist *nicht* dort〔... dort *nicht*〕. 〈彼はそこにいない〉
(b) ドイツ語の基本語順として動詞を文末に置いたものを考え(§2の注も参照)，文否定の nicht は動詞の前に置くと仮定するならば，述部成分がある場合もない場合も，nicht の位置は同一の原理によって支配されることになる。す

なわち，述部成分がない場合，nicht が文末に来るのは，基本語順の動詞を第2位に移した後に何も文末に残らないからで，述部成分がある場合，それらの前に位置するのは，基本語順の動詞が第2位に移動した後に述部成分が文末に残るからである。

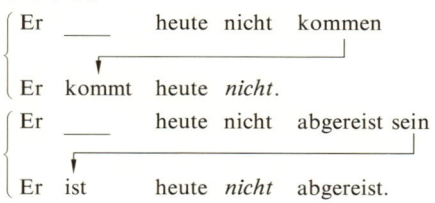

```
⎰ Er  ____    heute  nicht  kommen
⎱ Er  kommt   heute  nicht.
⎰ Er  ____    heute  nicht  abgereist sein
⎱ Er  ist     heute  nicht  abgereist.
```

2. 2. 目的語と文否定の nicht

目的語と文否定の nicht に関して次のような規則がある。

① 自立格の場合，文否定の nicht はふつうその後に置く。

Er nahm das Geld *nicht*.
〈彼はそのお金を取らなかった〉
Er findet das Buch *nicht*.
〈彼にはその本がみつからない〉
Er wollte seine Komplizen *nicht* nennen.
〈彼は共犯者の名前を言おうとしなかった〉

【注】
（a） 代名詞の場合，文否定の nicht はかならずその後ろに置く。
Mit Geld kann man mich *nicht* ködern.
〈お金で僕を釣ろうとしても無駄だ〉
（b） 動詞と熟語的に結びついている目的語の場合，nicht はかならず目的語の前に置く。
Er fährt *nicht* Auto. 〈彼は車を運転しない〉
Er nahm *nicht* Abschied.
〈彼は別れの挨拶をしなかった〉

② 目的語が前置詞格の場合，文否定の nicht は，その前にも後ろにも置くことができる。

Er erinnert sich *nicht* an mich〔... an mich *nicht*〕.
〈彼は私のことを覚えていない〉
Er zweifelt *nicht* an seinen Fähigkeiten〔... an seinen Fähigkeiten

nicht〕．
〈彼は自分の能力を疑っていない〉

2. 3. 副詞類と文否定の nicht

副詞類と文否定の nicht に関して次のような規則がある．なお，イントネーションは，特定の文肢に強勢が置かれないふつうのものとする．

① 補足成分としての副詞類の場合は，その前に置く．
Er wohnt *nicht* in Berlin.
〈彼はベルリンに住んでいません〉
Er legt das Buch *nicht* auf den Tisch.
〈彼は本を机の上に置かない〉
Die Sitzung dauert *nicht* den ganzen Tag.
〈その会議が一日中続くことはない〉

② 添加成分としての副詞類の場合，次のような細則が認められる．
場所の副詞類の場合，その前にもその後ろにも置くことができる．これは本来的な副詞の場合にも当てはまる．
Ich traf ihn im Kino *nicht*〔... *nicht* im Kino〕．
〈私は彼に映画館で会わなかった〉
Er arbeitet *nicht* dort〔... dort *nicht*〕．
〈彼はそこで働いていない〉

時間の副詞類が前置詞句の場合，その前にも後ろにも置くことができる．副詞的4格および本来的な副詞の場合は，その後ろに置く．
Er arbeitet am Abend *nicht*〔... *nicht* am Abend〕
〈彼は夕方仕事をしない〉
Der Zug fährt eine Woche *nicht*.
〈その列車は1週間運行しない〉
Sie besuchte ihn gestern *nicht*.
〈彼女は彼を昨日訪ねなかった〉

【注】
（a） 話者の判断に基づいて使用される副詞 (gleich, bald など) の場合，nicht はかならずそれらの前に置く．部分否定になる．

Er besucht uns *nicht* bald〔＊… uns bald *nicht*〕.
　　　〈彼は私のところにすぐには訪ねて来ない〉
（b）　様態を表す副詞類の場合，nicht はかならずそれらの前に置く。部分否定になる。
　　　Er kommt *nicht* pünktlich.　〈彼は遅れて来る〉
　　　Er arbeitet *nicht* fleißig.　〈彼の働きぶりは真面目ではない〉

3.　部分否定

　部分否定の nicht は原則的に否定すべき語句の直前に置く。部分否定には文肢全体，文肢の一部の語，語の一部を否定するものがある。ただし，主文の定形の動詞の前に置くことはない。また，sondern を伴うことも多い。
　　　Er konnte das Knie *nicht* krumm machen.
　　　〈彼は膝を曲げることができなかった〉
　　　Wir wollen das Problem *nicht* unnötig komplizieren.
　　　〈私たちはその問題を不必要に複雑にしたくない〉
　　　Er fährt *nicht* heute, *sondern* morgen ab.
　　　〈彼が出発するのはきょうではなく，明日です〉
　　　Sie sind *nicht* aus-, *sondern* umgestiegen.
　　　〈彼らは降りたのではなく，乗り換えたのだ〉
　　　Sie trafen sich *nicht* vor, *sondern* nach der Vorstellung.
　　　〈彼らは上演の前ではなく，その後で会った〉
　　　Er stellte das Buch *nicht* ins Regal, *sondern* legte es auf den Tisch.
　　　〈彼は本を棚に立てかけたのではなく，机の上に置いた〉
　　　Sie hat mir *nicht* den blauen Bleistift, *sondern* den roten gegeben.
　　　〈彼女は私に青の鉛筆ではなく，赤のをくれた〉

【注】　否定する語句に強勢を置く場合，nicht を文否定に準じる場所に置くことができる。
　　　Ins Kino gehe ich *nicht*, aber ins Konzert.
　　　〈映画には私は行かないが，コンサートには行く〉

◆練習問題

1. 定形の動詞（定動詞）の置かれる主な3つの位置を挙げ，次に，それぞれの位置で表される主な文タイプを述べなさい。

2. 「文肢」の定義を述べ，次の文の文肢の前後に斜線（／）を入れなさい。
   (1) An Intelligenz ist er uns allen weit überlegen.
   (2) Der Pilot fliegt die Maschine heute zum ersten Mal.
   (3) Er legt dem Direktor die Briefe zur Unterschrift vor.
   (4) Aus Verdruss über ihr Verhalten blieb er dem Treffen fern.
   (5) Er bekam für sein gutes Zeugnis von seinen Eltern ein Fahrrad.

3. 「補足成分」と「添加成分」の定義を述べ，次の文の補足成分を（　）で，添加成分を［　］で囲みなさい。
   (1) Er trägt für seine Mutter das Gepäck.
   (2) Ich habe ihn gestern im Theater getroffen.
   (3) Die Lieferung der Waren erfolgt in fünf Tagen.
   (4) Wir blieben wegen einer Panne auf der Autobahn liegen.
   (5) Gestern ereigneten sich in der Stadt drei Unfälle.

4. 本書で挙げた文型のどのタイプかを述べ，次の文を訳しなさい。
   (1) Er hilft ihr in den Mantel.
   (2) Er hat die Türen verschlossen vorgefunden.
   (3) Sein Vorschlag war, dass wir das kaufen sollten.
   (4) Kümmere dich nicht um Dinge, die dich nichts angehen.
   (5) Er hatte das Gefühl, als sei er nicht allein im Zimmer.

5. 文肢配列に関する「形態的」「統語的」「伝達的」規則を簡潔に述べなさい。

6. 動詞を文末に置いた語順をドイツ語の基本語順とした場合に，文否定の nicht の位置に関する規則がどうなるかを簡潔に述べなさい。

第2章
動詞(1)

第 /1/ 課　動詞の形

[§1] 活用

動詞が主語の人称・数，時制，態，法に基づき形を変えることを活用，変化した形を活用形と呼ぶ。人称変化（直説法）は第2課，時制（直説法）は第3課，態は第4課，法は第5課を参照。

[§2] 人称変化

1. 定義

活用のなかで，主語の人称・数に応じ，動詞の語幹に異なる語尾を付けること（時には語幹の変音を伴う）を人称変化と呼ぶ。主語の人称・数を示す語尾を人称語尾と呼ぶ。下例の太字体の部分が語幹，イタリック体の部分が人称語尾である。

〔現在人称変化〕
　　　ich **lern**-*e*　　　wir **lern**-*en*
　　　du **lern**-*st*　　　ihr **lern**-*t*
　　　er **lern**-*t*　　　sie **lern**-*en*

2. 呼応

主語と動詞が人称・数において一致することを呼応と呼ぶ。
　　Ein Kind *läuft* über die Straße.
　　〈子供が通りの向こうへ走って行く〉
　　Ein Kind und ein Hund *laufen* über die Straße.
　　〈子供と犬が一匹通りの向こうへ走って行く〉

【注】
（a）異なる人称の主語を und で結ぶ場合，動詞は上位の人称の複数形に一致する。たとえば，ich und du → wir；du und er → ihr。
（b）主語を oder, sondern によって結ぶ場合，動詞は後半の主語に一致するが，weder ... noch の場合は，ふつう複数形になる。

〈第2章　動詞（1）〉── 57

　　Ich oder er *wird* daran teilnehmen. 〈私か彼がそれに参加するだろう〉
　　Weder er noch ich *werden* daran teilnehmen.
　〈彼も私もそれに参加しないだろう〉
（c）　集合名詞を伴う複数形の名詞句が主語になる場合，定動詞は単数形でも複数形でも用いられる。
　　Das Dutzend Eier *kostet*〔*kosten*〕10 Euro.
　〈その卵は1ダース10ユーロだ〉
（d）　es〔das〕を主語とする紹介文では，動詞は述語名詞に一致する。
　　Das *sind* meine Freunde. 〈それは私の友人たちだ〉

3. 定形と不定形

　人称語尾を伴う形を定形と呼び，主語の人称・数に無関係な語尾を伴う形を不定形と呼ぶ。動詞の形はかならず定形か不定形のどちらかである。下例の太字体の部分が定形，イタリック体の部分が不定形である。
　　Franz will heute seinen Freund *besuchen*.
　〈フランツはきょう友人を訪ねるつもりだ〉
　　Franz hat gestern seinen Freund *besucht*.
　〈フランツは昨日友人を訪ねた〉

【注】　初級文法書では，定形と定動詞，また不定形と不定詞を区別しないことがあるが，本来，両者は異なった概念である。「定形」と「不定形」は動詞の形を示す概念で，「次の動詞を定形にしなさい」「次の動詞の不定形は何か」というように使う。他方，「定動詞」は定形の動詞，「不定詞」は不定形の動詞のことで，形に基づき動詞を区別する概念である。ただし，不定形の動詞は不定詞だけではなく，分詞も一種の不定形の動詞であることに注意。第4章を参照。

[§3] 3基本形

　動詞の様々な形のうち，不定詞の形と過去形（詳しくは過去基本形）と過去分詞の3つの形を3基本形（あるいは3要形）と呼ぶ。

【注】　動詞の活用は原則的に，動詞の語幹をもとにして，接辞の付加および助動詞との結合によって規則的に行われるが，一部の重要な動詞は，過去と過去分詞で不規則な形を作る。したがって，過去形と過去分詞を，動詞そのものを示す不定詞とともに，動詞の活用全体を学ぶ上で覚えなければならない形として特に取り出し，3基本形と呼ぶのである。

[§4] 強変化動詞・弱変化動詞・混合変化動詞

動詞は，3基本形の作り方に基づいて，強変化動詞，弱変化動詞，混合変化動詞の3タイプに分ける。

1. 強変化動詞

強変化動詞とは，幹母音を変音させるだけで過去形を，接頭辞 ge- と接尾辞 -en を付けて（時には変音させつつ）過去分詞を作る動詞のことである。これらの動詞は，幹母音が変音するため「強変化」と呼ぶが，後に述べる混合変化動詞とともに，不規則変化動詞とも呼ぶ。重要な動詞がこのタイプに属するが，数は少ない（約200語）。

〔不定詞〕		〔過去形〕	〔過去分詞〕
geh-en	行く	ging	ge-gang-en
komm-en	来る	kam	ge-komm-en

【注】 強変化動詞は「不規則変化動詞」と呼ぶが，文字通り「不規則に」変化しているわけではない。これらの動詞は，昔からある基本的な動詞で，以下に示すように，3基本形の変音が8つのタイプに大別できる。しかし，それぞれのタイプに当てはまる動詞の数が限定されているため，一括して「不規則変化動詞」と呼ぶ。

(a) 第1タイプ：[aɪ - ɪ - i] / [aɪ - iː - iː]
  beißen   噛む   — biss   gebissen
  reiben   こする   — rieb   gerieben
(b) 第2タイプ：[iː - o - o] / [iː - oː - oː]
  fließen 流れる   — floss   geflossen
  fliegen 飛ぶ   — flog   geflogen
(c) 第3タイプ：[ɪ - a - u] / [ɪ - a - o]
  finden   見つける   — fand   gefunden
  schwimmen 泳ぐ   — schwamm geschwommen
(d) 第4タイプ：[e - a / aː - o] / [e - aː - e]
  helfen   助ける   — half   geholfen
  sprechen 話す   — sprach gesprochen
  essen   食べる   — aß   gegessen
(e) 第5タイプ：[eː - aː - oː] / [eː - aː - eː]
  stehlen 盗む   — stahl   gestohlen

  lesen 読む   — las gelesen
（f）第6タイプ：［eː‐oː‐oː］／［e‐o‐o］
  bewegen 気にさせる — bewog bewogen
  schmelzen 溶ける — schmolz geschmolzen
（g）第7タイプ：［a〔aː〕‐iː‐a〔aː〕］／［a〔aː〕‐uː‐a〔aː〕］
  fallen 転ぶ   — fiel gefallen
  raten 忠告する — riet geraten
  waschen 洗う   — wusch gewaschen
  fahren 乗り物で行く — fuhr gefahren
（h）第8タイプ：［aʊ〔aɪ, oː, uː〕‐iː‐aʊ〔aɪ, oː, uː〕］
  laufen 走る   — lief gelaufen
  heißen …という名である— hieß geheißen
  stoßen 突く   — stieß gestoßen
  rufen 呼ぶ   — rief gerufen

2. 弱変化動詞

 弱変化動詞とは，幹母音を変えず，語幹に過去を表す接辞 -t- と人称語尾 -e を付けて過去形を，語幹に接頭辞 ge- と接尾辞 -t を付けて過去分詞を作る動詞のことである。大半の動詞がこのタイプに属するため，接辞の付加という規則で覚えるべきものとの意味で規則変化動詞とも呼ぶ。

  〔不定詞〕   〔過去形〕〔過去分詞〕
  koch-en 料理する koch-t-e ge-koch-t
  lach-en 笑う lach-t-e ge-lach-t
  wein-en 泣く wein-t-e ge-wein-t

【注】 弱変化動詞で口調上の e を入れるものは第2課§1の2.を参照。

3. 混合変化動詞

 混合変化動詞とは，幹母音を変えながら，語幹に過去を表す接辞 -t- と人称語尾 -e を付けて過去形を，接頭辞 ge- と接尾辞 -t を付けて過去分詞を作る動詞のことである。強変化形と弱変化形の特徴を合わせ持っているため，混合変化動詞と呼ぶ。強変化動詞と一括して，不規則変化動詞とも呼ぶ。

  〔不定詞〕   〔過去形〕〔過去分詞〕
  brennen 燃える brann-t-e ge-brann-t

kennen	知っている	kann-t-e	ge-kann-t
nennen	…と呼ぶ	nann-t-e	ge-nann-t
rennen	走る	rann-t-e	ge-rann-t
bringen	運ぶ	brach-t-e	ge-brach-t
denken	考える	dach-t-e	ge-dach-t
wissen	知っている	wuss-t-e	ge-wuss-t

[§5] 特殊な3基本形

意味的・統語的用法に応じて，規則変化形と不規則変化形を並行的に合わせもつ動詞がある。

① 意味用法に応じて，規則変化形と不規則変化形を持つ動詞

● **bewegen**

(1) Sie bewog ihn zu dieser Entscheidung.
〈彼女は彼に働きかけてこの決定を下させた〉

(2) Die Nachricht bewegte die Welt.
〈そのニュースは世界を震撼させた〉

● **schleifen**

(1) Er hat das Messer geschliffen.
〈彼はナイフを研いだ〉

(2) Er hat den Sack aus dem Zimmer geschleift.
〈彼は袋を引きずって部屋から出した〉

② 他動詞の場合は規則変化，自動詞の場合は不規則変化する動詞

● **erschrecken**

(1) Das Auto hat das Kind erschreckt.
〈その車は子供を驚かせた〉

(2) Das Kind ist vor dem Auto erschrocken.
〈その子供はその車に驚いた〉

● **hängen**

(1) Er hängte das Bild an die Wand. 〈彼はその絵を壁に掛けた〉

(2) Das Bild hing an der Wand. 〈その絵が壁に掛かっていた〉

第/2/課　動詞の人称変化（直説法）

[§1] 現在時制

1. 人称語尾

現在時制の人称変化は，直説法の場合，不定詞の語幹に次の人称語尾を付けて行う。この人称語尾は3人称単数 (-t) で過去時制（および接続法）の場合と異なる。§2を参照。

	〔単数〕	〔複数〕	〔例〕 lern-en 学ぶ：	
1人称	-e	-en	ich lern-e	wir lern-en
2人称	-st	-t	du lern-st	ihr lern-t
3人称	-t	-en	er lern-t	sie lern-en

【注】
（a）上掲の語尾は，主語の人称（および数）を表すので人称語尾と呼ぶ。
（b）2人称敬称 Sie の人称変化は単数複数ともに3人称複数 sie に準じる。
（c）1・3人称複数は常に不定詞と同じ形になる（ただし sein を除く）。

2. 現在人称変化のバリエーション

① 動詞の語幹が -d／-t で終わる場合，2人称・3人称の単数および2人称複数では語幹と人称語尾の間に口調上の e を入れる。

　　arbeiten　働く　：du arbeit-e-st　　er / ihr arbeit-e-t
　　reden　　語る　：du red-e-st　　　er / ihr red-e-t

② 動詞の語幹が l ないし r 以外の子音プラス -m ないし -n で終わる場合，2人称・3人称の単数および2人称複数において語幹と人称語尾の間に口調上の e を入れる。

　　atmen　　息をする：du atm-e-st　　er / ihr atm-e-t
　　öffnen　　開ける　：du öffn-e-st　　er / ihr öffn-e-t
　　rechnen　計算する：du rechn-e-st　er / ihr rechn-e-t

【注】 これらの動詞は，名詞・形容詞からの派生形であるが，対応する名詞・形容詞に不定詞の語尾 -en を付けると，弱アクセントの e が連続するため (Atem「息」→ *atem-en / offen「開いた」→ *öffenen)，語幹の末尾音節の e を省いたものである。rechnen も対応する名詞形がないが，Rechen-maschine「計算機」のように合成語では語末音節に e が現れる。なお，語幹末尾音 -m / -n の前に l / r がある場合は，口調上の e を入れない：filmen「映画を撮る」(du filmst, er / ihr filmt), lernen「学ぶ」(du lernst, er / ihr lernt)。

③ 語幹が -s, -ß, -x ないし -z で終わる場合，2人称単数では人称語尾の s が落ちる。

blasen	息をはく	: du bläst	[blɛ́:st]
grüßen	挨拶する	: du grüßt	[grý:st]
boxen	ボクシングをする	: du boxt	[bɔ́kst]
heizen	暖房する	: du heizt	[háɪtst]

【注】
(a) 綴りの上で s が落ちても，語幹末尾の音とのつながりで，2人称単数の人称語尾が持つ音 [-st] が保持されていることに注意。
(b) -sch で終る動詞は，口調上の e を入れることも入れないこともある：du wünsch(e)st「君は望む」。

3. -eln / -ern 型動詞の人称変化

① 不定詞の語末が -eln ないし -ern で終わる場合，1人称・3人称の複数では人称語尾として -en でなく，-n が付く。

angeln	釣りをする	: wir / sie angel-n
klingeln	ベルを鳴らす	: wir / sie klingel-n
ändern	変える	: wir / sie änder-n
rudern	ボートを漕ぐ	: wir / sie ruder-n

【注】 tun「…をする」: wir / sie tu-n

② 不定詞の語末が -eln で終わる場合，この末尾の e は1人称単数で落ちる。

angeln	釣りをする	: ich angl-e
handeln	行動する	: ich handl-e
klingeln	ベルを鳴らす	: ich klingl-e

schütteln　揺する　　　　　： ich schüttl-e

【注】　語幹に人称語尾をそのまま付けると, angel-e のように, 弱アクセントが連続するため, 語幹の e を省く。なお, 不定詞の語末が -ern で終わる場合も, 口語的な用法で末尾の e が落ちることがある。

　　　ändern　　　変える　　　　　： ich änder-e / ändr-e
　　　bewundern　驚嘆する　　　　： ich bewunder-e / bewundr-e
　　　plaudern　　おしゃべりする　： ich plauder-e / plaudr-e
　　　rudern　　　ボートをこぐ　　： ich ruder-e / rudr-e

4.　強変化動詞の人称変化

　強変化動詞（不規則変化動詞）の一部は, 2人称・3人称の単数において幹母音を変える。それには, ① a / o / au がそれぞれ ä / ö / äu に変わるタイプと, ② e（まれに a / o）が i ないし ie に変わるタイプの2種類がある。

　①　ウムラウトタイプ

　　　fahren　　車で行く　　： du fährst　　er fährt
　　　fallen　　落ちる　　　： du fällst　　er fällt
　　　schlafen　眠る　　　　： du schläfst　er schläft
　　　stoßen　　突く　　　　： du stößt　　 er stößt
　　　laufen　　走る　　　　： du läufst　　er läuft

　②　i / ie タイプ

　　　brechen　　折る　　　： du brichst　　　er bricht
　　　essen　　　食べる　　： du isst　　　　 er isst
　　　geben　　　与える　　： du gibst　　　　er gibt
　　　helfen　　 助ける　　： du hilfst　　　 er hilft
　　　messen　　 測る　　　： du misst　　　　er misst
　　　sprechen　 話す　　　： du sprichst　　 er spricht
　　　treffen　　会う　　　： du triffst　　　er trifft
　　　vergessen　忘れる　　： du vergisst　　 er vergisst
　　　werfen　　 投げる　　： du wirfst　　　 er wirft
　　　befehlen　 命令する　： du befiehlst　　er befiehlt
　　　empfehlen　推薦する　： du empfiehlst　 er empfiehlt

lesen	読む	： du liest	er liest
sehen	見る	： du siehst	er sieht

【注】
（a） 語幹の子音が変化するものもあるので注意。
    nehmen　取る　　：　du nimmst　　er nimmt
    treten　踏む　　：　du trittst　　er tritt
    werden　…になる：　du wirst　　er wird

（b）　2人称・3人称単数で幹母音が変音する動詞は，語幹が -d/-t で終わっていても，2人称単数に -est ではなく，-st を付ける。また，3人称単数は -d で終わるものは -t を付け，-t で終わるものは人称語尾を付けない。2人称複数は，-et を付ける。
    laden　積む：du lädst　　er lädt　（ただし ihr ladet）
    braten　焼く：du brätst　　er brät　（ただし ihr bratet）

5.　sein, haben, werden の人称変化

sein（英語 be）	haben（英語 have）	werden（英語 become）
ich　bin	ich　habe	ich　werde
du　bist	du　hast	du　wirst
er　ist	er　hat	er　wird
wir　sind	wir　haben	wir　werden
ihr　seid	ihr　habt	ihr　werdet
sie　sind	sie　haben	sie　werden

[§2] 過去時制

過去時制の人称変化は，過去基本形に人称語尾を付けて行う。

1.　過去基本形

過去基本形の作り方には，次の3種類がある。

①　弱変化動詞（規則動詞）の過去基本形は，幹母音を変えることなく，語幹に接辞 -t- を付けて作る。
    kaufen　買う　—　kauf-t-
    spielen　遊ぶ　—　spiel-t-

weinen 泣く ── wein-t-

なお，語幹が d / t で終わるものと，語幹が m / n で終わり，その前が h / l / r 以外の子音のものは，接辞 -t- の前に口調上の e を入れる。したがって，過去を表示する接辞は -et- になる。

retten 救う   ── rett-et-
baden   入浴する ── bad-et-
atmen   息をする ── atm-et-
öffnen 開ける ── öffn-et-

【注】 初級文法では，たとえば kaufen の「過去基本形」として kaufte の形を挙げるが，過去を表示する接辞と人称語尾を明確に分けるとすると，末尾の e は，主語の人称・数を表す独立した人称語尾であるから，過去時制の人称変化の基本になる（人称語尾を含まない）形は kauf-t- のはずである。従来，「過去基本形」とされる形（たとえば kauf-te）は，人称語尾も含ませた「便宜的な」ものである。

② 強変化動詞の過去基本形は，語幹の母音を変音させて作る。
gehen   行く ── ging-
kommen 来る ── kam-
lesen   読む ── las-

③ 混合変化動詞の過去基本形は幹母音を変え，かつ語幹に接辞 -t- を付けて作る。語幹の子音が変化することもある。
kennen 知っている ── kann-t-
bringen 運ぶ   ── brach-t-
denken 考える   ── dach-t-

2. 人称変化

人称変化には，2つのタイプがある。
① 弱変化動詞および混合変化動詞の場合，過去基本形に下に示した，現在時制の場合と同一の人称語尾を付ける。ただし，現在時制の場合，3人称単数の人称語尾が -t であるが，過去時制の場合は -e になる。また，過去基本形が2人称の単数・複数で -t-st- / -t-t- になるため，実際の人称変化では口調上の e を挿入する。

　　　　　〔単数〕　〔複数〕
　1人称　　-e　　　-en　　　　【注】1人称と3人称は，単数で
　2人称　　-st　　 -t　　　　 も複数でも同形になる。
　3人称　　-e　　　-en

〔例〕　kaufen「買う」　: ich　kauf-t-e　　　wir　kauf-t-en
　　　　　　　　　　　　　du　 kauf-t-e-st　　ihr　kauf-t-e-t
　　　　　　　　　　　　　er　 kauf-t-e　　　 sie　kauf-t-en
　　　　denken「考える」: ich　dach-t-e　　　wir　dach-t-en
　　　　　　　　　　　　　du　 dach-t-e-st　　ihr　dach-t-e-t
　　　　　　　　　　　　　er　 dach-t-e　　　 sie　dach-t-en

【注】
（a）　弱変化動詞，混合変化動詞の場合，過去時制で動詞の語幹に付ける接尾辞は，結果的に下のようになる。初級文法では，これらの形を過去時制の人称変化と呼ぶ。

　　ich　□-te　　wir　□-ten
　　du　 □-test　ihr　□-tet
　　er　 □-te　　sie　□-ten

（b）　1人称と3人称が単数でも複数でも同形になることに注意。これは次の強変化動詞の場合にも当てはまる。
（c）　上記の人称語尾は，ドイツ語の人称変化の基本になるもので，接続法の活用にも用いる。

②　強変化動詞の場合，1・3人称単数において語尾のない下に示した人称語尾を過去基本形に付ける。この人称語尾は，強変化動詞の場合にのみ用いる例外的なものである。

　　　　　〔単 数〕〔複 数〕
　1人称　　 －　　　-en
　2人称　　-st　　　-t　　　　【注】1人称と3人称は，単数で
　3人称　　 －　　　-en　　　 も複数でも，同形になる。

〔例〕　kommen「来る」: ich　kam　　　wir　kam-en
　　　　　　　　　　　　du　 kam-st　　ihr　kam-t
　　　　　　　　　　　　er　 kam　　　sie　kam-en

【注】 過去基本形が -d / -t で終わる動詞は，2人称の単数・複数で口調上の e を挿入する。また，-s / -ß / -chs で終わるものの2人称単数も -est になる。-sch の場合は任意。

  fand （＜finden 見つける） : du fand-e-st ihr fand-e-t
  trat （＜treten 踏む）   : du trat-e-st ihr trat-e-t
  aß   （＜essen 食べる） : du aß-e-st
  wuchs（＜wachsen 育つ） : du wuchs-e-st
  wusch（＜waschen 洗う） : du wusch(-e)-st

[§3] 未来時制

未来時制の人称変化は，「単純不定詞＋werden」の組み合せをもとにし，werden を現在人称変化させることによって行う。

  ich werde   wir werden
  du wirst } ... kommen ihr werdet } ... kommen
  er wird   sie werden

[§4] 完了時制

1. 完了不定詞

完了時制の人称変化は，完了不定詞（第4章第1課§2を参照）をもとにして行う。

〔完了不定詞〕 getanzt haben （＜tanzen 踊る）
       gekommen sein （＜kommen 来る）

2. 人称変化

現在完了の人称変化は，完了不定詞の haben / sein を現在人称変化させることによって，過去完了の人称変化は完了不定詞の haben / sein を過去人称変化させることによって，未来完了の人称変化は完了不定詞＋werden の werden を現在人称変化させることによって行う。

〔現在完了〕

  ich habe   wir haben
  du hast } ...getanzt ihr habt } ...getanzt
  er hat   sie haben

ich	bin	} ...abgefahren	wir	sind	} ...abgefahren
du	bist		ihr	seid	
er	ist		sie	sind	

〔過去完了〕

ich	hatte	} ...getanzt	wir	hatten	} ...getanzt
du	hattest		ihr	hattet	
er	hatte		sie	hatten	
ich	war	} ...abgefahren	wir	waren	} ...abgefahren
du	warst		ihr	wart	
er	war		sie	waren	

〔未来完了〕

ich	werde	} 過去分詞 ...+haben / sein	wir	werden	} 過去分詞 ...+haben / sein
du	wirst		ihr	werdet	
er	wird		sie	werden	

[§5] haben と sein の使い分け

　完了の助動詞として，haben と sein の 2 つがあるが，大半の動詞は完了の助動詞として haben を用い，自動詞の一部のみが sein を用いて完了形を作る。したがって，完了の助動詞 haben と sein の使い分けは自動詞においてのみ問題になる。

【注】　完了の助動詞として haben をとる動詞を haben 支配, sein をとる動詞を sein 支配と呼ぶ。辞書でも，完了の助動詞に関する表示を行っているが，表示方法は辞書によって異なる。

1. sein によって完了形を作る自動詞

　完了の助動詞として haben を用いるか sein を用いるかは主に意味的な要因に基づく。sein によって完了形を作る自動詞には，次の 3 グループがある。

① 場所の移動を表す自動詞
| abfahren | 出発する | ausgehen | 外出する | fahren | 乗物で行く |
| gehen | 行く | kommen | 来る | laufen | 走る |

Der Gast *ist* pünktlich gekommen.
〈客は時間どおりに来た〉
Die Kinder *sind* zu Bett gegangen.
〈子供は寝に行った〉
Die Mutter *ist* ausgegangen, um einzukaufen.
〈母親は買い物に出かけた〉

【注】　これらの動詞はいずれも gehen / kommen のバリエーションとしてみなすことができるもので,「行く・来る型」と呼ぶことがある。

② 　状態変化を表す自動詞
　　aufstehen　起きる　　aufwachen　目覚める　　heilen　　治る
　　schmelzen　溶ける　　sterben　　死ぬ　　　　werden　…になる

Die Blume *ist* verblüht.　〈花は萎んだ〉
Die Kerze *ist* erloschen.　〈ロウソクは消えた〉
Der Autoreifen *ist* geplatzt.　〈自動車のタイヤが破裂した〉
Der Kranke *ist* aufgestanden.
〈その病人は起き上がった〉
Er *ist* von dem Lärm aufgewacht.
〈彼は騒音で目がさめた〉
Der Patient *ist* heute Nacht gestorben.
〈その患者は今夜亡くなった〉

【注】　これらの動詞は, werden「…になる」のバリエーションとみなすことができるので,「なる型」と呼ぶことがある。なお, 出来事の開始・終了を表す動詞は sein によって, 出来事の過程を表す動詞は haben によって完了形を作る。したがって, たとえば, 次のようなパラディグマが形成される。

開始(sein)	過程(haben)	終了(sein)
einschlafen	→ schlafen	→ aufwachen
寝入る	眠っている	目覚める

③ 　特殊な動詞
sein / bleiben / begegnen / gelingen / geschehen などの動詞は例外的に sein によって完了形を作る。

Er *ist* lange Zeit im Ausland gewesen.
〈彼は長い間外国にいた〉
Er *ist* im Zimmer geblieben.
〈彼は部屋の中に留まっていた〉
Ich *bin* ihm gestern zweimal begegnet.
〈私は彼に昨日二度出会った〉
Es *ist* bei diesem Unfall nicht viel geschehen.
〈この事故は大したことにならなかった〉
Es *ist* mir nicht gelungen, ihn zu überzeugen.
〈彼を納得させることが私にはうまくできなかった〉

【注】 完了の助動詞として haben をとるか sein をとるかは，動詞の表す意味内容に基づくもので，一部の動詞は，意味用法に応じて haben によっても sein によっても完了形を作る。これらには次のようなタイプがある。
（a） 移動性に焦点を当てて表現する場合には sein, 行為性に焦点を当てて表現する場合には haben を用いて完了形を作る動詞：
 Sie sind durch den Saal getanzt. 〈彼らはホール中を踊り回った〉
 Sie haben die ganze Nacht getanzt. 〈彼は一晩中踊り通した〉
 Ich bin bis auf den Meeresgrund getaucht. 〈私は海底まで潜った〉
 Das U-Boot hat mehrere Tage lang getaucht.
 〈潜水艦は何日も潜っていた〉
（b） 「移動」の用法の他に，他動詞用法を持つ動詞：
 Die Kinder *sind* in die Stadt gefahren.
 〈子供たちは乗物に乗って町へ行った〉
 Der Lehrer *hat* ein neues Auto gefahren.
 〈先生は新しい自動車を運転した〉
（c） 「状態変化」の自動詞用法の他に，haben によって完了形を作る他動詞用法を持つ動詞（他動詞用法は当該の状態変化を引き起こすことを表す）：
 Eis *ist* geschmolzen. 〈氷が溶けた〉
 Die Sonne *hat* das Eis geschmolzen. 〈太陽は氷を溶かした〉
 Die Blume *ist* abgebrochen. 〈花は折れた〉
 Er *hat* die Blume abgebrochen. 〈彼は花を折った〉
なお，基礎語が sein によって完了形を作る複合・派生動詞（たとえば durchgehen, eingehen, loswerden）は，他動詞でも基礎語と同じように sein によって完了形を作る。
 Ich *bin* mit ihm eine Wette eingegangen. 〈私は彼と賭けをした〉

第/3/課　時制（直説法）

[§1] 時制

　ドイツ語の時制には，直説法の場合，現在，過去，未来，現在完了，過去完了，未来完了の6種類がある。現在，過去，未来の3つを基本時制，現在完了，過去完了，未来完了の3つを完了時制と呼ぶ。また，動詞の形だけで表す現在および過去時制を単独時制，助動詞との結合によって表す他の4つの時制を複合時制と呼ぶ。

【注】
（a）ドイツ語には，英語の進行形にあたる形式がない。現在進行形，過去進行形などはそれぞれ現在形，過去形などで表す。

　　He *is studying* English now.
　　→ Er *lernt* jetzt Englisch.　〈彼はいま英語を習っている〉
　　He *was thinking* of her all the time.
　　→ Er *dachte* immer an sie.　〈彼はいつも彼女のことを考えていた〉

（b）ドイツ語の古い時代には現在と過去の2つの時制しかなく，完了形を用いるようになったのは10世紀頃，未来形を用いるようになったのは13世紀頃と言われている。

[§2] 用法

1. 現在時制
　① 〔現在的用法〕現在起きている事柄を表す。
　　Die Rose *blüht*.　〈ばらが咲いている〉
　　Die Kinder *spielen* im Garten.　〈子供たちが庭で遊んでいる〉

　過去の時点ですでに始められた事柄，現時点で未だに終了していない事柄，あるいは習慣的な事柄も含む。
　　Wir *warten* auf den nächsten Zug.

〈私たちは次の列車を待っている〉
Er *arbeitet* seit 3 Jahren an seiner Arbeit.
〈彼は3年前からいまの仕事をしている〉
Er *besucht* oft das Theater. 〈彼はよく芝居を見に行く〉

② 〔未来的用法〕未来に起きる事柄を表す（⇒未来時制の第1用法）。現在形で用いられる完了相の動詞（第3章第6課を参照）はすべてこの用法になる。
Wir *kommen* bald zurück. 〈私たちはすぐに戻って来る〉
Du *bekommst* einen Brief. 〈君は手紙を一通受け取る〉

【注】 現在時制は，次のような場合にも用いる。
（a） 普遍的な事柄を述べる（「普遍的現在」と呼ぶ）。
Silber *ist* ein Edelstein. 〈銀は貴金属だ〉
Die Erde *bewegt* sich um die Sonne.
〈地球は太陽の周りをまわっている〉
（b） 過去の事柄を生き生きと現前化させる。この用法は，会話で用いることがほとんどなく，物語あるいは日記・年表で用いる。ただし，過去の事柄であることを示す時間副詞類（年号など），あるいはそれに準ずる文脈が必ず必要である（「歴史的現在」と呼ぶ）。
1914 *beginnt* der Erste Weltkrieg. 〈1914年に第1次世界大戦が始まる〉
Neulich *treffe* ich einen alten Schulkameraden.
〈最近私は昔の級友に会う〉

2. 過去時制

ある事柄が過去に起きたことを表す。原則的に物語特有の時制である。
Damals *war* er sehr arm. Er *hatte* kein Haus,...
〈当時，彼は非常に貧乏だった。彼は家もなかったし…〉
Der erste Schnee *kam*, der Winter *war* da, die Öfen *prasselten*, und ...
〈初雪があり，冬が到来した。暖炉がパチパチ音をたて，…〉

【注】
（a） 日本語でも「お名前は何と言いましたっけ」のように，「過去形」を使う場合があるが，ドイツ語でも会話の決まった言い回しで過去形を用いることがある。

Wie *war* doch Ihr Name ?
〈あなたのお名前は何と申しましたっけ〉
Wer *war* hier noch ohne Fahrschein ?
〈乗車券をまだお持ちでない方はおられましたか〉
Herr Ober, ich *bekam* noch ein Schnitzel.
〈ボーイさん，私はまだカツレツをもらえるのでしたね〉
（b）　過去時制と現在完了時制とは過去の事柄を表す点で一致する。ドイツ語圏南部では現在完了時制を，ドイツ語圏北部では過去時制を好んで用いる。現在完了時制は（助動詞を用いる）分析的表現であるため，ますます広まって来ているが，話法の助動詞，sein / haben / werden,「思う」という意味の finden は過去形の方を好んで用いる。
（c）　小説，物語などで作者が人物の心理状況を描く場合，現前化する文体的手段として過去形を用いる体験話法は第 7 章第 1 課§3 を参照。

3.　現在完了時制
　ある事柄が過去に起きたことを現在の立場から表す。主に日常会話で用いる。なお，英語と異なり，過去の時点を表す副詞類と結合する。
Er *hat* gestern ein Auto *gekauft*.
〈彼は昨日自動車を買った〉
Ich *bin* gerade aus der Stadt *zurückgekommen*.
〈私は今ちょうど町から帰って来たところだ〉
Ich *habe* ihn noch nie *gesehen*.
〈私は彼にいままで一度も会ったことがない〉
【注】
（a）　未来完了形の代用としても用いるが，その場合は，かならず未来の時点を表す時間副詞類が必要である。
Bis zum nächsten Jahr *hat* er sein Studium *abgeschlossen*.
〈来年までには彼は大学の勉学を終えている〉
（b）　現在形の主文に対して，それ以前の出来事であることを示すためにも用いる。
Was einmal *geschehen ist*, ist nicht zu ändern.
〈一度起こったことは変えることができない〉
Wenn ich in der Stadt *angekommen bin*, rufe ich dich an.
〈町に着いたら，私は君に電話をする〉
（c）　過去時制は出来事を過去の立場から描写するのに対し，現在完了時制は

過去の出来事を現在の立場から述べるというように，両者は，発話の姿勢に相違がある。つまり，現在完了形では，定形が現在形であることから推察できるように，過去の出来事を現在と関連づけながら述べるのに対し，過去形では，現在との関係を断ち切り，過去の出来事を思い出しながら描写するのである。たとえば，子供が泥棒の入って来るのを偶然カーテンの後ろで目撃した場合，子供は，そのことを母親に述べるとき，現在完了形を用いる。それは「怖かった！」という感情が発話の中心にあり，したがって，その出来事を現在の立場から述べるからである。それに対し，後で警察などにそのことを目撃談として伝えるとき，子供は過去形を用いる。すなわち，その場合には目の前で生じた出来事を思い出しつつ，自分の感情とは別に，客観的に描写することが要求されるからである。このような発話上の姿勢の相違から，大ざっぱではあるが，過去の出来事を述べる場合，日常会話では現在完了形を，小説や昔話では過去形を用いることになる。

4. 過去完了時制

ある事柄が他の過去の事柄よりもさらに以前に生じたことを表す。したがって，過去の事柄を表す文と関連して用いる。次例では，過去完了の事柄（anrufen / beenden）は，過去時制の事柄（besuchen / ankommen）よりも以前に生じている。

Nachdem er uns *angerufen hatte*, besuchte er uns.
〈彼は私たちに電話をした後，訪ねて来た〉
Als er ankam, *hatten* sie die Arbeit schon *beendet*.
〈彼が到着した時，彼らは仕事をすでに終えていた〉
Er sammelte die Münzen auf, die aus dem Portmonee *gefallen waren*.
〈彼は財布から落ちたコインを拾い集めた〉

5. 未来時制

① 〔未来的用法〕未来に起きる事柄を表す。
Was *wird* deine Frau dazu *sagen*?
〈君の奥さんはそのことに何と言うだろう〉
Das *wird* er sein Leben lang nicht *vergessen*.
〈そのことを彼は一生忘れないだろう〉
Nach der Spritze *wird* der Schmerz bald *nachlassen*.

〈注射の後，痛みはまもなく鎮まるでしょう〉

【注】 現在形も未来の事柄を表すため，現在形と未来形は多く交換が可能であるが，未来形にはふつう推量の意味合いが加わる。

② 〔現在的用法〕現時点の事柄に関する推量を表す。
Er *wird* jetzt im Büro *sein*.
〈彼はいまオフィスにいるだろう〉
Der Hut *wird* sicher zu viel Geld *kosten*.
〈その帽子はきっと高価過ぎるでしょう〉
Sie *wird* sich gerade auf die Prüfung *vorbereiten*.
〈彼女はちょうど試験の準備をしているところだろう〉

【注】 主語が1・2人称の場合，次のような発話的意味でも用いる。
(a) 1人称の主語 → 意志の表明：
Warte, *ich* werde dir helfen !
〈待ちなさい，助けてやるから〉
Das werde *ich* auf keinen Fall tun !
〈そんなことは私はどんなことがあってもやらない〉
Das nächste Mal werde *ich* besser aufpassen.
〈次はもっとよく注意するよ〉
(b) 2人称の主語 → 命令あるいは勇気づけ：
Du wirst jetzt schlafen gehen !　〈お前はもう寝なさい〉
Ihr werdet die Hefte morgen zurückbringen !
〈ノートは明日返すのですよ〉
Keine Angst, *du* wirst die Prüfung schon bestehen !
〈心配するな，君はきっと試験に受かるよ〉

6. 未来完了時制
① 〔未来的用法〕未来のある時点に終了していると推量される事柄を表す。ただし，未来の時点を表す時間副詞類がかならず必要である。
Bald *wird* er es *geschafft haben*.
〈まもなく彼はそれを仕上げてしまうだろう〉
Morgen *wird* er die Arbeit *beendet haben*.
〈明日には彼はその仕事を終えてしまっているだろう〉

【注】 現在完了形によって代用されることがある。3.を参照。

② 〔過去的用法〕過去のある時点にすでに起きたと推量される事柄を表す。

Er *wird* jetzt dort schon *angekommen sein*.
〈彼はいまもうそこに到着していることでしょう〉
Er *wird* gestern die Stadt *verlassen haben*.
〈彼は昨日町から立ち去ったことだろう〉
Der Patient *wird* vor einigen Tagen wieder zur Arbeit *gegangen sein*.
〈その患者は何日か前にまた仕事に出たことだろう〉

[§3] 絶対的用法と相対的用法

時制の用法には，絶対的用法と相対的用法の2種類がある。絶対的用法は，時制形の使用が脈絡や他の時制形との時間的前後関係に左右されず，客観的時間関係にのみ基づく用法を言う。

Sie *studierten* zusammen. Sie *wohnten* zusammen. Sie *trennten* sich auch nicht, als der eine von ihnen *heiratete*...
〈彼らは一緒に大学に行っていた。彼らは一緒に住んでいた。彼らは一方が結婚した時でも，別れなかった…〉

他方，相対的用法は，時制形の使用が客観的時間によらず，脈絡や（たとえば複合文の副文におけるように）他の時制形との時間的前後関係に基づく用法を言う。これは主に過去完了時制に認められる。

Nachdem er *gegessen hatte, legte* er sich hin.
〈食事をした後，彼は横になった〉
Der Angeredete, der bislang *geschwiegen hatte, zuckte* die Achseln.
〈話しかけられた人はそれまで黙っていたが，肩をすくめた〉
Ich *hatte* einige Anzeigen in der Zeitung *aufgegeben*, aber es *war* erfolglos.
〈私は新聞に広告を二，三出したが，無駄だった〉

第/4/課　受動態

[§1] 受動態

　受動態は，本動詞の過去分詞と受動の助動詞の組み合せをもとにして作る。なお，英語の受動態は常に「be＋過去分詞」の形であるのに対し，ドイツ語の受動態は，助動詞の種類によって動作受動（過去分詞＋werden）と状態受動（過去分詞＋sein）に分けられる。

〔動作受動〕
　　Die Tür *wird geöffnet*. 　（→ The door *is* opened.）
　　〈ドアは開けられる〉

〔状態受動〕
　　Die Tür *ist geöffnet*. 　　（→ The door *is* opened.）
　　〈ドアは開けられている〉

【注】　事柄の把握の仕方に関する動詞の文法範疇を態と呼ぶ。これは，簡単に言えば，動詞の表す事柄を動作者と被動作者のどちらの視点から捉えるかという表現の方向性に関するものである。態は能動態と受動態に分かれる。

[§2] 動作受動

1. 受動不定詞
　動作受動は「過去分詞＋werden」の組み合せをもとにして作る。この組み合せ（たとえば gelobt werden「ほめられる」＜loben「ほめる」）を受動不定詞と呼ぶ。

2. 時制と人称変化
　動作受動の時制形式および人称変化形は，受動の助動詞 werden を変化させることによって作る。ただし，完了時制の場合，受動の助動詞 werden の過去分詞が geworden でなく，worden であることに注意。

〔現在時制〕
```
    ich   werde  ⎫              wir   werden ⎫
    du    wirst  ⎬ …過去分詞     ihr   werdet ⎬ …過去分詞
    er    wird   ⎭              sie   werden ⎭
```
〔過去時制〕
```
    ich   wurde    ⎫            wir   wurden ⎫
    du    wurdest  ⎬ …過去分詞   ihr   wurdet ⎬ …過去分詞
    er    wurde    ⎭            sie   wurden ⎭
```
〔未来時制〕
```
    ich   werde  ⎫              wir   werden ⎫
    du    wirst  ⎬ …過去分詞     ihr   werdet ⎬ …過去分詞
    er    wird   ⎭ ＋werden     sie   werden ⎭ ＋werden
```
〔現在完了時制〕
```
    ich   bin   ⎫               wir   sind  ⎫
    du    bist  ⎬ …過去分詞      ihr   seid  ⎬ …過去分詞
    er    ist   ⎭ ＋worden      sie   sind  ⎭ ＋worden
```
〔過去完了時制〕
```
    ich   war   ⎫               wir   waren ⎫
    du    warst ⎬ …過去分詞      ihr   wart  ⎬ …過去分詞
    er    war   ⎭ ＋worden      sie   waren ⎭ ＋worden
```
〔未来完了時制〕
```
    ich   werde ⎫               wir   werden ⎫
    du    wirst ⎬ …過去分詞      ihr   werdet ⎬ …過去分詞
    er    wird  ⎭ ＋worden sein sie   werden ⎭ ＋worden sein
```

3. 作り方

① 受動文は，平叙文（現在・過去時制）の場合，受動の助動詞を第2位に，過去分詞は文末に置いて作る。

Der Briefträger *wird* von einem Hund *gebissen*.
〈郵便配達人は犬にかまれる〉

Der Briefträger *wurde* von einem Hund *gebissen*.
〈郵便配達人は犬にかまれた〉

【注】 受動文の語順は，定形の位置を除けば，ドイツ語も日本語も同一である。

完了時制の受動文や話法の助動詞を伴う受動文などの場合，動詞成分が複数になるために，それらの順序が問題になるが，日本語の語順とは文末の最後尾の動詞成分を第2位に置くという点だけが異なる。

   彼は　　　犬に　　　　　　かま　　れ　　　　た
   Er   von einem Hund gebissen worden ist

   Er ist von einem Hund gebissen worden.

定形の動詞を文末に置く副文の場合，日本語と同一の語順になる。
   ..., dass er von einem Hund gebissen worden ist.
   〈彼が犬にかまれたことを…〉

② 能動文から受動文を作る場合，能動文の4格目的語は受動文の主語になる。
   Der Arzt untersucht *den Patienten*.
   〈医者は患者を診察する〉
   → *Der Patient* wird vom Arzt untersucht.
   〈患者は医者の診察を受ける〉

③ 能動文の主語は，受動文において von / durch 前置詞句によって表すことができる。なお，この前置詞句は省略可能である。von と durch の使い分けについては§6を参照。
   Sein Chef lobte ihn. 〈彼の上司は彼をほめた〉
   → Er wurde *von seinem Chef* gelobt.
   〈彼は上司にほめられた〉
   Das Erdbeben zerstörte die Häuser.
   〈地震は家々を破壊した〉
   → Die Häuser wurden *durch das Erdbeben* zerstört.
   〈家々は地震で破壊された〉

[§3] 非人称受動

1. 作り方
 動作受動文は，4格目的語を持たない動詞からも作ることができる。ただし，受動文の主語には能動文の4格目的語のみがなれるのであるか

ら，4格目的語を持たない動詞の場合，主語のない受動文になる。§1のような，主語の伴う受動文を人称受動文と呼ぶのに対し，主語の伴わない受動文を非人称受動文と呼ぶ。
〔人称受動〕 Er wird gelobt. 〈彼はほめられる〉
〔非人称受動〕 Hier wird getanzt. 〈ここでダンスがある〉

【注】 初級文法で，非人称受動文の主語として非人称の es を想定する場合があるが (Hier wird getanzt. → *Es* wird getanzt.)，文頭の，非人称のこの es は，非人称受動文に限らず，テキストの構成上，文頭に置く適当な文肢がない場合に「穴埋め」として一般的に用いるものである。第5章第5課§3の4．も参照。

  Hier wird eine neue Klinik gebaut.
 〈ここに新しい病院が建てられる〉
  → *Es* wird eine neue Klinik gebaut.
 〈新しい病院が建てられる〉
したがって，この文頭の es は，主語として捉えるべきものではない。このことは，この es が文中で用いられないことや，疑問文，副文でも決して現れないことなどからも明らかであろう。
  *Hier wird *es* getanzt.
  Wurde ihm nicht geholfen？
 〈彼は手助けしてもらえなかったのか〉
  Ich ärgere mich, weil mir nicht geantwortet wurde.
 〈私は返事をもらえなかったので腹を立てている〉
重要なことは，ドイツ語では自動詞も受動形を作り，したがって主語のない受動文があるということである。

2. 定形
 非人称受動文の動詞は，3人称単数の形になる。
  Sonntags *wird* nicht gearbeitet.
  〈日曜日は仕事休みだ〉

3. 非人称受動を作る動詞
 非人称受動文を作る動詞には，次のようなものがある。
〔目的語を1つもとらない動詞〕
  Bei der Feier hat man *getrunken* und *getanzt*.
  〈祭りの際に人々は飲みそして踊った〉

→ Bei der Feier ist getrunken und gegessen worden.
〔前置詞格目的語のみをとる動詞〕
　　Man *kämpfte* für den Frieden.
　　〈人々は平和のために戦った〉
　　→ Für den Frieden wurde gekämpft.
〔2格目的語のみをとる動詞〕
　　Man *gedenkt* des Verstorbenen.
　　〈人々は故人を偲ぶ〉
　　→ Des Verstorbenen wird gedacht.
〔3格目的語のみをとる動詞〕
　　Immer *hilft* jemand dem Lehrer.
　　〈いつも誰かが先生を助ける〉
　　→ Immer wird dem Lehrer geholfen.

[§4] 表現機能

　能動態と受動態は，態，すなわち「表現の方向性」という事柄の把握の仕方において対立するが，この伝達機能上の対立は，能動態と受動態の両形式が可能な動詞においてのみ認められる。

【注】「表現の方向性」における対立は語彙そのものにも認めることができる。
　　Sie bemerkte seine Nervosität.
　　〈彼女は彼がイライラしているのに気づいた〉
　　↔ Seine Nervosität fiel ihr auf.
　　　〈彼がイライラしているのが彼女の注意を引いた〉
　　Mein Vater besitzt dieses Grundstück.
　　〈私の父親がこの土地を所有している〉
　　↔ Dieses Grundstück gehört meinem Vater.
　　　〈この土地は私の父親のものだ〉

1.　人称受動文の表現機能
　能動文がある事柄を動作主（能動文の主語）の行為として表すのに対し，人称受動文はその事柄を被動作者（能動文の目的語）に対してなされる行為として表す。別の言葉で言えば，能動文が動詞の表す事柄を動

作主の視点から提示するのに対し，人称受動文は当該の事柄を被動作者の視点から提示するのである．

  Der Schüler wird vom Lehrer gelobt.
  〈その生徒は先生にほめられる〉
  ← Der Lehrer lobt den Schüler.
  〈先生はその生徒をほめる〉

【注】　動作受動は，動作主を視野の外に置き，目的語（被動作者）の視点から事柄を捉えるという特性からして，動作主が不明あるいは動作主を表したくない場合や事象そのものを動作主に関連づけることなく述べる場合に用いられる．
  Seien Sie vorsichtig, wenn Sie einen alten Wagen kaufen. Da wird man leicht betrogen.
  〈中古の車を買う時には注意しなさい．欺されやすいものなんだ〉
したがって，動作受動文ではしばしば「人の行為」よりも「出来事」が表現の中心になる．
  Die Möbel sind beim Umzug beschädigt worden.
  〈家具は引越しの際に破損した〉
  An dieser Stelle ist schon zweimal jemand überfahren worden.
  〈この場所ですでに2度人が車にひかれた〉
  Durch einen Druck auf den Knopf wird die Heizung eingeschaltet.
  〈そのボタンを押せば暖房のスイッチが入る〉

2.　非人称受動の表現機能

非人称受動文は，動作主を主語の位置から外し，行為のみを際立たせて出来事として表現するものである．
  Dort wurde heftig gekämpft.
  〈あそこでは激しい戦闘が行われた〉
  Jetzt wird bei uns schon geheizt.
  〈今もう私たちの家では暖房が入る〉

【注】　非人称受動文も動作主が不明またはそれを表したくない場合や事象そのものを動作主に関連づけることなく述べる場合に用いられる．なお，非人称受動の使用頻度は低く，受動文全体の1割以下と言われる．

[§5] 動作受動の制限規則

1. 人称受動文

　人称受動文は，被動作者の視点から動作主の行為を眺める表現であるため，一定の行為を表す動詞において可能である。したがってたとえば，次のような，行為性と無関係な動詞からは人称受動文を作ることができない。

〔行為を表さない動詞（所有関係の動詞，無意志動詞など）〕
　　　Er *besitzt* ein Haus.
　　　〈彼は家を所有している〉
　　　→*Das Haus wird von ihm besessen.
　　　Er *bekam* einen Brief.
　　　〈彼は手紙を受け取った〉
　　　→*Der Brief wurde von ihm bekommen.

〔4格名詞が内容物，量，金額などを表す動詞〕
　　　Frisches Obst *enthält* Vitamine.
　　　〈新鮮なくだものはビタミンが豊富だ〉
　　　→*Vitamine werden von frischem Obst enthalten.
　　　Die Münze *gilt* nicht viel.
　　　〈この貨幣は価値があまりない〉
　　　→*Viel wird von der Münze nicht gegolten.
　　　Der Anzug *kostet* 2 000 Euro.
　　　〈この背広は二千ユーロする〉
　　　→*2 000 Euro wird von dem Anzug gekostet.

2. 非人称受動文

　非人称受動文は，主語を視野の外に置き，行為のみを際立たせるためのものであるため，行為性の富む動作を表す動詞においてのみ可能である。したがって，次のような動詞からは非人称受動文を作ることができない。

〔変化動詞〕
　　　Er *starb* gestern.　〈彼は昨日死んだ〉
　　　→*Gestern wurde gestorben.

〔状態動詞〕
　　An der Haltestelle *stand* man lange.
　　〈停留所に人が長いこと立っていた〉
　　→*An der Haltestelle wurde lange gestanden.
〔移動動詞〕
　　Er *kommt* nach München.　〈彼はミュンヒェンに来る〉
　　→*Nach München wird gekommen.

【注】　主語に行為性が認められても，本来，非人称受動を作らない移動動詞は，命令文にしたり，適当な修飾語句や話法の助動詞を付加すると，非人称受動が可能になることがある。これは，これらの手段によって空間的移動という動作が，際立たせる対象として有意義になるためであると考えられる。
（a）　*Ins Dorf wird gegangen.
　　　Ins Dorf wird gegangen！〈村へ行け〉
（b）　*Nach London wird geflogen.
　　　Nach London wird *nur einmal am Tag* geflogen.
　　　〈ロンドンへは1日1便飛んでいる〉
（c）　*Auf dem Rasen wurde gestern gegangen.
　　　Auf dem Rasen *darf* nicht gegangen werden.
　　　〈芝生の上を歩いてはいけない〉

[§6] 動作受動文の動作主表示

1.　人称受動文

　人称受動文での動作主の表示は任意である。動作主の表示には主に前置詞 von と durch を用いるが，原則的に von は人（動作主）の場合に，durch は行為性の感じられない事物（原因・手段）の場合に用いる。
　　Der Schüler wurde *vom Lehrer* gelobt.
　　〈その生徒は先生にほめられた〉
　　Das Haus wurde *durch Bomben* zerstört.
　　〈その家は爆弾で破壊された〉
　　Die Nachricht wurde *durch den Rundfunk* verbreitet.
　　〈そのニュースはラジオによって広められた〉

【注】　事物に関しても，行為性が感じられる場合，von を用いる。

Der Baum wurde *von* dem Traktor umgerissen.
〈その木はトラクターによって倒された〉
Er wurde *von* einer Kugel getroffen.
〈彼は銃弾に当たった〉
Das Regal wird *von* zwei Haken gehalten.
〈本棚は2本の留め金で固定されている〉

2. 非人称受動文

非人称受動文の動作主はふつう不特定ないし多数の場合が多い。ただし，動作主表示はほとんどありえないと言ってよく，特に，固有名詞は，動作主として表示することはまったく不可能である。

Es wurde *von den Zuschauern* geklatscht.
〈観客たちから拍手が起こった〉
*Es wird *von Hans* getanzt.

[§7] bekommen 受動

bekommen 受動は，「過去分詞＋bekommen (kriegen / erhalten)」の組み合せで作る。人を表す3格目的語を持つ動詞において可能である。ドイツ語では3格目的語を主語にして人称受動文を作ることができないため，これを補うための表現形式で，3格目的語を主語にする一種の受動表現である。間接目的語を主語にした英語の受動文に対応するものと言えよう。

j³ et⁴ schenken「…³に…⁴を贈る」
→ Er hat eine Krawatte *geschenkt bekommen*.
〈彼はネクタイを贈られた〉
j³ et⁴ borgen「…³に…⁴を貸す」
→ Er hat das Buch *geborgt bekommen*.
〈彼はその本を貸してもらった〉

【注】 授与動詞以外でも，bekommen 受動が可能な3格支配の動詞がある。特に伝達動詞など，何らかの授与関係が認められる場合に作ることができる。

j³ vorlesen「…³に（あるものを）読んで聞かせる」
→ Karl bekam jeden Abend vorgelesen.

〈カールは毎晩本を読んでもらった〉
j³ zuhören「…³に（単に）耳を傾ける」
→ *Karl bekam von allen zugehört.

[§8] 動作受動文に準ずる表現

表現形式は能動文であるが，事柄の捉え方において受動文に準ずるものがいくつかある。

1. sein+zu 不定詞句
被動作者の視点からの表現形式で，話法的意味合い（可能性・必然性）がかならず伴う。第4章第1課§8も参照。
　　Es *sind* keine Wolken am Himmel *zu sehen*.
　　〈空には雲ひとつ見えない〉
　　Die Sache *ist* so schnell wie möglich *zu erledigen*.
　　〈この件は出来るだけ速く処理しなければならない〉

2. sich lassen+他動詞
被動作者の視点からの表現形式で，可能性の意味合いがかならず伴う。
　　Eisen *lässt sich biegen*.
　　〈鉄は曲げることができる〉
　　Das *lässt sich* schwer *beweisen*.
　　〈これは証明が難しい〉
　　Die Tür *lässt sich* nicht *öffnen*.
　　〈このドアは開けられない〉

3. 他動詞の意味上の目的語を主語にする再帰表現
これには，評価の副詞類をかならず必要とするものとしないものとがある。前者（下例1）は当該の行為に際しての対象物の属性を，後者（下例2）は状態変化などの出来事を表す。第3章第3課§4も参照。
　(1) Das Buch *verkauft sich* gut.
　　〈この本はよく売れる〉
　　Das Wort *spricht sich* einfach *aus*.

〈この単語は発音が簡単だ〉
(2) Das Wasser *klärt sich*.
〈水が澄む〉
Der Zucker *löst sich auf*.
〈砂糖が溶ける〉

【注】 受動文は動作者よりも行為そのものを際立たせる働きを持つという点で man を主語にする能動文と一致する。
Auf dem Lande redet *man* Mundarten.
〈田舎では方言が話される〉

[§9] 状態受動

1. 作り方
状態受動は「他動詞の過去分詞＋sein」の組み合せをもとにして作る。たとえば，
gefangen sein「捕えられている」＜ j⁴ fangen「…⁴を捕まえる」
→ Der Dieb *ist gefangen*.
〈泥棒は捕まえられている〉

2. 人称変化
〔現在時制〕
ich bin ⎫
du bist ⎬ …過去分詞
er ist ⎭

wir sind ⎫
ihr seid ⎬ …過去分詞
sie sind ⎭

〔過去時制〕
ich war ⎫
du warst ⎬ …過去分詞
er war ⎭

wir waren ⎫
ihr wart ⎬ …過去分詞
sie waren ⎭

Der Hörsaal war bis auf den letzten Platz besetzt.
〈大教室は満員で座る席が1つもなかった〉

【注】 状態受動の未来・完了時制はまれにしか用いない。

3. 意味用法

　動作受動が対象にある行為が加えられる（加えられた）ことを表すのに対して，状態受動は対象が行為によって生じた結果状態にあることを表す。すなわち，被動作者の視点から当該の行為による結果状態を表す。状態受動の過去分詞は一種の形容詞とみなすことも出来る。

　　　Die Tür ist *geöffnet*.　　〔状態受動〕
　　　〈ドアは開かれている〉
　　　Die Tür ist *offen*.　　〔述語形容詞〕
　　　〈ドアは開いている〉

4. 状態受動を作る動詞

　状態受動は，原則的に動作受動が可能な動詞からのみ作ることができるが，動作受動の可能な動詞がすべて状態受動を作るわけではない。状態受動は，4格目的語に継続的な（残存する）結果状態を可能にするような強い作用を表す他動詞から作る。典型的な事例は，4格目的語の状態変化を引き起こす他動詞である（下例１）。他方，動作のみを表す動詞あるいは継続相の動詞からは状態受動を作ることができない（下例２）。

　(1) et^4 schließen「…^{4}を閉める」
　　　→ Das Geschäft ist geschlossen.
　　　　〈店は閉められている〉
　　　j^4 anziehen「…^{4}に服を着せる」
　　　→ Das Kind ist angezogen.
　　　　〈子供は服を着せられている〉
　(2) et^4 schütteln「…^{4}を揺する」
　　　→ *Der Baum ist geschüttelt.
　　　j^4 lieben「…^{4}を愛する」
　　　→ *Der Lehrer ist von den Schülern geliebt.

【注】　状態受動は本来的に状態を表し，行為そのものが背後に隠れているため，ふつう動作主は表示しない。

第 5 課　接続法

[§1] 接続法の種類

　接続法には，第1式と第2式の2種類がある。第1式と第2式のそれぞれに，人称・数・時制・態に応じた活用体系がある。

【注】　発話内容に対する話し手の関わり方に関する動詞の文法範疇を法と呼ぶ。ドイツ語の法には，直説法，接続法，命令法の3つがあり，法の種類に応じて，動詞は異なった活用をする。
（a）直説法は，事柄を事実そのものとして提示する場合に用いる。直説法は「法」形式のなかでもっとも一般的なもので，他の表現形式を用いる理由がない場合，たとえば否定文，疑問文，感嘆文にも，また命令や推量の表現にも用いる。
（b）接続法は，叙述される事柄を事実以外のもの（単に有り得ること，あるいは想像しうるもの）として提示する場合に用いる。すなわち，接続法は叙述の内容に判断上の距離をとる表現様式である。
（c）命令法は，発話の相手に対する命令，要求などを表す場合に用いる。第6課を参照。

[§2] 第1式（接Ⅰ）の作り方

1. 接Ⅰ現在

　接Ⅰ現在の人称変化は，不定詞の語幹に，下に示す接続法の活用語尾を付けて行う。

	〔単数〕		〔複数〕
ich	-e	wir	-en
du	-est	ihr	-et
er	-e	sie	-en

【注】単数でも複数でも，1人称と3人称が同形である。

	kommen 来る	weinen 泣く	haben 持っている	sein …である
ich	komm-e	wein-e	hab-e	sei
du	komm-est	wein-est	hab-est	sei-(e)st
er	komm-e	wein-e	hab-e	sei
wir	komm-en	wein-en	hab-en	sei-en
ihr	komm-et	wein-et	hab-et	sei-et
sie	komm-en	wein-en	hab-en	sei-en

【注】
(a) 接続法の活用語尾は本来，接続法の接辞 e と人称語尾（3 人称単数が -e のもの）を結合し，e が重複する場合，一方の e を削除してできた形である。この過程を図示すると，次のようになる。（□は動詞の語幹を示す）。

ich	□-e-e →□-e		wir	□-e-en →□-en	
du	□-e-st →□-est		ihr	□-e-t →□-et	
er	□-e-e →□-e		sie	□-e-en →□-en	

接続法の活用形は e を含むのが特徴であるが，これは，接続法の人称変化がもともと接続法の接辞 e を含んでいるからである。なお，接続法と直説法の活用語尾の相違は，太字体で示した 3 人称単数／2 人称単数・複数のみに認められる。ただし，口調上の e を必要とする動詞の場合は 3 人称単数のみである。

	〔直説法〕	〔接続法〕	〔直説法〕	〔接続法〕
ich	lern-e		wart-e	
du	lern-st	**lern-est**	wart-est	
er	lern-t	**lern-e**	wart-et	**wart-e**
wir	lern-en		wart-en	
ihr	lern-t	**lern-et**	wart-et	
sie	lern-en		wart-en	

(b) -eln および -ern で終わる動詞は，2 人称の単数複数で e を挿入しないため，複数 1・3 人称の場合も含め，人称語尾が直説法と同一になる：du änderst, ihr ändert, wir ändern, sie ändern / du klingelst, ihr klingelt, wir klingeln, sie klingeln。なお，-eln で終わる動詞は，1 人称単数でも同形になる：ich klingle。

(c) 強変化動詞は 2・3 人称単数でも変音しない。

2. 接 I 過去

接 I 過去の人称変化は，過去分詞と haben / sein の接 I 形を組み合せて行う。この形式は，直説法の現在完了形からの派生で，直説法で完了

の助動詞として haben をとる動詞はやはり haben を，sein をとる動詞はやはり sein をとる。

ich	hab-e		wir	hab-en	
du	hab-est	...gelernt	ihr	hab-et	...gelernt
er	hab-e		sie	hab-en	
ich	sei		wir	sei-en	
du	sei-(e)st	...gekommen	ihr	sei-et	...gekommen
er	sei		sie	sei-en	

3. 接Ⅰ未来

　接Ⅰ未来の人称変化は不定詞と werden の接Ⅰ形を組み合せて行う。この形式は，直説法の未来形からの派生である。

ich	werd-e		wir	werd-en	
du	werd-est	...kommen	ihr	werd-et	...kommen
er	werd-e		sie	werd-en	

【注】　未来完了の形もあるが，まれにしか用いない。

[§3] 第2式（接Ⅱ）の作り方

1.　接Ⅱ現在

　接Ⅱ現在は，直説法過去基本形に（接Ⅰと同一の）接続法の活用語尾を付けて作る。

　①　弱変化動詞

〔直説法過去基本形 lern-t-（＜lernen 学ぶ）〕

ich	lern-t-e	wir	lern-t-en
du	lern-t-est	ihr	lern-t-et
er	lern-t-e	sie	lern-t-en

【注】
（a）　弱変化動詞（規則変化動詞）の場合，接Ⅱ現在の形態と直説法過去の形態が結果的に同一になる。
（b）　1人称と3人称は，単数でも複数でも同形である。これは他の場合にもあてはまる。

② 強変化動詞

この場合，変音の可能な幹母音は変音させる。

〔直説法過去基本形 ging-（＜gehen 行く）〕

ich	ging-e	wir	ging-en
du	ging-est	ihr	ging-et
er	ging-e	sie	ging-en

〔直説法過去基本形 kam- → käm-（＜kommen 来る）〕

ich	käm-e	wir	käm-en
du	käm-est	ihr	käm-et
er	käm-e	sie	käm-en

③ 混合変化動詞

混合変化動詞の場合は，かならず幹母音を変音させる。

〔直説法過去基本形 dach-t- → däch-t-（＜denken 考える）〕

ich	dächt-e	wir	dächt-en
du	dächt-est	ihr	dächt-et
er	dächt-e	sie	dächt-en

④ sein, haben, werden の接IIの活用形

ich	wär-e	hätt-e	würd-e
du	wär-(e)st	hätt-est	würd-est
er	wär-e	hätt-e	würd-e
wir	wär-en	hätt-en	würd-en
ihr	wär-(e)t	hätt-et	würd-et
sie	wär-en	hätt-en	würd-en

2. 接II過去

接II過去の人称変化は，過去分詞に haben / sein の接II形を組み合せて行う。この形式は，直説法の過去完了形からの派生で，直説法で完了の助動詞として haben をとる動詞はやはり haben を，sein をとる動詞はやはり sein をとる。

ich	hätt-e	}	wir	hätt-en	}
du	hätt-est	} ... gekauft	ihr	hätt-et	} ... gekauft
er	hätt-e	}	sie	hätt-en	}

ich	wär-e		wir	wär-en	
du	wär-(e)st	... gekommen	ihr	wär-(e)t	... gekommen
er	wär-e		sie	wär-en	

3. würde の結合形

　単純・完了不定詞と werden の接II形（würde）の結合形を接II現在および接II過去の代用形として用いることがある。特に，接II形が直説法の形態と同一で，接続法であることを表すことが出来ない場合などには好んで用いる。

　　Ich habe gesagt, ich *besuche* ihn am Sonntag.
　　→ Ich habe gesagt, ich *würde* ihn am Sonntag *besuchen*.
　　　〈私は彼を日曜日に訪ねると言った〉
　　Wenn ich Geld hätte, *kaufte* ich ein Haus.
　　→ Wenn ich Geld hätte, *würde* ich ein Haus *kaufen*.
　　　〈もしお金があれば家を買うのだが〉

【注】　接II形がすでに古形になっている一部の強変化動詞の場合にも，代用形として würde を用いる。
　　Wenn ich Zeit hätte, hülfe ich dir.　〈時間があれば手助けをするのだが〉
　　→ Wenn ich Zeit hätte, würde ich dir helfen.

[§4] 時制

　接続法の時制は，現在，過去，未来の3種類に分けられる。

1. 接続法現在

　接続法現在は，主文または文脈と同時的な事柄を表す場合に用いる。
　　Er sagte, er *sei* krank.　〈彼は病気だと言った〉
　　Wenn ich Zeit *hätte, ginge* ich ins Kino.
　　〈もし時間があれば映画に行くのに〉

【注】　接続法「現在」は，かならずしも現実界における現在の事柄を表すのではない。接続法「現在」は，主文で用いる場合（たとえば非現実話法）は文脈と，副文で用いる場合（たとえば間接話法）は主文と同時であること，すなわ

ち「同時的関係」を表す。この形式を接続法「同時性」と呼ぶことがある。なお，主文あるいは文脈より後に起こるであろう事柄（後時性）を表す場合にも用いる。

　　Er sagte, dass sie gleich *zurückkomme*.
　　〈彼は彼女がすぐに戻って来ると言った〉
ただし，後時性をよりはっきり示したい場合は接続法未来を用いる。
　　Er schreibt mir, dass er *kommen werde*. 〈彼は私に来ると手紙を書く〉

2. 接続法過去

　接続法過去は，主文または文脈より以前に起こった事柄を表す場合に用いる。
　　Er sagte, dass er früher Lehrer *gewesen sei*.
　　〈彼は以前先生をしていたと言った〉
　　Wenn er Geld *gehabt hätte, wäre* er nach Japan *gefahren*.
　　〈もしお金があったならば，彼は日本へ行っていたでしょう〉

【注】 接続法過去は，単なる過去の事柄を表すのではない。接続法「過去」は，主文で用いる場合は文脈より，副文で用いる場合は主文より以前であること，すなわち「前時的関係」を表す。この形式を接続法「前時性」と呼ぶことがある。

3. 接続法未来

　接続法未来は，主文または文脈より後に起こる事柄を表す場合に用いる。
　　Er sagte, dass sie gleich *zurückkommen werde*.
　　〈彼は彼女がすぐに戻って来ると言った〉

【注】 接続法未来は，かならずしも未来の事柄を表すのではない。接続法「未来」は副文で主文より以降であること，すなわち「後時的関係」を表す。この形式を接続法「後時性」と呼ぶことがある。未来完了の形式は，事柄の，未来における完了を強調する場合に用いる。
　　Er sagt, er werde morgen das Buch durchgearbeitet haben.
　　〈彼はその本を明日には仕上げてしまっているだろうと言う〉

〈第 2 章　動詞（1）〉—— 95

[§5]　用法

　接Ⅰ・接Ⅱの用法は，特定の表現様式と密接に結び付き，かつ多様であるため，一言で述べることが難しいが，大ざっぱに述べるならば，接Ⅰは話者が発話内容に対し「潜在的な可能性」を認める場合に，接Ⅱは話者が発話内容に対し「非現実性」を認める場合に用いる。

1.　接Ⅰの用法
　接Ⅰは主に，次のような場合に用いる。
　①　間接話法
　間接話法は，話者がある人の言葉，意見，考えなどを間接的に引用する表現様式である。第7章第1課§4を参照。
　　　Sie sagte, ihre Eltern *seien* im Urlaub.
　　　〈彼女は両親が休暇中だと言った〉
　　　Er sagte, Hans *habe* die Prüfung bestanden.
　　　〈彼はハンスが試験に受かったと言った〉
　　　Ich habe immer geglaubt, sie *sei* mit ihm verlobt.
　　　〈私はずっと彼女が彼と婚約していると思っていた〉
　　　Er sagte ihr, er *werde* sie nie vergessen.
　　　〈彼は彼女に，彼女のことを決して忘れないだろうと言った〉

　また，間接話法の一種と考えられる，名詞などに付ける内容規定文や副文などにも，接Ⅰを用いる。
　　　Die Annahme, dass er bereits abgereist *sei*, war falsch.
　　　〈彼がすでに旅立ったとの推測は誤りだった〉
　　　Er vertritt die Ansicht, Japan *sei* kein demokratisches Land.
　　　〈彼は日本は民主主義国ではないとの見解に立っている〉
　　　Hans ist nicht zum Unterricht gekommen, weil er Kopfschmerzen *habe*.
　　　〈ハンスは頭痛がすると言って授業に来なかった（私は事の真偽を知らない）〉

【注】　間接話法の副文では，他者の言葉，意見，考えなどを表すため，「潜在的な可能性」を表す接Ⅰを一般的に用いる。しかし，話者が間接話法の副文の事

柄を事実と認めている場合には直説法の動詞を，また話者が間接話法の伝達内容文の事柄に懐疑的な立場をとる場合には接IIを用いる．

Sie hat mich tagtäglich gefragt, was ich werden *will*.
〈彼女は私に将来何になるつもりかと毎日毎日尋ねた〉
Einige sagen, er *wäre* 120 Jahre alt (, aber ich glaube es nicht).
〈彼は120歳だと言う人もいる（が，私はそうは思わない）〉

なお，以上のような表現内容の相違と無関係に，次のような実際的使用傾向も認められる．

（a）接Iが直説法と同形になる場合，代用形として接IIを用いる．なお，話し言葉では接Iの単なる代用形としても接IIを頻繁に用いる．

Sie sagen, sie *kämen* heute.
〈彼らはきょう来ると言っている〉
Er sagte mir, dass ich keinen Mut *hätte*.
〈彼は，ぼくには勇気がないと言った〉

（b）間接話法の副文が接続詞によって導入され，特に間接話法を導入する動詞が直説法現在の場合，直説法も用いられる．ただし，間接話法の副文が接続詞によって導入されない場合，および間接話法を導入する動詞が直説法過去の場合は，接続法が好まれる．

Er sagt ihr, dass er sie *liebt*. 〈彼は彼女に愛していると言う〉
Er sagt mir, er *liebe* sie. 〈彼は私に彼女を愛していると言う〉
Er sagte, dass er seine Tante *besuche*.
〈彼は叔母を訪ねると言った〉

② 独立的間接話法

独立的間接話法は，発話を導入する主文を伴わず，定形の動詞を第2位に置く主文形式を取り，独立して用いるものである．独立的間接話法では接続法の形態が間接話法であることを示す唯一の標識であるため，かならず接I（ただし接Iが直説法と同形の場合，接II）を用いる．

Er rief die Bedienung und sagte, er wolle zahlen. Das Essen *sei* ausgezeichnet gewesen.
〈彼は給仕を呼んだ，そして勘定を払いたい，料理はすばらしかったと言った〉
Der Chef hat heute Morgen gesagt, er mache nächstes Jahr eine Dienstreise nach Europa. Er *besuche* Deutschland und England.

〈上司は今朝, 来年ヨーロッパへ出張に行くと言った。ドイツとイギリスを訪ねるそうだ〉

③　要求話法

要求話法は, 3人称の主語（単数, まれに複数）に対する話者の願望などを表す表現形式である。現在では, きまった言い回しや使用解説書, 料理説明書などにしか用いない。この用法では, 話者が実現を求める事柄を表すため, 「潜在的な可能性」を表す接Ⅰを用いる。

Gott *segne* den König！
〈王に神の御加護あれ〉
Man *nehme* dreimal täglich eine Tablette！
〈1日3回1錠服用のこと〉
Er *glaube* doch nicht, dass das so einfach ist.
〈彼がそのことをそんなに簡単だと思わなければいいのだが〉

【注】
（a）定形の動詞を文頭に置く形式も用いられる。また, 願望的ニュアンスを強く出す場合には, mögen の接Ⅰを用いる。

Bringe er doch seinen Bruder mit！
〈彼には兄〔弟〕も連れて来させなさい〉
Er *möge* noch lange leben！
〈彼がまだまだ長生きしますように〉

（b）認容文でも用いられる。

Was auch immer *komme*, ich führe es durch.
〈何が来ようとも, 私はそれをやり抜く〉

④　2人称敬称の命令形および1人称複数の提案表現

2人称敬称の命令形および1人称複数形による「…しましょう」という提案表現に用いる動詞の形も, 本来, 要求話法の接Ⅰである。したがって, 動詞 sein の場合に sei-en になる。

Gehen Sie ins Kino！〈映画に行きなさい〉
Seien Sie fleißig！〈一所懸命やりなさい〉
Wollen Sie Platz nehmen！〈どうぞおかけ下さい〉
Gehen wir auf diesen Punkt etwas näher ein！
〈この点について詳しく見ていくことにしましょう〉

Seien wir doch vernünftig !
〈冷静になろうよ〉

2. 接Ⅱの用法
① 非現実話法
　非現実話法とは，非現実的な条件と，それに基づく非現実的な帰結を述べる表現形式である。非現実の事柄を表す条件文（wenn文など）とその帰結を述べる主文に接Ⅱを用いる。現実の実際的条件と非現実の潜在的条件の区別は，接Ⅱによってのみ表すことができるため，非現実話法には接Ⅱをかならず用いる。なお，現時点において，条件と帰結を含む当該の事柄の実現性がきわめて薄い場合，接Ⅱ現在あるいは「単純不定詞＋würde」を用いる。また過去の時点において，条件と帰結を含む当該の事柄が実現されなかったことである場合，接Ⅱ過去あるいは「完了不定詞＋würde」を用いる。
　　Wenn ich Geld *hätte, ginge* ich ins Kino.
　　〈お金があれば，私は映画に行くのになあ〉
　　Wir *würden* ins Kino *gehen*, wenn uns unser Freund *besuchte*.
　　〈私たちは友人が訪ねて来るんだったら映画を見るに行くのだが〉
　　Wenn er Geld *gehabt hätte, wäre* er nach China *gefahren*.
　　〈もしお金があったならば，彼は中国へ行っていたことでしょう〉

【注】
（a）　現実の条件を表す場合には，直説法を用いる。
　　Wenn ich Geld *habe, gehe* ich ins Kino.
　　〈お金のある時には，私は映画に行く〉
　　Wenn Hans das Abitur *bestanden hat, geht* er zur Universität.
　　〈ハンスはアビトゥーアに受かったら，大学に行く〉
（b）　条件文は，定形の動詞を文頭に置いた形式でも表すことができる。
　　Hätte ich genug Zeit, so würde ich dir helfen.
　　（＝Wenn ich genug Zeit hätte,...)
　　〈時間が十分あれば，君の手助けをするのだが〉
（c）　非現実話法の条件は，wenn文によらず，前置詞句，文脈などによっても表すことができる。
　　An deiner Stelle würde ich ihn noch einmal fragen.
　　〈君の立場ならば私は彼にもう一度尋ねるだろう〉

Ohne Ihre Hilfe hätte ich die Arbeit nicht so schnell abschließen können.
〈あなたの助けがなければこの仕事をこれほど速やかに終えることができなかったでしょう〉
Mein Freund hat damals an der Universität nicht weiterstudiert. Jetzt könnte er schon Doktor sein.
〈私の友人は当時大学での勉学を続けなかった。（続けていたら）今頃は彼はもう博士になっているであろう〉

（d） 接IIは，als dass 文 / ohne dass 文などのような，非現実な事柄を表す副文にも用いる。これらの副文では，直説法を用いることもできるが，接IIを用いることによって，否定的結果という発言意図をより明白に表現できる。

　　Das Wasser ist zu kalt, als dass man baden *könnte*.
　　〈その水は泳ぐには冷たすぎる〉
　　Ich habe tüchtig gefroren, ohne dass ich mich erkältet *hätte*.
　　〈私はやたら寒かったけれど，風邪はひかなかった〉

（e） beinahe, fast を伴い，「もう少しで…するところだった」の意味で用いる。

　　Beinahe hätte ich es vergessen.
　　〈もう少しのところで私はそれを忘れるところだった〉
　　Fast hätte er den Zug nicht mehr erreicht.
　　〈もう少しのところで彼は列車に間に合わなかった〉

（f） 「やっと〔とうとう〕…したぞ」というように，話し手の安堵感を表す意味でも用いる。

　　Da *wären* wir.　〈やっと着いたぞ〉
　　Endlich *hätten* wir's geschafft.　〈とうとうやり遂げたぞ〉

② 非現実的願望文

　非現実的願望文とは，現実話法の前提部だけが独立したもので，doch あるいは nur を伴い，実現不可能な願望や後悔を表す。

　　Wenn ich dir doch〔nur〕 helfen *könnte*!
　　〈君の手助けが出来さえすればなあ〉
　　Wenn ich doch〔nur〕 nichts gesagt *hätte*!
　　〈何も言うんでなかったなあ〉

【注】　定形の動詞を文頭に置くこともある。
　　Könnte ich dir doch〔nur〕 helfen!　〈同上〉
　　Hätte ich doch〔nur〕 nichts gesagt!　〈同上〉

③ als ob 文

als ob 文は「まるで〔あたかも〕…かのように」と非現実的なたとえを言い表すもので，現実に起きた出来事から受ける印象が他の，現実とは異なる非現実の出来事から受ける印象と同一であることを表す。als ob 文における接続法の時制形式は，主文に対し相対的に規定される。

> Er sieht aus, *als ob* er krank *wäre*.
> 〈彼はまるで病人のようだ〉
> Die Geschichte macht den Eindruck, *als ob* sie erfunden *wäre*.
> 〈その話はまるで作り物のような印象を与える〉

【注】
（a） 接Ⅰを用いることもある。
> Er behandelte die Studenten, als ob sie Kinder *seien*.
> 〈彼は学生たちをまるで子供であるかのように扱った〉

（b） 「als＋定形の動詞」という形式でも用いる。
> Er glotzte, *als hätte* er so was noch nie gesehen.
> 〈彼はそういうことをまだ見たことがないかのようにじっと見つめた〉

（c） als ob のバリエーションとして als wenn や wie wenn という形式も用いる。
> Er benimmt sich, *als wenn* nichts geschehen wäre.
> 〈彼は何事もなかったかのように振舞う〉
> Wenn der Mond scheint, ist es, *wie wenn* die Mutter nebenan sitzt.
> 〈月が照ると，お母さんが脇に座っているような感じだ〉

（d） 「まさか…ではあるまいに」と非現実の事柄を述べ，それによって非現実とは逆のこと，すなわち現実の事柄を強調的に述べる場合にも用いる。
> Wie konnte er nur so nachlässig sein！ *Als ob* er nicht *wüsste*, dass wir kein Geld übrig haben.
> 〈どうして彼はそんなにいい加減でいられたんだ！私たちにお金が余っていないことを知らないわけではあるまいに〉

3. 特殊な用法

① 外交的接続法

日本語の「…なんですが」「申し訳ありませんが，…」「もしよろしければ，…」という遠慮がちの感じを伝える接Ⅱの用法を「外交的接続法」と呼ぶ。これは，実際の要求や意見をそのままずばり言わず，何らかの

〈第2章　動詞（1）〉——— *101*

条件が許されるならば，そのようなことがありうると仮定的に述べる表現様式である。非現実話法とは，文脈や状況にもとづいて区別する。

　　Ich *hätte* eine Frage.
　　〈質問があるのですが〉
　　Ich *hätte* gern ein Kilo Trauben.
　　〈ブドウを1キロ頂きたいのですが〉
　　Ich *wäre* Ihnen sehr dankbar, wenn Sie das Buch *zurückgäben*.
　　〈その本を返していただけると非常にありがたいのですが〉

話法の助動詞の接IIや würde もよく用いる。

　　Könnten Sie mir bitte das Fenster öffnen?
　　〈窓を開けていただけますか〉
　　Ich *würde* Ihnen empfehlen, dieses Buch zu kaufen.
　　〈この本はお求めになることをすすめますが〉
　　Das *sollte* man nicht tun.
　　〈そんなことはすべきではないのにな〉

【注】möchte も本来，要望などをていねいに表現しようとする「外交的接続法」である。

　　Ich *möchte* noch eine Tasse Kaffee trinken.
　　〈私はもう1杯コーヒーを飲みたい〉

② 話法の助動詞 sollen の接II過去

sollen の接II過去の形式は，主語が1人称の場合，後悔を表し，2・3人称の場合は非難を表す。

　　Ich *hätte* früher daran denken *sollen*.
　　〈私はもっと前にそのことを考えつくべきだった〉
　　Das *hättest* du nicht tun *sollen*.
　　〈そんなことは君はすべきでなかったのだ〉

【注】他の話法の助動詞にも，それぞれの意味での接II過去の用法がある。

　　Sie *hätten* die Arbeit vorbereiten *müssen*.
　　〈あなたはその仕事の準備をしておかなければならなかったのだよ〉
　　Sie *hätten* die Unterschrift nicht vergessen *dürfen*.
　　〈あなたは署名を忘れてはいけなかったのだよ〉

第 /6/ 課　命令法

[§1] 定義

　命令法は，話し相手（2人称）に対する話し手（1人称）の命令・要求を表す基本的な形式である。命令法には2人称（単数・複数）の形しかない。また，時間関係は場面と同時的である。命令法における動詞の活用形を命令形と呼ぶ。

[§2] 親称の命令形

　2人称親称，すなわち du / ihr で呼び合う相手への命令形には2種類ある。

　① 動詞の語幹に，相手が一人（du への命令）の場合は -e を，2人以上（ihr への命令）の場合は -t を付けて作る。

　　　　　　　　〔du への命令形〕〔ihr への命令形〕
　　lernen　学ぶ　　：lern-e !　　　　lern-t !
　　denken　考える：denk-e !　　　　denk-t !

　Lüge nicht !　〈嘘をつくな〉
　Kommt nicht so spät nach Hause !
　〈そんなに遅くなる前に帰宅しなさい〉

【注】
（a）　du への命令形語尾 -e は，特に口語でしばしば省く。特に不規則動詞の場合，省くのがふつうである。
　　Frag ihn selbst !　〈本人に尋ねてみろよ〉
　　Lauf schnell hin !　〈はやく行け〉
　　Komm herein und wärme dich !　〈中に来て，体を温めなさい〉
（b）　-eln, -ern で終わる動詞の場合，du への命令形語尾 -e はかならず付ける。なお，-eln で終わる動詞の場合，語幹の e はふつう省き，-ern で終わる動

詞の場合，語幹の e は口語で省く。
 Schüttle das Glas！〈グラスを揺すれ〉
 Kich(e)re nicht！〈忍び笑いなんかするな〉
（ｃ）-igen で終わる動詞および m, n を含む二重子音で語幹が終わる動詞の場合，du への命令形語尾 -e はかならず付ける。また，語幹が -d / -t で終わる動詞の場合は，ふつう -e を付ける。
 Entschuldige bitte！〈ごめんなさい〉
 Atme！〈息をしろ〉
 Öffne die Tür！〈扉を開けろ〉
 Antworte mir sofort！〈私にすぐ答えろ〉
 Rede ihm das aus！〈彼にそれを止めさせろ〉
（ｄ）語幹が -d / -t で終わる動詞の場合，ihr への命令形では口調上の e を挿入し，-t を付ける。
 Arbeit-et！〈働け〉
 Red-et！〈話せ〉
（ｅ）再帰代名詞は 2 人称の形になる。
 Setz dich／Setzt euch！〈座れ〉
（ｆ）sein の命令形：Sei ruhig！／Seid ruhig！〈静かに〉

② 直説法現在 2・3 人称単数で幹母音 e を i あるいは ie に変える動詞は，命令形も単数では同じように幹母音を変えて作る。ただし，その際，語尾 -e を付けない。複数形は①に準ずる。

		〔du への命令形〕	〔ihr への命令形〕
essen	食べる	：iss！(du isst)	esst！
sprechen	話す	：sprich！(du sprichst)	sprecht！

 Gib mir das！〈それをくれ〉
 Lest dieses Buch！〈この本を読みなさい〉

【注】
（ａ）werden の命令形は例外的に変音しない：werde！／werdet！
（ｂ）sehen には sieh！の他に，「参照」の意味に用いられる siehe！という形もある。
 Siehe Seite 55！〈55 ページを見よ〉
 Sieh(e) oben！〈上記参照〉

③ 分離動詞を命令文で用いる場合，前綴りは分離する。
Bring doch deinen Bruder *mit* !
〈兄さんも連れていらっしゃい〉
Steht bitte sofort *auf* ! 〈すぐ立ちなさい〉

④ 命令形とともに，命令の意味を強める mal, nur, immer（軽い意味合い）あるいは ja, doch（強い意味合い）などを添えることが多い。
Gib mir bitte *mal* die Zeitung her !
〈ちょっとその新聞をとってくれ〉
Komm *doch* mit ! 〈一緒に来てくれ〉

⑤ du / ihr への命令形では，原則的に主語を省く。ただし，主語を特に強調するあるいは対照的に提示する場合，主語を付け加える。
Bring *du* mir das Buch ! 〈君が私にその本を持ってきなさい〉
Macht *ihr* es bitte ! 〈君たちがそれをやってよ〉

[§3] 敬称の命令形

2人称敬称，すなわち Sie で呼び合う相手に対する命令形は，単数複数ともに，語幹に語尾 -en を付けて作る。ただし，-eln, -ern 型動詞の場合は，語幹に語尾 -n を付ける。また，親称の場合と異なり，先置した命令形の動詞の後ろにかならず主語 (Sie) を置く。
Schweigen *Sie* ! 〈お黙りなさい〉
Setzen *Sie* sich ! 〈おかけください〉
Bitte kommen *Sie* herein ! 〈どうぞ中へお入りください〉
Wollen *Sie* Platz nehmen ! 〈お座りになってください〉

【注】 初級文法では，-eln, -ern 型動詞のことを考慮し，2人称敬称の命令形を直説法現在3人称複数と同形であると教えることがある。さらにまた，2人称敬称の命令文は結果的に疑問文と同一の形式になることを考慮し，疑問文を作りイントネーションだけを命令口調にするようにと教えることがある。
Lernen Sie fleißig Deutsch ?
〈あなたは真面目にドイツ語を学んでいますか〉
→ Lernen Sie fleißig Deutsch ! 〈真面目にドイツ語を学びなさい〉

しかし本来，2人称敬称の命令形式は，接続法第1式の用法から派生してきたものである。このことは，動詞 sein の場合，命令形が sind ではなく，sei-en になることからも明らかであろう。

　　Seien Sie bitte still !　〈静かにしてください〉
　　Seien Sie vorsichtig !　〈気をつけてください〉

[§4] 様々な命令文

　命令・依頼・忠告・禁止・懇願などを表す文を命令文と呼ぶ。これには，命令法の文のほかに，次のような様々な表現がある。

1.　接続法第1式による命令文
〔3人称に対する要求（第5課§5の1.の③を参照）〕
　　Man *lese* einmal diese Ausführungen !
　　〈この詳しい説明を1度読んでみたまえ〉
〔1人称複数に対する提案（ふつう定形の動詞を文頭に置く）〕
　　Stehen wir doch auf !　〈さあ起きよう〉
　　Gehen wir schnell dahin !　〈さっさとそこへ行こうぜ〉
　　Seien wir zufrieden !　〈満足しようよ〉

【注】
（a）　lassen によっても強意の提案の表現を作ることができる。相手が親称で呼び合う関係で一人の場合は Lass uns... !，二人以上の場合は Lasst uns... !，敬称で呼び合う関係の場合は単複共に Lassen Sie uns... !　を用いる。
　　Lass uns nicht mehr davon reden, die Sache ist doch erledigt.
　　〈もうその話はよそうよ，ことは済んだんだから〉
　　Setzen Sie sich, Herr Müller, *lassen Sie uns* ein wenig plaudern.
　　〈おかけください，ミュラーさん。ちょっと雑談でもしましょう〉
（b）　wollen を用いた疑問文で，丁寧な促しを表すことが出来る。
　　Wollen wir nicht mehr davon reden ?
　　〈この話はもう止しませんか〉

2.　wollen による命令文
　　Willst du wohl still sein !

〈もう静かにするだろうな〉
Wollt ihr wohl aufhören zu heulen !
〈もういい加減に泣き叫ぶのはやめるだろうな〉

3. 話法の助動詞 müssen/sollen による命令文
   Du *musst* fleißig Deutsch lernen !
   〈君は真面目にドイツ語を学びなさい〉
   Er *soll* heute Nachmittag zu mir kommen !
   〈彼にきょうの午後私のところに来るよう言ってくれ〉

4. 直説法現在あるいは未来形による命令文
   Du *bleibst* hier ! 〈ここにいろ〉
   Du hast meinen Entschluss gehört, mache dich reisefertig, du *wirst* mich begleiten.
   〈僕の決心は聞いただろ。出発の支度をしなさい。君は僕について来るんだ〉
   Nun gut, Sie *werden* mir entweder die rückständigen Mieten zahlen oder das Haus räumen !
   〈なら結構, 滞納している家賃を払うか, さもなければ家を引き払うんですね〉

5. 不定詞あるいは過去分詞による命令文
   Umsteigen ! 〈乗り換え〉
   Bitte nicht *berühren* ! 〈手を触れないでください〉
   Aufgepasst ! 〈気をつけて〉
   Nicht *geplaudert* ! 〈おしゃべりをするな〉

6. 名詞, 副詞などによる命令文
   Vorsicht !   気をつけて !   Vorwärts !   前へ進め !
   Herein !   入りなさい !   Still !   静かに !
   Auf !   立て !   An die Arbeit !   さあ仕事だ !
   Nieder mit der Tyrannei !
   〈専制打倒 !〉

【注】 命令文が und あるいは so とともに条件文に対応するものとして用いることがある。
　　Frage ihn, *und* du wirst alles erfahren.
　　〈彼に尋ねてごらん，すべて教えてもらえるよ〉
　　Suchet, *so* werdet ihr finden. 〈もとめよ，さらば見いださん〉

【補足説明】 「接続法」とは何かという問題である。たとえば Er sagt, sie sei krank. という間接話法の場合，対応する直説法の文 Sie ist krank. は，「彼女が病気である」ことを独立的に表すが，接続法第1式の文 sie sei krank は，Er sagt「彼は…と言う」というような，伝達を表す文に接続してのみ用いる。また, Wenn ich ein Vöglein wäre, flöge ich zu dir. という非現実話法の場合，対応する直説法の文 Ich bin ein Vöglein. / Ich fliege zu dir. は，それぞれの事柄（「私は小鳥である／私は君のところへ飛んでいく」）を独立的に述べるが，接続法第2式の文 ich wäre ein Vöglein / ich flöge zu dir は，「（私は小鳥でないが，しかし小鳥である）と仮定する／（それが現実ならば，私は君のところに飛んでいく）と仮定する」というように，「…が成り立つならば／…をする」という文に接続しているものと理解される。

　以上のように，従来学んで来た直説法は，それぞれの事柄をそのまま単に事実として述べる場合の動詞の形であるのに対し，接続法は，「…と言う」「…と仮定する／結論する」というような主文に接続させて事柄を述べる場合の動詞の形ということになる。（ちなみに「接続法」という名称は，その文がなんらかの主文に接続して用いられるものだと考えることに由来している。）別の言葉で言うならば，接続法はかならず，「…と〜」という文脈で用いる。そして，接続法の形は，それぞれの文の表す事柄が「…と〜」という文脈に含まれることを示す。

　「接続法」という動詞の形がドイツ語に存在するのは，人間の生活において単に事実ばかりを述べるだけではなく，時には他人の言ったことをさらに別の人に伝達したり，事実に反することを仮定したり，他人にあることの実現を望んだりすることが必要になるからであろう。言語はあくまで私たちの必要に応じて存在している。

◆練習問題

1. 現在時制と過去時制（弱変化動詞と強変化動詞）における人称語尾の一覧表を挙げなさい。

2. 例に従い，語幹から次の活用形が作られるまでの過程を述べなさい。
　　例　wartet（現在3人称単数）：wart-（語幹）→ wart-t（人称語尾の付加）→ wart-e-t（口調上のeの付加）
　　（1）lächle（現在1人称単数）　　（2）lerntet（過去2人称複数親称）
　　（3）redeten（過去1人称複数）

3. 完了の助動詞として sein を用いる動詞の意味的特徴を述べ，次の文を現在完了形に直しなさい。
　　（1）Er krault über den See.　　（2）Er krault eine halbe Stunde.

4. 受動態の意味機能を（人称受動と非人称受動のそれぞれについて）簡潔に述べ，次の文を訳しなさい。
　　（1）Der Radfahrer ist von einem LKW überfahren worden.
　　（2）Die Brücke wurde nach neuesten technischen Erkenntnissen konstruiert.
　　（3）Am Schluss des Stücks wurde heftig gepfiffen.

5. 接続法，命令法の意味機能を簡潔に述べなさい。また，それらと対比しつつ，直説法の意味機能上の特徴も述べなさい。

6. 例に従い，語幹から次の活用形が作られるまでの過程を述べなさい。
　　例　lerntet（接Ⅱ2人称複数）：lern-（語幹）→ lern-t-（過去接辞tの付加；基本形）→ lern-t-e-（接続法接辞eの付加）→ lern-t-e-t（人称語尾の付加）
　　（1）kaufet（接Ⅰ2人称複数）　　（2）wartest（接Ⅰ2人称単数）
　　（3）warteten（接Ⅱ3人称複数）　　（4）gingen（接Ⅱ3人称複数）

第3章
動詞（2）

第 1 課　助動詞

[§1] 定義

1. 本動詞と助動詞

他の動詞と結びつかず，単独でも述部を構成できる動詞を本動詞と呼ぶのに対し，不定形の動詞と結びつき，活用形を作る助けをしたり，様々な意味合いを付加したりする動詞を助動詞と呼ぶ。次例の太字体の部分が本動詞，イタリック体の部分が助動詞である。

　　Er *wird* morgen **kommen**.
　　〈彼は明日来るでしょう〉
　　Er *hat* ein Buch **gekauft**.
　　〈彼は本を買った〉
　　Der Schüler *wird* vom Lehrer **gelobt**.
　　〈その生徒は先生にほめられる〉
　　Ich *muss* noch einen Brief **schreiben**.
　　〈私はもう一通手紙を書かなければならない〉

2. 種類

助動詞は，時制や受動態の形成に関与する助動詞(haben / sein / werden) と話法の助動詞 (dürfen / können / mögen / müssen / sollen / wollen) に大別できる。

[§2] haben, sein, werden

● **haben**

過去分詞と結び付き，完了不定詞および（現在と過去の）完了時制を作る。sein とは相補的な関係にある。第 2 章第 2 課 §5 を参照。

　　Ich *habe* das Buch **gelesen**.
　　〈私はその本を読んだ〉

Er muss den Brief gelesen *haben*.
〈彼はその手紙を読んだにちがいない〉
Er scheint lange geschlafen zu *haben*.
〈彼はずっと眠っていたようだ〉

● **sein**
① 自動詞の過去分詞と結び付き，完了不定詞および(現在と過去の)完了時制を作る。haben とは相補的な関係にある。第2章第2課§5を参照。

Ich *bin* gestern spät eingeschlafen.
〈私は昨夜寝入ったのが遅かった〉
Sie *ist* nach Hause gegangen.
〈彼女は家へ帰った〉
Er soll gestorben *sein*. 〈彼は死んだとのことだ〉

② 他動詞の過去分詞と結び付き，状態受動を作る。第2章第4課§9を参照。

Das Fenster *war* die ganze Nacht geöffnet.
〈窓は一晩じゅう開いていた〉
Der Brief *ist* geschrieben. 〈その手紙は書き上がっている〉

● **werden**
① 他動詞の過去分詞と結び付き，動作受動を作る。完了形における過去分詞は worden である。第2章第4課§2を参照。

Die Haustür *wird* jeden Abend um acht verschlossen.
〈玄関の扉は毎晩8時に閉められる〉
Der Brief ist vor drei Tagen geschrieben *worden*.
〈その手紙は3日前に書かれた〉

② 単純不定詞と結び付き単純未来時制を，完了不定詞と結び付き未来完了時制を作る。第2章第2課§3, §4を参照。

Wir *werden* am Wochenende verreisen.
〈私たちは週末旅に出る〉
In drei Monaten *werden* wir die Arbeit geschafft haben.
〈3か月後に私たちは仕事を終えているでしょう〉

[§3] 話法の助動詞

1. 人称変化

① 現在時制

不定形	dürfen	können	müssen	sollen	wollen	mögen
ich	darf	kann	muss	soll	will	mag
du	darfst	kannst	musst	sollst	willst	magst
er	darf	kann	muss	soll	will	mag
wir	dürfen	können	müssen	sollen	wollen	mögen
ihr	dürft	könnt	müsst	sollt	wollt	mögt
sie	dürfen	können	müssen	sollen	wollen	mögen

【注】 mögen の接続法第2式で，日常会話でよく用いる形 möchte は次のように人称変化する。

ich möchte　　du möchtest　　er möchte
wir möchten　　ihr möchtet　　sie möchten

② 過去時制

ich	durfte	konnte	musste	sollte	wollte	mochte
du	durftest	konntest	musstest	solltest	wolltest	mochtest
er	durfte	konnte	musste	sollte	wollte	mochte
wir	durften	konnten	mussten	sollten	wollten	mochten
ihr	durftet	konntet	musstet	solltet	wolltet	mochtet
sie	durften	konnten	mussten	sollten	wollten	mochten

③ 完了時制

完了不定詞および完了時制は haben で作る。その際，不定詞と同形のものを過去分詞として用いる。

　　Ich *habe* die Aufgabe nicht lösen *können*.
　　〈私は課題が解けなかった〉
　　Ich *habe* heute in die Stadt gehen *müssen*.
　　〈私はきょう町へ行かなければならなかった〉

2. 話法の助動詞文の構成

① zu を伴わない不定詞と結びつく。

Sie *müssen* den Film unbedingt einmal *sehen*.
〈あなたはその映画を是非とも一度見るべきだ〉

② 文中での話法の助動詞の位置は，助動詞一般の語順規則に従う。
平叙文の場合，単独時制（現在時制と過去時制）ならば，定形の話法の助動詞と不定形の本動詞を，第2位と文末に離して置き，一種の枠を形成する。

Ich *muss* heute einen Brief *schreiben*.
〈私はきょう一通手紙を書かなければならない〉

複合時制（未来時制と各完了時制）ならば，話法の助動詞は，不定形の本動詞とともに文末（すなわち不定形の本動詞の後ろ）に置く。

Ich *werde* wohl nicht kommen *können*.
〈私は多分来られないと思います〉
Ich *habe* heute in die Stadt gehen *müssen*.
〈私はきょう町へ行かなければならなかった〉

決定疑問文の場合，単独時制ならば，話法の助動詞を文頭に置く。複合時制ならば，話法の助動詞を不定形の本動詞とともに文末に置く。

Musst du heute noch nach Bonn fahren？
〈君はきょう中にボンに行かなければならないのですか〉
Wird er heute in die Stadt gehen *müssen*？
〈彼はきょう町へ行かなければならないのだろうか〉

補足疑問文の場合，単独時制ならば，疑問詞を文頭に，話法の助動詞を第2位に置く。複合時制ならば，話法の助動詞を不定形の本動詞とともに文末に置く。

Wie *kann* ich nach Bonn fahren？
〈どのようにして私はボンに行けますか〉
Warum hat er nach Bonn fahren *müssen*？
〈なぜ彼はボンに行かなければならなかったのですか〉

副文の場合，単独時制ならば，不定形の本動詞とともに文末に置く。完了時制ならば，完了の助動詞 haben を本動詞と話法の助動詞の前に置く。

..., dass du nach Deutschland fahren *willst*.
〈君がドイツに行くつもりであること…〉
Ich ärgerte mich, weil ich nichts *habe* lesen *können*.
〈私は何も読むことができなかったので腹が立った〉

③ 話法の助動詞は，複数重ねて用いることも，未来形を作ることも，また，zu 不定詞を作ることもできる。
Einem Freund *muss* man vorbehaltlos trauen *können*.
〈友人というものは無条件に信頼できるものでなければならない〉
Ihre Frau *wird* morgen wieder spazieren gehen *können*.
〈奥さんは明日にはふたたび散歩に出かけることができるでしょう〉
Er erklärte ausdrücklich, noch einmal wieder kommen zu *wollen*. 〈彼はもう一度戻って来るつもりだとはっきり言明した〉

3. 意味用法
● **dürfen**
〔基本用法〕主語に対する他者の許可
　　Ihr *dürft* mitkommen. 〈君らは一緒に来てもよい〉
　　Darf ich eintreten？〈入ってもよろしいですか〉

否定詞と結合すると，禁止の意味になる（倫理的なニュアンスも）。
　　Hier *darf nicht* geraucht werden.
　　〈ここではタバコを吸ってはならない〉
　　Ihr *dürft* Tiere *nicht* quälen.
　　〈君らは動物をいじめてはならない〉

【注】
（a） 疑問形式で，ていねいな申し出の表現に用いられる。
　　Darf ich Ihnen noch eine Tasse Kaffee anbieten？
　　〈コーヒーをもう一杯いかがですか〉
（b） 接続法第2式 dürfte は，推量を表すのに用いられる。
　　Morgen dürfte es Regen geben. 〈明日は雨が降るだろう〉

● **können**
〔基本用法1〕人に備わる生理的・内的能力

Er *kann* sehr gut schwimmen. 〈彼は水泳が非常に上手だ〉
Sie *konnte* die Frage nicht lösen. 〈彼女は問題が解けなかった〉

【注】 主語が物の場合，収容能力を表す。
Der Saal kann bis zu 300 Personen aufnehmen.
〈このホールは 300 名まで収容できる〉

〔基本用法 2〕 状況によって規定される可能性
Er *kann* nicht kommen. 〈彼は来ることができない〉
Sie *konnte* nicht schlafen. 〈彼女は眠ることができなかった〉

【注】
（a） 丁寧な申し出，依頼にも用いる。
Kann ich Ihnen helfen ? 〈何かお手伝いできますか〉
Kannst du noch einen Augenblick warten ?
〈もう少し待ってくれるかい〉
（b） dürfen より弱い許可の意味でも用いられる。
Sie können hier telefonieren. 〈ここで電話してもかまいませんよ〉

〔基本用法 3〕 論理的可能性に基づく推測
Es *kann* auch ein Irrtum sein. 〈それは思い違いかも知れない〉
Die Endstation *kann* nicht mehr weit sein.
〈終着駅はもう遠くないでしょう〉

【注】 完了不定詞と結び付くと，過去の出来事の推測を表す。
Das Paket kann verloren gegangen sein.
〈小包はなくなってしまったのかもしれない〉
また，否定詞と結び付くと，強い否定の推量を表す。
Das kann doch nicht wahr sein. 〈それは真実でありえない〉

● **mögen**
〔基本用法 1〕 好み
Er *mag* nicht mit dem Flugzeug fliegen.
〈彼は飛行機に乗りたがらない〉

【注】 mögen は原則的に，否定文ないし疑問文で用いる。したがって *Ich mag Wein trinken. のようには言わない。

〔基本用法２〕推量
　　　Er *mag* achtzig Jahre alt sein. 〈彼は 80 歳らしい〉
　　　Sie *mag* Recht haben. 〈彼女の言うとおりかもしれない〉

【注】
（ａ）接続法第１式・第２式で，主語に対する他者からの願望，要求を表す。間接話法にも用いる。
　　　Möge er glücklich werden！〈彼に幸あれ〉
　　　Herr Bauer möchte morgen bei mir vorbeikommen.
　　　〈バウアーさんに明日私のところに立ち寄るように言ってください〉
　　　Sag ihr, sie möge〔möchte〕sofort hierher kommen！
　　　〈彼女にすぐこちらに来るように言ってくれ〉
（ｂ）容認の意味合いでも用いる。
　　　Er mag ruhig kommen, ich fürchte ihn nicht.
　　　〈来るなら来ればいい，私は彼を恐れない〉
したがって，認容文で仮定的色合いを付け加えるのに用いる。
　　　Was er auch sagen mag〔Er mag sagen, was er will〕, ich glaube ihm nicht.
　　　〈彼が何と言おうとも私は彼の言うことを信じない〉
（ｃ）接続法第２式 möchte は，主語の控え目な要求を表す。
　　　Ich möchte Herrn Müller sprechen.
　　　〈ミュラーさんにお目にかかりたいのですが〉
　　　Möchten Sie etwas essen？〈何かお召し上がりになりますか〉
　　　Eine Dame möchte Sie sprechen.
　　　〈ご婦人があなたとお話したいと言っていますが〉

● **müssen**
〔基本用法１〕状況に基づく不可避性
　　　Ich *muss* eine Brille tragen, weil ich kurzsichtig bin.
　　　〈私は近視なので眼鏡をかけなければならない〉
　　　Das Spiel *musste* infolge schlechten Wetters ausfallen.
　　　〈試合は悪天候のため中止せざるを得なかった〉
　　　Wenn man schaltet, *muss* man gleichzeitig die Kupplung treten.
　　　〈ギヤを切り換える場合，クラッチを同時に踏まなければならない〉

運命的および生理的な不可避性を表すこともある。
　　　Jeder Mensch *muss* einmal sterben.

〈人は誰もいつかかならず死ぬものだ〉
　　Als ich das hörte, *musste* ich lachen.
　　〈それを聞いた時，私は笑わずにいられなかった〉
【注】
（a）　主語が1人称の場合，決意の意味になる。
　　Ich muss ihn unbedingt wieder einmal besuchen.
　　〈私は何としてももう1度彼を訪ねなければならない〉
（b）　主語が2人称の場合，命令の意味になる。
　　Du musst mir gehorchen.　〈私の言うことに従いなさい〉

〔基本用法2〕目的を遂行する上での必要性
　　Er *musste* hart arbeiten, um sein Ziel zu erreichen.
　　〈目標を達成するために彼は一所懸命働かねばならなかった〉
　　Du *musst* dich beeilen, wenn du noch den Zug erreichen willst.
　　〈列車にまだ間に合おうと思うならば，君は急がなければならない〉

【注】　nur と結びつく場合，「…しさえすれば」の意味になる。
　　Du kannst uns jederzeit besuchen, du musst nur vorher Bescheid sagen.
　　〈いつ遊びに来てくれてもいいよ。ただ，前もって知らせてくれ〉

〔基本用法3〕印象などに基づく確信に近い推量
　　Er *muss* bald kommen.　〈彼はじき来るに違いない〉
　　Das *muss* ein Trick sein.　〈それはトリックに違いない〉

【注】
（a）　完了不定詞と結びつくと，過去の事柄に関する推量を表す。
　　Sie muss es vergessen haben.
　　〈彼女はそれを忘れてしまったにちがいない〉
（b）　「…ちがいなかった」のように過去になされた推量には，現在完了形は用いず，過去形を用いる。
　　Sie musste krank sein.　〈彼女は病気にちがいなかった〉
（c）　接続法第2式は，弱められた推量の意味でよく用いる。
　　Sie müsste bald kommen.　〈彼女はまもなく来るはずなのだが〉

● **sollen**
〔基本用法1〕主語に対する他者の意志
　①　話者の要求

Er *soll* sofort zu mir kommen.
〈彼にすぐ私のところへ来るように言ってくれ〉
Es *soll* nicht wieder vorkommen.
〈こんなことは二度と起こさせないつもりだ〉
Über diese Frage *soll* später noch genauer gesprochen werden.
〈この問題については後でもっと詳しく話をすることにしましょう〉

② 話し相手の要求（この場合，疑問文の形式で話し相手の要求・意図を問い合わせる表現になる）
Soll ich mitkommen？〈一緒に行きましょうか〉
Wo *soll* ich auf Sie warten？〈どこであなたを待ちましょうか〉

③ 主語に対する第3者からの要求
Ich *soll* ihr das Buch bringen.
〈私はこの本を彼女に届けるように言われている〉
Er sagte zu ihr, sie *solle* sofort nach Hause gehen.
〈彼は彼女にすぐ家へ戻るように言った〉

【注】
（a） 道義・条理に基づく義務や必要性も表す。
　　Du sollst Vater und Mutter ehren.〈君は父母を敬うべきだ〉
　　Die Kinder sollten ihren Eltern gehorchen.〈子供は親に従うべきだ〉
（b） 実現していないことを指摘し，本来あるべき状況を示す。ふつう接続法第2式を用いる。
　　Das sollte er doch wissen.〈そんなことは彼も知っているべきだ〉
　　Jeder sollte Sport treiben.〈みんなスポーツをすべきだ〉
（c） 運命的な必然性も表す。
　　Ich bin auf alles gefasst, was kommen soll.
　　〈私は今後起こるすべてのことに覚悟ができている〉
（d） 過去形で，過去の時点から見た（運命的な）未来の事柄を述べる。
　　Er sollte seine Heimat nicht wieder sehen.
　　〈彼は故郷を二度と見ることはなかった〉
　　Er sollte an diesem Tag noch eine Überraschung erleben.
　　〈彼はこの日さらに驚くべき体験をすることとなった〉
（e） 接続法第2式の形で，条件文に「ひょっとして」「万一」という意味合いを付け加える。

Wenn es regnen sollte, müsste das Fest verschoben werden.
　　　〈万一雨が降ったら，祭りは延期せざるを得ないだろう〉
〔基本用法2〕主語に関する第三者の主張・うわさ
　　　Es *soll* morgen schneien.
　　　〈明日は雪が降るそうだ〉
　　　Sie *soll* schon gestern gekommen sein.
　　　〈彼女はすでに昨日来たそうだ〉

● **wollen**
〔基本用法1：意志・意図〕…しようと思う，…するつもりだ
　　　Er *wollte* seine Komplizen nicht nennen.
　　　〈彼は共犯者の名前を言おうとしなかった〉
　　　Sie sagte, sie *wolle* ihm schreiben.
　　　〈彼女は彼に手紙を書くつもりだと言った〉

【注】
（a）wir を主語にし，提案(疑問文)や言明(平叙文)を表す。
　　　Wollen wir heute Abend ins Kino gehen？　〈今晩映画に行かないか〉
　　　Wir wollen jetzt aufbrechen！　〈さあ出発しよう〉
（b）事物を主語にし，比喩的にも用いる。
　　　Die Wunde wollte nicht heilen.　〈傷は治りそうになかった〉
　　　Die Tränen wollten mir kommen.　〈私は涙が出そうになった〉

〔基本用法2：願望〕…したがる
　　　Er *will* 10 Euro von mir haben.
　　　〈彼は私から10ユーロ要求する〉
　　　Das Buch habe ich schon immer lesen *wollen*.
　　　〈その本を私はもうずっと読みたいと思っていた〉

〔基本用法3：話者がかならずしも真と認めない，主語の主張〕…と主張する
　　　Er *will* selbst dabei gewesen sein.
　　　〈彼は直接その場にいたと主張する〉
　　　Er *will* dich gestern gesehen haben.
　　　〈彼は昨日君を見たと言っているよ〉

4. 話法の助動詞の独立的用法

話法の助動詞を本動詞を伴わず用いることがある。これらの事例には，当該の話法の助動詞がすでに本動詞化している場合と結合する不定詞が省略されている場合とがある。

【注】 本動詞化しているかどうかを判断する基準は，特定の動詞が規則的に補充でき，したがって省略に関し一般的な規則性が認められるか否かである。一般的な規則性が認められる場合，当該の事例は話法の助動詞における本動詞の省略と考えるべきであろう。

4.1. 本動詞化の事例
   Er *kann* gut Japanisch. 〈彼は日本語が上手だ〉
   Ich *mag* keinen Fisch. 〈私は魚が好きでない〉
   Ich weiß nicht, was sie *will*.
   〈私は彼女が何を欲しているのか分からない〉

4.2. 省略
結合する不定詞の省略には次の2つがある。
① 移動を表す動詞の省略——この場合，方向副詞類や前つづりの表示が不可欠である。
   Er *wollte* nicht *ins* Bett. 〈彼は寝ようとしなかった〉
   Ich *muss* jetzt *in die Stadt*.
   〈私はこれから町へ行かねばならない〉
   Ich *kann* nicht *mit*. 〈私は一緒に行けない〉

② 一般的な行為を表す動詞 tun の省略——本動詞の繰り返しを避ける時に行われるものであるが，ふつう es や das などの代名詞を伴う。
   Das *darfst* du nicht. 〈それは君はしてはならない〉
   Ich *muss* es. 〈私はそれをしなければならない〉
   Warum *soll* ich das? 〈私はなぜそれをしなければならないの〉

4.3. 完了形
独立的に用いる場合，完了形では，本来的な(ge- の付いた)過去分詞の形を用いる。

Er hat zum Arzt *gemusst*.
〈彼は医者に行かなければならなかった〉
Ich habe das Gedicht nicht *gekonnt*.
〈私はその詩を暗唱することができなかった〉
Ich hätte eigentlich zur Schule *gesollt*.
〈私は本当は学校に行っておくべきだったのだ〉

[§4] 使役の lassen

　動詞 lassen は，本動詞としての用法の他に，zu のない不定詞とともに用いる「使役」の用法がある。本動詞の意味上の主語は4格あるいは von 前置詞句によって表す。省略されることも多い。なお，この場合，完了文における過去分詞は不定詞と同形になる。

　　Er *lässt* mich lange warten.
　　〈彼は私に長いこと待たせる〉
　　Ich *lasse* mir meine Haare von meiner Mutter schneiden.
　　〈私は髪の毛を母親に切ってもらう〉
　　Ich habe mir einen Anzug machen *lassen*.
　　〈私は背広を作ってもらった〉

　また，完了時制で副文に用いられる場合，完了の助動詞 haben は（本動詞と）lassen の前に置かれる。

　　..., dass er den Wagen *hat* reparieren *lassen*.
　　〈彼が車を修理させたこと…〉

【注】
（a）使役の lassen は，使役の用法の他に，許可や黙認の意味でも用いる。
〔許可〕　Lass mich gehen !　〈行かせてくれ〉
　　　　Er wollte mich nicht nach Hause gehen lassen.
　　　　〈彼は私を家に帰さそうとしなかった〉
〔黙認〕　Lass ihn doch schlafen !　〈彼は眠らせておけ〉
　　　　Er lässt das Licht brennen.　〈彼は明りをつけたままにしておく〉
（b）命令形の形式で，提案の表現に用いることができる。
　　　　Lass(t) uns gehen !　〈さあ行こう〉

第 2 課　複合動詞

[§1] 動詞の接頭辞

　動詞と結合し複合動詞を作る接頭辞（＝前つづり）には，分離前つづり，非分離前つづり，分離・非分離前つづりがある。分離前つづりは，たとえば当該の動詞を主文の定形として用いる場合，基礎動詞から分離するもの，非分離前つづりは基礎動詞から分離しないもの，また分離・非分離前つづりは意味用法に応じて分離したりしなかったりするものである。次例の太字体の部分が接頭辞，イタリック体の部分が基礎動詞である。

〔分離前つづり〕
　　Er *fährt* heute **ab**. 〈彼はきょう出発する〉
〔非分離前つづり〕
　　Er **er***fährt* nichts Genaues.
　　〈彼は詳しいことを何も聞かされない〉
〔分離・非分離前つづり〕
　　Der Zug *fährt* bis Rom **durch**.
　　〈その列車はローマまで停車しない〉
　　Er **durch***fährt* die Strecke in zehn Minuten.
　　〈彼は10分でその距離を走る〉

[§2] 複合動詞

1.　種類

　複合動詞のなかで，分離前つづりをもつ動詞を分離動詞，非分離前つづりをもつ動詞を非分離動詞，分離・非分離前つづりをもつ動詞を分離・非分離動詞と呼ぶ。

【注】　分離前つづりと非分離前つづりを複合的に持つ動詞もある。この場合，

〈第3章　動詞（2）〉── 123

分離前つづりは語頭にある場合にのみ分離する（たとえば ab-be-stellen「注文を取り消す」では ab- が分離するが，be-ab-sichtigen「意図する」では分離しない）。また，複数の分離前つづりが複合する場合，全体が1つの分離成分として分離する（たとえば her-vor-rufen「呼び出す」，vor-her-sagen「予言する」では her-vor および vor-her がそれぞれ分離する）。

2.　人称変化

複合動詞の人称変化は，接頭辞の種類に関係なく，基礎動詞と同一の規則による。したがって，不規則動詞を基礎動詞とする複合動詞は，以下に示すように，やはり不規則に人称変化する。

〔分離動詞〕abfahren　出発する

ich	fahre ... ab	wir	fahren ... ab
du	**fährst** ... ab	ihr	fahrt ... ab
er	**fährt** ... ab	sie	fahren ... ab

〔参照〕
ich	fahre	wir	fahren
du	**fährst**	ihr	fahrt
er	**fährt**	sie	fahren

〔非分離動詞〕ertragen　堪える

ich	ertrage ...	wir	ertragen ...
du	**erträgst** ...	ihr	ertragt ...
er	**erträgt** ...	sie	ertragen ...

〔参照〕
ich	trage	wir	tragen
du	**trägst**	ihr	tragt
er	**trägt**	sie	tragen

[§3] 分離前つづりと分離動詞

1.　主な分離前つづり

ab-	an-	auf-	aus-	bei-	ein-
empor-	fort-	her-	hin-	los-	mit-
nach-	vor-	weg-	wieder-	zu-	zurück-
zusammen-					

【注】 形容詞，名詞を前つづりにする分離動詞もある：*frei*lassen「釈放する」，

totschlagen「なぐり殺す」; stattfinden「催される」, teilnehmen「参加する」。なお, 従来の正書法で, 形容詞派生の分離動詞とした hochachten「尊敬する」も, 名詞派生の分離動詞とした achtgeben「注意する」も, 新正書法では, hoch achten, Acht geben という2語の結合とする。また, kennenlernen「知り合いになる」, spazierengehen「散歩に行く」のような動詞結合も, kennen lernen, spazieren gehen という2語の結合とする。

2. アクセント, 過去分詞, zu 不定詞

分離動詞の場合, アクセントはかならず分離前つづりにある。過去分詞は, 基礎動詞の過去分詞に前つづりを付けて作る。zu 不定詞は, 前つづりと基礎動詞の間に zu を挿入して作る。

		〔過去分詞〕	〔zu 不定詞〕
ab-fahren	出発する	: abgefahren	abzufahren
an-rufen	電話をかける	: angerufen	anzurufen
auf-stehen	起きる	: aufgestanden	aufzustehen

Ich habe ihn mehrmals vergeblich *angerufen*.
〈私は彼に何度も電話したが, 連絡がつかなかった〉
Er hat versprochen, mich sofort *anzurufen*.
〈彼は私にすぐ電話を入れると約束した〉

【注】 分離前つづりと結合した非分離動詞の過去分詞は ge- を付けずに作り, zu 不定詞は分離前つづりと非分離前つづりの間に入れて作る。

abbestellen	キャンセルする	: abbestellt	abzubestellen
vorbestellen	予約する	: vorbestellt	vorzubestellen

3. 用い方

主文（平叙文, 疑問文, 命令文）の定動詞（現在・過去時制）として用いられる場合, 基礎動詞部分と前つづりが離れ離れに分離する。助動詞文や副文の場合, 定形の動詞が文末に置かれるため, 分離動詞は結合した形になる。

Er *steht* morgens um 7 Uhr *auf*. 〈彼は朝7時に起きる〉
Steht er morgens um 7 Uhr *auf*? 〈彼は朝7時に起きますか〉
Steh noch früher *auf*! 〈もっと早く起きなさい〉

Er muss morgens um 7 Uhr *aufstehen*.
〈彼は朝7時に起きなければならない〉
..., dass er morgens um 7 Uhr *aufsteht*.
〈彼が朝7時に起きること…〉

【注】 意味的に基礎動詞部分と一体を形成する分離前つづりをよりによって基礎動詞部分から最も遠い文末に置くことは，一見奇異に感じられるだろうが，ドイツ語の基本的な語順が動詞を文末に置いたものであることを考えるならば（第1章第5課§2の注を参照），分離前つづりを文末に置くのが自然であることが分かる。要するに，分離動詞の文は，文末に置いた分離動詞から基礎動詞部分だけを第2位に移動することによって作るのである。

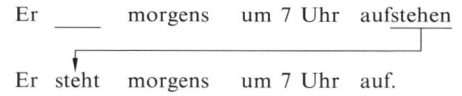

Er _____ morgens um 7 Uhr aufstehen
Er steht morgens um 7 Uhr auf.

4. 分離動詞の意味構成

分離前つづりと基礎動詞部分の意味的関係には，一定の規則性が認められる。主に，次のような2つのタイプがある。

① 基礎動詞部分が手段を表し，分離前つづりが結果の状態を表す。たとえば，分離前つづり auf- は開いている状態を，分離前つづり zu- は閉まっている状態を表す。

Er dreht den Gashahn *auf*.
〈彼は(回して)ガス栓を開ける〉
Er dreht die Heizung *zu*.
〈彼は(回して)暖房を止める〉

【注】 分離前つづり auf- が「開いた」状態を表す分離動詞として次のようなものもある：*auf*drücken「押して開ける」，*auf*stoßen「突いて開ける」，*auf*treten「蹴って開ける」，*auf*ziehen「引いて開ける」。
分離前つづり zu- が「閉じた」状態を表す分離動詞として次のようなものもある：*zu*drücken「押して閉める」，*zu*stoßen「突いて閉める」，*zu*stellen「(物を)置いて閉める」，*zu*ziehen「引いて閉める」。

② 分離前つづりが基礎動詞部分の行為に対して副詞類的な役割を果たす。たとえば，分離前つづり aus- は外部への方向を表し，分離前つづ

り ein- は内部への方向を表す．
　　Man führt Maschinen *aus*.　〈機械を輸出する〉
　　Man führt Getreide aus Übersee *ein*.
　　〈穀物を海外から輸入する〉

【注】　分離前つづり aus- が「外部へ」の方向を表す分離動詞として次のようなものもある：*aus*gehen「外出する」，*aus*laden「積み下ろす」，*aus*reisen「出国する」，*aus*steigen「降りる」．
　　分離前つづり ein- が「内部へ」の方向を表す分離動詞として次のようなものもある：*ein*fahren「（列車などが）入る」，*ein*reisen「入国する」，*ein*setzen「はめ込む」，*ein*steigen「乗る」．

[§4] 非分離前つづりと非分離動詞

1. 主な非分離前つづり
　　be-　ent-　emp-　er-　ge-　miss-　ver-　zer-

【注】　emp- は ent- が f で始まる語と結合することによって変形したものである：ent-＋fangen → emp-fangen「迎える」．

2. アクセント，過去分詞，zu 不定詞
　　非分離動詞は，基礎動詞にアクセントを置く．非分離前つづりにアクセントを置くことはない．過去分詞は，基礎動詞の過去分詞形から ge- を省き，前つづりを付けて作る．また，zu 不定詞を作る場合，単一動詞と同一の振る舞いをする．

	〔過去分詞〕	〔zu 不定詞〕
bestellen	注文する　：bestellt　　（＜gestellt）	zu bestellen
erlernen	習得する　：erlernt　　（＜gelernt）	zu erlernen
verstehen	理解する　：verstanden（＜gestanden）	zu verstehen
zerbrechen	壊れる　　：zerbrochen（＜gebrochen）	zu zerbrechen

　　Ich habe ihn im Gewühl aus den Augen *verloren*.
　　〈私は彼を人ごみの中で見失った〉
　　Es ist schwer, ihn zu *verstehen*.
　　〈彼を理解するのは難しい〉

【注】
（a） 過去分詞が不定詞と同形になる動詞がある：bekommen「得る」, vergessen「忘れる」など。
（b） 過去分詞が3人称単数現在と同形になる動詞がある：entdecken「発見する」, gehören「属する」など。
（c） 非分離動詞に付加した miss- はアクセントを持つ：missverstehen「誤解する」。この場合, miss- は分離して用いられることがないが, zu 不定詞は miss- の後ろに zu を入れて作る：misszuverstehen.

3. 用い方

主文（平叙文，疑問文，命令文）の定形の動詞として用いる場合でも，非分離前つづりは，基礎動詞部分から分離することはない。

　　Er *erkannte* seinen Irrtum.
　　〈彼は自分の思い違いに気づいた〉
　　Erkennst du mich nicht？〈私が誰か分からないのですか〉
　　Erkenne dich selbst！〈汝自身を知れ〉

4. 非分離動詞の意味構成

基礎動詞部分に対する非分離前つづりの意味的役割にも一定の規則性が認められる。たとえば，非分離前つづり be- は，前置詞格目的語をとる自動詞を強い働きかけを表す他動詞に換える。

　　Er *betritt* mein Zimmer.
　　〈彼は私の部屋へ入る〉
　　　← Er *tritt* ein paar Schritte in mein Zimmer.
　　　　〈彼は私の部屋に数歩足を踏み入れる〉
　　Er *beantwortet* die Frage.
　　〈彼は質問にしっかり答える〉
　　　← Er *antwortet* ausweichend auf die Frage.
　　　　〈彼は質問にのらりくらり答える〉
　　Vor dem Abendessen *besteigen* wir den Berg.
　　〈夕食前に私たちは山を征服する〉
　　　← Vor dem Abendessen *steigen* wir auf den Berg.
　　　　〈夕食前に私たちは山に登る〉

[§5] 分離・非分離前つづりと分離・非分離動詞

分離・非分離前つづりには次の7つがある。
durch-　　hinter-　　über-　　um-　　unter-
wider-　　wieder-

1. アクセント，過去分詞，zu 不定詞

分離・非分離動詞は，アクセント，過去分詞の作り方，zu 不定詞の作り方に関して，分離動詞として用いる場合，分離動詞に準じ，非分離動詞として用いる場合，非分離動詞に準ずる。

〔分離的用法〕
　　Der Zug *fährt* bis Rom *durch*.
　　〈その列車はローマまで直通だ〉

〔非分離的用法〕
　　Er *durchfährt* ganz Deutschland.
　　〈彼はドイツ中を走りまわる〉

2. 分離・非分離前つづりの用法

① 一般的な傾向として，分離的用法の場合は意味が具体的で，非分離的用法の場合は意味が比喩的，抽象的である。

　　Er *gräbt* den Dünger *unter*.　　　　　　　　　〔具体的〕
　　〈彼は肥料を畑に入れる〉
　　Das *untergräbt* seine Autorität.　　　　　　　　〔抽象的〕
　　〈そのことは彼の権威を徐々に失墜させる〉
　　Der Fährmann *setzt* die Leute *über*.　　　　　〔具体的〕
　　〈渡し守が人々を渡す〉
　　Er *übersetzte* den Text wörtlich.　　　　　　　〔抽象的〕
　　〈彼はテキストを文字通りに翻訳した〉

【注】 基礎動詞が異なるが，次のような対立も認められる。
　　Er kommt heute Abend *wieder*.　　　　　　　　〔具体的〕
　　〈彼は今晩帰って来る〉
　　Der Lehrer *wiederholt* die Regel.　　　　　　　〔抽象的〕
　　〈先生は規則を繰り返す〉

Sein Gesicht spiegelte sich im Wasser wider.　　　　　〔具体的〕
〈彼の顔は水に映っていた〉
Diese Meinung widerspricht jeder Vernunft.　　　　　〔抽象的〕
〈この意見はまったく理に反している〉

② 意味が同一で，統語的環境の異なることがある。下例(1)は自動詞で，下例(2)は他動詞である。
　(1) Wir sind durch einen Tunnel *durchgefahren*.
　　〈私たちはトンネルを通り抜けた〉
　(2) Er hat die ganze Schweiz kreuz und quer *durchfahren*.
　　〈彼はスイス中を走って回った〉

【注】 目的語の種類によって，すなわち物の移動を表す場合は分離，そのことによる移動先の場所の状態変化を表す場合は非分離という対立も認められる。
　Er zog ein Laken über.
　〈彼はシーツを上に敷いた〉
　Er überzog das Bett mit einem Laken.
　〈彼はベッドの上にシーツを敷いた〉

[§6] 熟語動詞

　特定の名詞・前置詞句と結合し，1つのまとまった意味を表す動詞句を熟語動詞と呼ぶ。

　　Auto fahren　　　　　車を運転する
　　Platz nehmen　　　　座る
　　ins Kino gehen　　　　映画に行く
　　nach Hause kommen　　帰宅する
　　j[4] im Stich lassen　　　…[4]を見捨てる

　これらの，動詞と結びついた名詞・前置詞句は当然，動詞との繋がりが強く，したがって平叙文（主文）においては文末に置く。
　　Er kommt bald *nach Hause*.
　　〈彼は間もなく帰宅する〉
　　Er geht morgen mit Hans *ins Kino*.

〈彼は明日ハンスと映画に行く〉
Er geht nachts um 11 Uhr *zu Bett*.
〈彼は夜 11 時に就寝する〉

【注】　従来の正書法で分離動詞扱いを受けた radfahren「自転車に乗る」は，従来も分離する場合，語頭を大文字で書いていたが，新正書法では Rad fahren と常に 2 語書きする．

Er fährt gern Rad. 〈彼は自転車に乗るのが好きだ〉

第 3 課　再帰代名詞・再帰動詞

[§1] 再帰代名詞

　主語と同一の人，事物を指す代名詞を再帰代名詞と呼ぶ。再帰代名詞の形は，3人称および（3人称複数の転用形である）2人称敬称の3格・4格において sich という特別な形を用いる他は，人称代名詞と同形である。

	1人称 単数	1人称 複数	2人称 親称 単数	2人称 親称 複数	2人称 敬称 単数・複数	3人称 単数	3人称 複数
1格	ich	wir	du	ihr	Sie	er sie es	sie
2格	meiner	unser	deiner	euer	Ihrer	seiner ihrer seiner	ihrer
3格	mir	uns	dir	euch	sich	sich	
4格	mich	uns	dich	euch	sich	sich	

[§2] 再帰代名詞の用法

　再帰代名詞は，「自分自身」という意味を持ち，主語の他動的行為が他者ではなく，主語自身に向けられていることを表す場合に用いる。再帰代名詞のそれぞれの形は，主語の人称・数に応じて異なる。再帰代名詞を目的語にする用法を動詞の再帰的用法と呼ぶ。

Ich wasche *mich*.　〈私は自分の体を洗う〉
　　　Du wäschst *dich*.　〈君は自分の体を洗う〉
　　　Er wäscht *sich*.　〈彼は自分の体を洗う〉
〔類例〕
　　　Er hat *sich* erschossen.
　　　〈彼は銃で自殺した〉
　　　Er betrachtet *sich* im Spiegel.
　　　〈彼は鏡で自分の姿を見る〉
　　　Ich kann es *mir* nicht verzeihen, dass ich das getan habe.
　　　〈私はそんなことをしでかしてしまった自分が許せない〉
【注】
（a）再帰代名詞は，3人称においてのみ sich という特別な形が用いられるが，それは，1・2人称の場合，人称代名詞を用いても主語自身に戻る行為が表される（「私は私を洗う」，「君は君を洗う」）のに対し，3人称の場合は，人称代名詞を用いると「ある彼が別の彼を洗う」という意味になり，再帰的な表現にならないからである。
（b）再帰的用法であることを明示するために selbst を付け加えることがある。
　　　Er kennt sich selbst sehr genau.
　　　〈彼は自分のことが非常によく分かっている〉
　　　Damit wirst du dir selbst schaden.
　　　〈そんなことをしたら君が損するだけだよ〉
（c）前置詞とともに再帰代名詞を用いることがある。
　　　Er hat kein Geld bei sich.　〈彼はお金を持ち合わせていない〉
　　　Er denkt nur an sich selbst.　〈彼は自分のことしか考えない〉
（d）動詞と語句の結びつきを示す不定詞句において，再帰代名詞は sich によって代表させる。
　　　sich⁴ betrachten　〈自分自身を観察する〉
　　　sich³ et⁴ kaufen　〈…⁴を（自分自身のために）買う〉
（e）前置詞を伴わない再帰代名詞は，ふつう文中において動詞にもっとも近い位置に置く。前置詞を伴う再帰代名詞は，前置詞句一般の規則に従う。
　　　An dieses Haus knüpfen sich für mich viele Erinnerungen.
　　　〈この家には私にとって思い出になるものがたくさんある〉
　　　Er bezieht immer alles, was er hört, auf sich.
　　　〈彼は耳にしたことはなんでも自分に引きつけて考えてしまう〉

[§3] 再帰動詞

1. 定義

再帰代名詞が独立的な意味機能を失い，動詞と密接に結びついて1つのまとまった意味を表す場合がある。このような動詞を再帰動詞と呼ぶ。

〔4格〕　Die Kinder *freuen sich* auf die Ferien.
　　　　〈子供たちは休みを楽しみにしている〉
　　　　Er *bedankt sich* bei ihr für die Einladung.
　　　　〈彼は彼女に招待された礼を言う〉
〔3格〕　Ich kann *mir* den Straßennamen nicht *merken*.
　　　　〈私は通りの名前を覚えることができない〉
　　　　Kein Mensch hasst dich, du *bildest dir* das nur *ein*.
　　　　〈誰も君を憎んでいない，君がそう思い込んでいるだけだ〉

【注】
（a）再帰動詞は，再帰代名詞以外に目的語を伴うものが多い。
　　Sie näherten sich der Stadt. 〈彼らは町に近づいていった〉
（b）再帰動詞の再帰代名詞とされるものの中にも，他の名詞と選択的で，したがって独立的な意味がある程度認められるものもある。動詞の本来的な再帰的用法と再帰動詞との境は流動的である。
　　Sie stürzte *sich* in den Fluss. 〈彼女は川に身を投げた〉
　　← Sie stürzte *ihn* in den Fluss. 〈彼女は彼を川につき落とした〉
　　Er wirft *sich* vor ihr auf die Knie. 〈彼は彼女の前にひざまずく〉
　　← Er wirft *einen Stein* ins Wasser. 〈彼は石を水へ投げ入れる〉
　　Das Kind setzt *sich* auf ihren Schoß. 〈その子供は彼女の膝に腰かける〉
　　← Er setzt *das Kind* auf den Stuhl. 〈彼は子供を椅子に座らす〉
（c）身体部位への働きかけを表す動詞は，身体部位(4格)の代わりに再帰代名詞を4格目的語としてとることがよくある。
　　Ich wasche mir die Hände. 〈私は手を洗う〉
　　→ Ich wasche *mich*. 〈私は体を洗う〉
　　Er kämmt sich die Haare. 〈彼は髪をとかす〉
　　→ Er kämmt *sich*. 〈彼は髪をとかす〉
　　Sie verbrennt sich die Finger am Ofen.
　　〈彼女は指をストーブで火傷する〉
　　→ Sie verbrennt *sich*. 〈彼女は火傷する〉

2. 再帰動詞の書き換え

　再帰動詞は，主語が他者に行為を及ぼすという再帰用法の本来的意味がすでになくなっているため，自動詞によって書き換えられるものがいくつかある。

　　Er *beklagt sich* über den Lärm.
　　　〈彼は騒音について苦情を言う〉
　　→ Er *klagt* über seinen Chef.
　　　〈彼はチーフについて文句を言う〉
　　Er hat *sich* diese Kenntnisse *angeeignet*.
　　　〈彼はこれらの知識を習得した〉
　　→ Er hat sein Wissen durch Lektüre *erworben*.
　　　〈彼は自分の知識を読書によって得た〉

[§4] 再帰的表現形式

　再帰代名詞を機能詞として用いて，様々な表現が形成される。

　① 他動詞の4格目的語を主語にしつつ，再帰構造化し，対象物の状態変化を表す。

　　Salz löst sich in Wasser. 〈塩は水に溶ける〉
　　← Er löst Salz in Wasser. 〈彼は塩を水に溶かす〉
　　Das Gummiband weitet sich aus. 〈ゴムバンドが伸びる〉
　　← Er weitet das Gummiband aus.
　　　〈彼はゴムバンドを伸ばす〉
　　Die Augen öffnen sich ein wenig. 〈目がほんの少し開く〉
　　← Er öffnet seine Augen. 〈彼は目を開ける〉
　　Die Tür schließt sich wieder. 〈ドアが再び閉まる〉
　　← Er schließt die Tür. 〈彼はドアを閉める〉
　　Der Druck verstärkt sich. 〈圧力が高まる〉
　　← Er verstärkt den Druck. 〈彼は圧力を高める〉

　② 他動詞の4格目的語を主語にしつつ，再帰構造化し，行為の遂行に伴う対象物の属性を表す。leicht, gut のような難易を表す形容詞がかならず必要である。

Das Lied singt sich leicht. 〈この歌は歌いやすい〉
← Wir singen das Lied. 〈私たちはこの歌を歌う〉
Das Rätsel löst sich leicht. 〈この謎は簡単に解ける〉
← Er löst ein Rätsel. 〈彼は謎を解く〉
Der Koffer trägt sich leicht. 〈このトランクは運びやすい〉
← Er trägt den Koffer. 〈彼はトランクを運ぶ〉
Das Zimmer heizt sich leicht. 〈この部屋は暖房しやすい〉
← Wir heizen das Wohnzimmer. 〈私たちは居間を暖房する〉
Das Wort spricht sich leicht aus. 〈この単語は発音しやすい〉
← Er spricht das Wort aus. 〈彼はその単語を発音する〉
Das Buch verkauft sich gut. 〈この本はよく売れる〉
← Er verkauft das Buch. 〈彼はこの本を売る〉
Die Mandarinen schälen sich gut. 〈このミカンはむきやすい〉
← Sie schält die Mandarinen. 〈彼女はミカンの皮をむく〉

【注】 lassen を付加することもある。
　Er lässt sich leicht irritieren. 〈彼はイライラしやすい〉
　Dagegen lässt sich nichts einwenden.
　〈それに対して異論の唱えようがない〉
　Das Rad der Geschichte lässt sich nicht zurückdrehen.
　〈歴史の歯車は逆転させることができない〉

③ 非人称の es を主語にしつつ再帰構造化し，動作に関する副詞類（道具，場所など）の属性を表す。leicht, gut のような難易を表す形容詞がかならず必要である。
　Morgens läuft es sich angenehm.
　〈朝は走るのに気持ちがいい〉
　Bei Nebel fliegt es sich schlecht.
　〈霧のときは飛行機の操縦がしにくい〉
　In diesem Bett schläft es sich schön.
　〈このベッドは眠りごこちがよい〉
　Mit dieser Kanne gießt es sich schlecht.
　〈このポットは注ぎにくい〉
　Aus diesem Glas trinkt es sich so schlecht.
　〈このグラスは非常に飲みにくい〉

　　　　Nach diesen Methoden arbeitet es sich leicht.
　　　　〈この方法は仕事がしやすい〉

【注】　lassen を付け加えることもある。
　　　　Über Wirtschaft lässt es sich leichter mit ihm reden als über Politik.
　　　　〈政治より経済の方が彼と話がしやすい〉

　④　自動詞構造に再帰代名詞と結果挙述の形容詞を付加し，主語がある動作によってある状態になることを表す。結果挙述の形容詞を伴う他動詞表現に準ずる。再帰代名詞は4格のことも，身体部位を表す4格名詞を伴い3格で用いられることもある。
　　　　Er arbeitet sich müde. 〈彼は働き疲れる〉
　　　　Er schreit sich heiser. 〈彼は叫んで声を嗄らす〉
　　　　Er hat sich satt gegessen. 〈彼は腹一杯食った〉
　　　　Er weint sich die Augen rot. 〈彼は目を真っ赤にして泣く〉
　　　　Er hat sich die Füße wund gelaufen.
　　　　〈彼は走り〔歩き〕すぎて足を傷めてしまった〉

[§5] 相互代名詞

1. 定義

　再帰代名詞は，複数の人を表す名詞を主語とし，複数の人の間である関係が相互的に成り立つことを表す相互的意味（「お互いに…する」）でも用いられる。この用法の再帰代名詞を相互代名詞と呼ぶ。
　　　　Die Gäste begrüßen *sich*.
　　　　〈客たちは挨拶を交わす〉
　　　　Die beiden verstehen *sich* sehr gut.
　　　　〈二人は互いに大変よく分かり合っている〉
　　　　Die beiden Brüder hassen *sich* glühend.
　　　　〈その二人の兄弟は激しく憎み合っている〉

【注】
（a）　相互表現と主語が複数の再帰表現は，形式が同一であるため，多義である。gegenseitig を付加することによって相互関係を一義的に表すことができるが，相互関係を表す einander はふつう雅語と感じられる。

〔再帰的・相互的〕
　　　Wir waschen uns. 〈私たちは身体を洗う〔身体を洗い合う〕〉
〔相互的〕
　　　Sie helfen sich gegenseitig. 〈彼らは互いに助け合う〉
（b）　前置詞と用いる場合 aneinander, miteinander のような融合形を用いる。
　　　Sie kommen gut miteinander aus. 〈彼らは互いにうまく付き合う〉
　　　Es ist schön, dass sie aneinander denken.
　　　〈彼らがお互いのことを思い合っていることは美しいことだ〉
（c）　相互表現ではふつう複数形の主語を用いるが，「単数形の主語＋前置詞 mit」によって表現することもある。
　　　Er trifft sich häufig *mit ihr*. 〈彼はしばしば彼女と会う〉
　　　← Sie treffen sich häufig. 〈彼らはしばしば会う〉
　　　Ich habe für heute eine Zusammenkunft *mit ihm* vereinbart.
　　　〈私は彼ときょう会うことで合意した〉
　　　← Wir haben für heute eine Zusammenkunft vereinbart.
　　　　〈私たちはきょう会うことで合意した〉

2.　相互表現を作る動詞

　相互表現の動詞には，本来の他動詞としての用法以外に相互的用法も持つものと，相互的用法しかないものとがある。
〔相互的用法しかない動詞〕
　　　Sie haben *sich* über den Preis *geeinigt*.
　　　〈彼らは価格で合意した〉
　　　Die Jungen *balgten sich* auf der Straße.
　　　〈少年たちは通りで取っ組み合いをしていた〉
〔相互的にも非相互的にも用いられる動詞〕
　　　Sie haben *sich* für morgen *verabredet*.
　　　〈彼らは明日会う約束をした〉
　　　参照：Ich habe den nächsten Termin mit ihm verabredet.
　　　　　　〈私は次に会う日時を彼と約束した〉
　　　Die Nachbarn *vertragen sich* nicht miteinander.
　　　〈ここの隣人は仲が悪い〉
　　　参照：Er kann nur leichte Kost vertragen.
　　　　　　〈彼は軽い食事しか食べられない〉

【注】 上例のような動作主(主語)における相互行為を表す用法以外に，被動作者(目的語)の間の相互行為を表す用法を持つ動詞がある。
　　　Er versöhnt die Streitenden.
　　　〈彼は争っている人たちを仲直りさせる〉
　　　参照：Er versöhnt mich mit ihr. 〈彼は私を彼女と仲直りさせる〉
　　　Nichts, nur der Tod kann uns trennen.
　　　〈死以外の何ものも私たちの仲を割くことができない〉
　　　参照：Nur der Tod soll mich von dir trennen.
　　　　　　〈死ぬのでなければ私があなたから離れることはない〉

[§6] 状態再帰

1. 定義

再帰動詞の過去分詞と sein の組み合わせによって作る表現を状態再帰と呼ぶ。これは，4格の再帰代名詞をもつ再帰動詞に対応するもので，再帰動詞の行為によって生じた結果状態を表す。状態受動とは，結果状態を表す点で同一であるが，他者からの行為によるものではなく，自己に対する再帰的行為による結果状態を表すという点で異なる。

　　　Er *ist erholt*. 〈彼は休養して元気になっている〉
　　← Er hat sich erholt. 〈彼は休養した〉
　　　Er *ist verliebt*. 〈彼は恋をしている〉
　　← Er hat sich in sie verliebt. 〈彼は彼女に恋をした〉

【注】 状態再帰は，状態変化を表す動詞からのみ作ることができる。

2. 人称変化

人称変化は，現在時制の場合，sein を現在人称変化させて，過去時制の場合，sein を過去人称変化させて作る。

ich bin		wir sind	
du bist	…過去分詞	ihr seid	…過去分詞
er ist		sie sind	
ich war		wir waren	
du warst	…過去分詞	ihr wart	…過去分詞
er war		sie waren	

第 4 課　人称動詞・非人称動詞

[§1] 人称動詞

　動詞は原則的に，すべての人称・数と結びつく。このような動詞グループを人称動詞と呼ぶ。たとえば lernen「学ぶ」：

　　ich lerne　　　　wir lernen
　　du lernst　　　　ihr lernt
　　er lernt　　　　 sie lernen

【注】
（a）複数の人を主語に要求する動詞がある。これらの場合，当事者の一方を主語にし，他方を mit 前置詞句で表すこともできる。

　　Wir machen einen Termin aus.　〈私たちは期日を取り決める〉
　→ Ich mache mit ihm einen Termin aus.
　　〈私は彼と期日を取り決める〉

（b）3人称の主語とのみ結びつく動詞がある。これらには出来事を表す動詞が多い。

　　Es ist ein Unglück *geschehen*.　〈事故が起こった〉
　　Ihm *gelingt* alles, was er anfängt.　〈彼はなすことがすべてうまくいく〉

[§2] 非人称主語 es

1.　種類

　非人称の es が主語になる場合がある。これには，人称動詞が非人称の es と結び付く場合（人称動詞の非人称的用法）と，非人称の es とのみ結び付く非人称動詞の場合がある。

2.　人称動詞の非人称的用法

　人称動詞の非人称的用法とは，動作主を明らかにできない場合や動作主を視野の外に置き，動作・事象のみに視点を置く場合に，人称動詞が

非人称のesを主語に立てる用法である。なお，この用法は，知覚が関与する出来事を表す動詞に多く認められる。この用法の非人称のesは省くことができない。

 Es klopft an der Tür. 〈ノックの音がする〉
 Es klingelt zur Pause. 〈休み時間のベルが鳴る〉
 Es läutet zum Gottesdienst. 〈礼拝への鐘が鳴る〉

3. 非人称動詞

非人称動詞とは，常に非人称のesと結びつき，ひとまとまりの意味を表す動詞である。非人称動詞は，自然現象を表すもの，生理・心理現象を表すもの，および非人称熟語に分けることができる。第5章第5課§3の3.も参照。

① 自然現象

 Es regnet seit gestern. 〈昨日から雨が降っている〉
 Es blitzt und donnert die ganze Nacht.
 〈夜中ずっと稲光がし，雷鳴がとどろく〉

② 生理・心理現象

 Es ist mir kalt. 〈私は寒い〉
 Es friert mich an den Händen. 〈私は手が凍える〉
 Es graute ihm bei diesem Anblick.
 〈この光景を見て彼は恐れおののいた〉

【注】このesは，文頭に置く以外，ふつう省略する。
 Beim Betreten des Kellers schauderte ihn〔ihm〕.
 〈地下室に入った時，彼は身ぶるいがした〉

③ 非人称熟語

 Es gefällt mir in München.
 〈私はミュンヒェンが気に入る〉
 Heute wird *es* noch Schnee geben.
 〈きょうはこれから雪だろう〉
 Es handelt sich hier um ihre Rettung.
 〈この場合の問題は彼らの救援だ〉

第 5 課　機能動詞構造

[§1] 機能動詞

　本来の具体的意味を著しく失い，ふつう4格の動作名詞，あるいは動作名詞を含む前置詞句と結びつき，1つのまとまった動詞的意味を表す動詞を機能動詞，機能動詞を含む句を機能動詞構造と呼ぶ。機能動詞構造の実質的意味内容は，4格名詞あるいは前置詞句内の名詞が担う。

　　Er *nimmt Einsicht* in die Akten.
　　〈彼はその書類に目を通す〉
　　← Er sieht die Akten ein.
　　Er *nimmt* die schwierige Aufgabe *in Angriff*.
　　〈彼はその難しい課題に着手する〉
　　← Er greift die schwierige Aufgabe an.

【注】
（a）　機能動詞構造の4格目的語は，機能動詞と熟語的な関係にあるため，ふつうゼロ冠詞になる。否定する場合，kein も nicht も用いる。
　　Er leistete der Aufforderung nicht〔keine〕Folge.
　　〈彼はその要求に応じなかった〉
　　Er nahm auf seine Freunde keine〔nicht〕Rücksicht.
　　〈彼は友人たちのことを配慮しなかった〉
また，形態的に4格目的語であるが，ふつう受動文を作らない。
　　Die Verhandlungen nahmen eine gute Entwicklung.
　　〈交渉は順調に進展した〉
　　→ *Eine gute Entwicklung wurde von den Verhandlungen genommen.
（b）　機能動詞構造の前置詞句も，機能動詞と熟語的な関係にあるため，ゼロ冠詞になるか，前置詞と定冠詞の融合形になる。
　　Die Vorlesung geht zu Ende. 〈講義が終わる〉
　　Wir stellen dieses Problem zur Debatte.
　　〈私たちはこの問題を討議に付する〉
（c）　機能動詞構造と本来的な他動詞構造の境は流動的である。次の例は機能

動詞的でありながら，形容詞を付けることも，受動形を作ることも可能である。
> Er stellte hohe Anforderungen an seine Mitarbeiter.
> 〈彼は協力者たちに高度の要求を課した〉
> → Hohe Anforderungen wurden an seine Mitarbeiter gestellt.
> 〈高度の要求が彼の協力者に課せられた〉

[§2] 統語タイプ

機能動詞構造には，次のような統語タイプが認められる。
〔主語+…+4格(動作名詞)〕タイプ
> Er *leistet Widerstand*.
> 〈彼は抵抗する〉
> Das Material kann noch einmal *Verwendung finden*.
> 〈この材料はもう一度使用することができる〉

〔主語+…+3格+4格(動作名詞)〕タイプ
> Er *erteilte* ihr eine *Antwort*.
> 〈彼は彼女に答えた〉
> Er *macht* ihr ein *Zugeständnis*.
> 〈彼は彼女に譲歩する〉

〔主語+…+4格(動作名詞)+前置詞句〕タイプ
> Die Polizei *macht Jagd* auf die Bankräuber.
> 〈警察は銀行強盗を追跡する〉
> Zu diesem Arzt kann ich kein *Vertrauen fassen*.
> 〈この医者を私は信用することができない〉

〔主語+…+前置詞句(動作名詞)〕タイプ
> Er *kommt ins Schwitzen*. 〈彼は汗をかき始める〉
> Der Zug *kommt zum Stillstand*. 〈列車が停止する〉

〔主語+…+4格+前置詞句(動作名詞)〕タイプ
> Er *setzte* die Maschine *in Betrieb*.
> 〈彼は機械の運転を開始した〉
> Wir *stellen* das Problem *zur Diskussion*.
> 〈我々はその問題を討論に付する〉

〔主語＋…＋3格＋4格＋前置詞句（動作名詞）〕タイプ
　　Er *gibt* ihr den Vorfall *zur Kenntnis*.
　　〈彼は彼女にその事件を知らせる〉
　　Er *bringt* ihr ihre Schulden *in Erinnerung*.
　　〈彼は彼女に借金の事を思い起こさせる〉
〔主語＋…＋4格＋前置詞句＋前置詞句（動作名詞）〕タイプ
　　Die Polizei *bringt* ihn mit dem Verbrechen *in Verbindung*.
　　〈警察は彼がこの犯罪に関係があるとみなす〉
　　Setzen Sie den Unfall mit diesem Ereignis *in Beziehung*?
　　〈あなたはその事故がこの出来事と関係していると思うか〉

[§3] 表現機能

　典型的な機能動詞構造の持つ表現機能として，次の点を挙げることができる。
　① 機能動詞構造では，実質的な意味内容を4格目的語・前置詞句として取り出せるために，動詞的意味を強調することができる。
　　Die Sache nahm einen guten *Verlauf*.
　　〈事態は順調な経過をたどった〉
　　← Die Sache ist gut verlaufen.
　　Er führte bei der Sitzung *Protokoll*.
　　〈彼は会議で議事録をとった〉
　　← Er protokollierte bei der Sitzung.
　　Er trifft für die Prüfung *Vorbereitungen*.
　　〈彼は試験のための準備をする〉
　　← Er bereitet sich für die Prüfung vor.
　　Die Wirtschaft nimmt eine gute *Entwicklung*.
　　〈経済が順調に発展する〉
　　← Die Wirtschaft entwickelt sich gut.

　② 主語はそのままにし，動詞を機能動詞構造によって書き換えることによって動作相を明確にすることができる。
　　Das Fenster bricht. 〈窓が壊れる〉

→ Das Fenster *geht zu Bruch*.
Er hat sich rasch entschlossen.
〈彼はすばやく決心した〉
→ Er ist rasch *zum Entschluss gekommen*.
Er hält das Auto an.
〈彼は車を止める〉
→ Er *bringt* das Auto *zum Halten*.
Seine Schweigsamkeit erstaunt mich.
〈彼の沈黙は私を驚かす〉
→ Seine Schweigsamkeit *setzt* mich *in Erstaunen*.

③　動詞の目的語を機能動詞構造の主語にすることによって一種の受動表現を作ることができる。
Das Buch hat allgemeine Anerkennung gefunden.
〈その本は一般にその価値を認められた〉
← Das Buch ist allgemein anerkannt worden.
Das neue Stück kam in Mannheim zur Aufführung.
〈その新作はマンハイムで上演された〉
← Das neue Stück wurde in Mannheim aufgeführt.

④　自動詞および状態を表す他動詞を機能動詞構造に組み入れることによって使役的表現を作ることができる。
Er *bringt* sie *zum Weinen*.
〈彼は彼女を泣かせる〉
← Sie weint.
〈彼女は泣く〉
Hans *setzt* seinen Vater von seinen Absichten *in Kenntnis*.
〈ハンスは父に自分の意図を知らせる〉
← Sein Vater kennt seine Absichten.
　〈彼の父は彼の意図を知っている〉

【注】　機能動詞構造は，一種の形式的枠組を形成するため，論理的思考を展開する論文や専門書で好まれる。

第 6 課　動作相

[§1] 定義

　動作相は，動詞の意味する事象の様態のことで，継続相と完了相に大きく分けられる。継続相は，事象が終結せず，継続することを表す動作相で，継続相の動詞を継続動詞と呼ぶ。完了相は，事象の完結，変化などを表す動作相で，完了相の動詞を完了動詞と呼ぶ。

【注】　完了相と継続相の区別は，時間的拡がりを表す副詞類，たとえば seit の前置詞句と結びつくか否かによって区別することができる。
　　　〔継続相〕Er schläft seit einer Stunde.
　　　　　　　〈彼は一時間前から眠っている〉
　　　〔完了相〕*Er schläft seit einer Stunde ein.

[§2] 継続動詞

　　　Löwenzahn *blüht* gelb. 〈タンポポは黄色の花を咲かせる〉
　　　Er *stand* vor dem Fenster. 〈彼は窓の前に立っていた〉

【注】　事象の繰り返しを表す動詞もふつう継続動詞の一種とみなす。
　　　Sie kitzelte ihn unterm Kinn.
　　　〈彼女は彼のあごの下をくすぐった〉
　　　Der kleine Hund kläffte den ganzen Tag.
　　　〈その小さな犬は一日中キャンキャン泣いていた〉

[§3] 完了動詞

　　　Er *kommt* morgen früh nach Köln.
　　　〈彼は明日の朝ケルンへやって来る〉
　　　Er hat den verlorenen Schlüssel *gefunden*.
　　　〈彼は失った鍵を見つけた〉

【注】
(a) 前つづりが付くと，継続相がしばしば完了相に変わる。
〔継続相〕Das Haus brennt.
〈家は燃えている〉
〔完了相〕Das nasse Holz brennt schlecht an.
〈その濡れたまきは火のつきが悪い〉
(b) 完了動詞にはさらに，次のような下位区分が認められる。
〔開 始〕Er wacht durch den Lärm auf. 〈彼は騒音で目が覚める〉
〔終 了〕Die Blumen verblühen. 〈花は枯れる〉
〔変 化〕Das Auto rostet. 〈自動車は錆びる〉
Er öffnet das Fenster. 〈彼は窓を開ける〉

[§4] 動作相と統語現象

次の統語現象は動作相の相違に関連している。

1. 完了形の作り方

自動詞の完了形は，完了相の場合 sein によって，継続相の場合は haben によって作る。

〔完了相〕　　　　　　　　　〔継続相〕
Die Rose *ist* erblüht.　　　　Die Rose *hat* geblüht.
〈バラが開花した〉　　　　　　〈バラが咲いていた〉
Er *ist* gleich eingeschlafen.　Er *hat* acht Stunden geschlafen.
〈彼はすぐに寝入った〉　　　　〈彼は8時間眠った〉

【注】
(a) 完了相と継続相の用法を合わせ持つ動詞の場合，前者では sein によって，後者では haben によって完了形を作る。
Ich bin bis auf den Meeresgrund getaucht.
〈彼は海底まで潜った〉
Das U-Boot hat mehrere Tage lang getaucht.
〈潜水艦は何日も潜っていた〉
(b) 完了形を sein によって作るとされる状態変化および移動の自動詞はともに完了相の動詞である。

2. 過去分詞の付加語的用法

自動詞の場合，過去分詞の付加語的用法が可能なのは完了相のものだけで，継続相の自動詞の場合には過去分詞を付加語として用いることができない。

〔完了相〕　　　　　　　　〔継続相〕
das *eingeschlafene* Kind　　*das *geschlafene* Kind
〈眠り込んだ子供〉
die *erblühte* Rose　　　　 * die *geblühte* Rose
〈開花したバラ〉

【注】
(a) 他動詞の場合は，受動的な意味で，継続相か完了相かに関係なく，過去分詞の付加語的用法は可能である：das gelesene Buch「読まれた本」/ die verschlossene Tür「鍵のかけられたドア」。
(b) 過去分詞の付加語的用法の可能性は，関係文に書き直した場合，定形の動詞が sein になるか否かによる。

　　das eingeschlafene Kind
　　← das Kind, das eingeschlafen *ist*　〈眠り込んだ子供〉
　　*das geschlafene Kind
　　↚ das Kind, das geschlafen *hat*　〈眠った子供〉
　　das gelesene Buch
　　← das Buch, das gelesen worden *ist*　〈読まれた本〉
　　die verschlossene Tür
　　← die Tür, die verschlossen worden *ist*　〈鍵のかけられたドア〉

3. 状態受動の形成

状態受動は，完了相の他動詞の一部からのみ作ることができる。継続相の他動詞からは作ることができない。

　　Der Hund *ist angebunden*.
　　〈その犬は鎖でつながれている〉
　　Das Fenster *ist* seit gestern *geöffnet*.
　　〈その窓は昨日から開けられている〉
　　Der Raum *ist* mit einer Klimaanlage *ausgestattet*.
　　〈その部屋は冷暖房装置が備えられている〉

◆練習問題

1. 助動詞 müssen と sollen の基本的な意味用法を述べ，次の文のカッコ内に müssen あるいは sollen を入れなさい．
　（1）　Ihr （　　　　） auf die Uni; eure Eltern wünschen es.
　（2）　Wer einen so großen Wagen fährt, （　　　　） sehr reich sein.

2. 基礎動詞と前つづりの意味的関係に基づき，次の分離動詞を5つのグループに分け，その際の基準を述べなさい．
abbrechen「折り取る」, abfahren「発車する」, abreisen「旅立つ」, abreißen「はぎ取る」, abschreiben「書き減らす」, abspringen「飛び降りる」, abspülen「洗い落す」, absteigen「降りる」, abtragen「着古す」, abtrocknen「水気をとる」

3. 例に従い，次の文を再帰表現に直しなさい．
　　　　例　Man öffnet die Tür. → Die Tür öffnet sich.
　（1）　Man klärt das Wasser.
　（2）　Man löst die Schraube.
　（3）　Man kann das Lied leicht singen.
　（4）　Man kann den Unfall leicht erklären.

4. 例に従い，次の文を再帰表現に直しなさい．
　　　例　In dieser Firma kann man gut arbeiten.
　　　　　→ In dieser Firma arbeitet es sich gut.
　（1）　Auf dem Land kann man gut leben.
　（2）　Mit knurrendem Magen kann man nur schlecht einschlafen.

5. 機能動詞構造の持つ表現上の機能を4つ述べ，次の文を訳しなさい．
　（1）　Du brauchst keine Rücksicht auf mich zu nehmen.
　（2）　Plötzlich kam ich ins Rutschen.
　（3）　Die Arbeit findet ihren Abschluss.
　（4）　Ich habe ihn wieder zum Lachen gebracht.

第4章
不定形の動詞

第1課　不定詞

[§1] 定形と不定形

　動詞の形は，主語と呼応しているか否かによって，定形と不定形に分けることができる。動詞の形のうち，主語の人称と数に呼応している形を定形と呼び，主語と人称・数に呼応していない（すなわち人称・数について定まっていない）形を不定形と呼ぶ。次例の太字体の部分が定形，イタリック体の部分が不定形である。

　　Er **muss** fleißig Deutsch *lernen*.
　　〈彼はまじめにドイツ語を学ばなければならない〉
　　Er **hat** fleißig Deutsch *gelernt*.
　　〈彼はまじめにドイツ語を学んだ〉

【注】　不定形と不定詞を同一視する場合があるが，不定形という術語は，動詞の形を論じる際のもので，不定形で現れる動詞の一部類を指す不定詞とは明確に使い分ける必要がある。第2章第1課3.の注を参照。

[§2] 不定詞

1．　不定形の動詞

　不定形の動詞は，不定詞と分詞（現在分詞・過去分詞）に分かれる。分詞は第2課で扱う。

2．　単純不定詞と完了不定詞

　不定詞は，単純不定詞と完了不定詞とに分かれる（単純不定詞はふつう単に不定詞とも呼ぶ）。

　① 　単純不定詞は，語幹＋-en によって作る。
　　　kauf-en　買う　　lern-en　学ぶ　　spring-en　跳ぶ

　ただし，一部の動詞は「語幹＋-n」によって不定詞を作る。このタイプ

〈第4章　不定形の動詞〉—— *151*

には，特殊な形を取る動詞 sein と tun 以外に，-eln 型と -ern 型がある。
-eln 型
　　　lächeln　微笑む　　wechseln　交換する　　zweifeln　疑う
-ern 型
　　　ändern　変える　　rudern　ボートをこぐ　　zittern　震える

【注】-eln / -ern 型の動詞はすべて語幹に弱アクセントの e を含む。したがって，語尾 -en を付けると，弱アクセントの e が連続する。これを避けるために語尾が -n になったと考えられる。
　　　*lächel-en → lächel-n　　　*ruder-en → ruder-n

②　完了不定詞は，「過去分詞＋完了の助動詞（haben / sein）」によって作る。完了の助動詞 haben と sein の使い分けについては第2章第2課§5を参照。
　　　gelacht haben　　（＜lachen　笑う）
　　　gekommen sein　　（＜kommen　来る）

【注】受動の場合，不定詞は次のようになる。
〔動作受動〕単純不定詞：過去分詞＋werden
　　　　　　完了不定詞：過去分詞＋worden sein
〔状態受動〕単純不定詞：過去分詞＋sein
　　　　　　完了不定詞：過去分詞＋gewesen sein

③　単純不定詞は，定形の動詞と同時的な出来事を表すのに対し，完了不定詞は，それらが完了したことを表す。
　　　Er muss krank *sein*.　〈彼は病気にちがいない〉
　　　Er muss krank *gewesen sein*.
　　　〈彼は病気だったにちがいない〉
　　　Er scheint, fleißig zu *studieren*.
　　　〈彼はまじめに大学に行っているように見える〉
　　　Er scheint, fleißig *studiert* zu *haben*.
　　　〈彼はまじめに大学に行ったように見える〉

④　不定詞句は，不定詞を末尾において構成される。
　　　heute ins Kino *gehen*　〈きょう映画に行く（こと）〉
　　　ihn im Zug *getroffen haben*　〈彼と列車で会った（こと）〉

[§3] zu のない不定詞の用法

zu のない不定詞は，次のような動詞とともに用いる。
① 未来の助動詞，話法の助動詞，使役の助動詞 lassen
Es *wird* bald regnen. 〈まもなく雨が降るだろう〉
Niemand *darf* den Raum verlassen.
〈誰もこの部屋を離れてはならない〉
Er *lässt* seinen Sohn den Wagen waschen.
〈彼は息子に車を洗わせる〉

② 知覚・感覚動詞
Sie *fühlte* ihr Herz klopfen.
〈彼女は心臓が打つのを感じた〉
Ich *höre* eine Dame ein Lied singen.
〈私は婦人が歌を歌うのを聞く〉

【注】 zu のない不定詞とともに用いる知覚動詞は，ふつう過去分詞として不定詞の形をそのまま用いる。
　　Ich habe ihn davonlaufen *sehen*. 〈私は彼が走り去るのを見た〉

③ 移動を表す動詞
Ich *gehe* essen und werde hinterher ein wenig schlafen.
〈私は食事に行き，それから後で少し寝るつもりだ〉
Es ist unvernünftig, bei dieser Kälte schwimmen zu *gehen*.
〈このように寒いときに泳ぎに行くのはばかげたことだ〉
Er *fährt* nächstes Jahr wieder zelten.
〈彼は来年またテント旅行に行く〉
Kommst du mit mir Tennis spielen ?
〈テニスをしに私と一緒に来ますか〉

④ その他の本動詞
Er *lernt* Auto fahren. 〈彼は車の運転を学ぶ〉
Ich *hieß* ihn antworten. 〈私は彼に答えるよう命じた〉
Er *legt* sich schlafen. 〈彼は眠るために横になる〉
Er hat mich schwimmen *gelehrt*.

〈彼は私に泳ぎを教えた〉
　Ich *habe* dein Foto auf meinem Schreibtisch stehen.
〈私は君の写真を机の上に立てて置く〉

【注】 zu のない不定詞とともに用いる helfen は，過去分詞として不定詞の形をそのまま用いることがある．
　　Er hat mir aussteigen *helfen*. 〈彼は私が降りるの助けてくれた〉

⑤　熟語的結合（従来の正書法では一語で書かれていた）
　Er *lässt* oft seinen Regenschirm *liegen*.
〈彼はしばしば傘を置き忘れる〉
　Dieser Schüler ist nun schon zweimal *sitzen geblieben*.
〈この生徒はもうすでに2度留年している〉
　Gestern hat mein Freund interessante Leute *kennen gelernt*.
〈昨日私の友人は興味深い人々と知り合いになった〉

【注】
（a）名詞句（主語）に対応する機能を担うことがある．なお，目的語などを含む不定詞句の場合，新正書法では1語で書く．
　　Irren ist menschlich. 〈思い違いは人の常〉
　　Obst*essen* (＜Obst *essen*) ist gesund.
　　〈果物を食べるのは健康によい〉
（b）命令表現に用いる．
　　Maul halten !　〈黙れ〉
　　Aussteigen bitte !　〈どうぞ降りてください〉
（c）不定詞は，頭文字を大文字にすることによって中性名詞として用いることができる．
　　Er lehrte mich das Reiten.　〈彼は私に乗馬を教えてくれた〉
　　Er hat den Hut zum Grüßen gelüftet.
　　〈彼は挨拶のために帽子をちょっと上げた〉
　　Ich habe ihr beim Einsteigen geholfen.
　　〈私は彼女が乗車するのを手助けした〉
（d）動詞の意味を強めたい場合，不定詞を文頭に置き，tun を定形の動詞として用いる．
　　Lieben *tut* er sie nicht, aber auch nicht hassen.
　　〈彼は彼女を愛してはいないが，憎みもしていない〉

[§4] zu 不定詞・zu 不定詞句

1. 定義

不定詞は zu を伴って用いられる場合がある。zu を伴う不定詞を zu 不定詞，それを含む句を zu 不定詞句と呼ぶ。

2. zu の置き方

zu は不定詞の直前に置く。完了不定詞，受動不定詞の場合は末尾に来る助動詞の直前に置く。ただし，分離動詞の場合には分離前つづりと基礎動詞の間に zu を入れる。

  単純不定詞 → zu arbeiten
  完了不定詞 → gearbeitet zu haben
  受動不定詞 → gelobt zu werden
  分離動詞　 → abzufahren

【注】 zu を伴う完了不定詞は，主文の出来事よりも先に生じたことを表す。
  Er leugnete, die Tat begangen zu haben.
  〈彼はその犯行を犯したことを否認した〉
  Wir verzeihen ihm, uns betrogen zu haben.
  〈私たちは彼が私たちをだましたことを許す〉

3. zu 不定詞句内の語順

zu 不定詞句内の語順は，動詞を末尾に置き，さらに目的語，副詞類などを伴う場合はそれらを zu 不定詞の前に置いて構成する。

  morgen abzufahren 〈明日出発する(こと)〉
  fleißig Deutsch zu lernen 〈勤勉にドイツ語を学ぶ(こと)〉
  heute Abend ins Kino zu gehen 〈今晩映画に行く(こと)〉
  den Vater vom Bahnhof abzuholen
  〈父を駅に迎えに行く(こと)〉

4. コンマの打ち方

誤解が生じない限り，書き手の自由に任せられるが，ふつう zu 不定詞に付加語が伴わない場合，コンマは打たず，zu 不定詞に付加語が伴う場合，zu 不定詞句の前にコンマを打つ。

Die Mädchen fingen an zu kichern.
〈少女たちはクスクス笑い始めた〉
Es hat angefangen, stark zu regnen.
〈強く雨が降りだした〉
Es steht dir offen zu gehen.
〈行くかどうかは君の自由だ〉
Es steht dir offen, das zu tun.
〈それをするかどうかは君の自由だ〉

【注】 主文の動詞が zu 不定詞句のみを伴い助動詞的に感じられる場合もコンマを打たないことがある。
Ich bitte dies künftig zu unterlassen.
〈私はこのようなことを今後しないようにお願いします〉

[§5] zu 不定詞句の意味用法

zu 不定詞句は，名詞句や前置詞句に準じ，次のように用いる。

1. 主語
Ihn zu überzeugen ist schwer.
〈彼を納得させるのは難しい〉

zu 不定詞句は，上例のように文頭に置くこともあるが，文法上の主語 es を先行させることが多い。
Es ist schwer, *ihn zu überzeugen*.
〈同上〉
Es ist meine Pflicht, *dir dies zu sagen*.
〈君にこのことを言うのは私の義務だ〉

2. 述語
Meine Absicht ist *zu sparen*.
〈私の目的は節約することだ〉
Sein Ziel war *Politiker zu werden*.
〈彼の目標は政治家になることだった〉

3. 目的語として

〔4格〕

Wir beschließen, *ihn zu entlassen*.
〈私たちは彼を解雇することを決める〉
Er verspricht mir, *mich mit dem Wagen abzuholen*.
〈彼は私に車で迎えに来てくれると約束する〉
Sie muss lernen, *mit anderen Menschen auszukommen*.
〈彼女は他の人と折り合いをつけることを学ばなければならない〉

相関詞 es を先行させることがある。§9 を参照。

Ich lehne *es* ab, *über diese Dinge zu diskutieren*.
〈私はこの件について議論することを拒否する〉

〔前置詞格〕

Er gewöhnt das Kind *daran, früh aufzustehen*.
〈彼は子供に早起きの習慣をつける〉
Er rät mir *davon* ab, *alleine dorthin zu gehen*.
〈彼は私に一人でそこに行かないようにと忠告する〉

相関詞を省略することもある。また，用いる代名副詞の種類は，動詞がどのような前置詞を支配するかによって決まる。§9 の 2. を参照。

【注】 形容詞の目的語となることもある。
　　Er ist bereit, ihr zu helfen. 〈彼は彼女の手助けをする気がある〉
　　Er ist (es) gewohnt, früh aufzustehen. 〈彼は早起きに慣れている〉

4. 付加語

Sie hat die Absicht, *ihn zu unterstützen*.
〈彼女は彼を支持するつもりだ〉
Er hat den Wunsch, *Fußballspieler zu werden*.
〈彼はサッカー選手になる望みを抱いている。〉

【注】
（a） zu 不定詞句を受ける名詞にはふつう定冠詞が伴う。
（b） 名詞の内容を規定するのではなく，目的語関係の zu 不定詞句もある。
　　Ich habe etwas einzuwenden. 〈私は文句がある〉

Wir haben nichts zu essen.　〈私たちは食べるものがない〉

5．副詞類
  ① um zu
    Er musste hart arbeiten, *um sein Ziel zu erreichen*.
    〈彼は目標を達成するためには粘りづよく働かねばならなかった〉
    Er lenkte den Wagen nach rechts, *um einen Zusammenstoß zu vermeiden*.
    〈彼は衝突を避けるために車のハンドルを右にきった〉

【注】
（a） 断り書きとしても用いる．ふつう主文の語順に影響を与えない．
    Um es kurz zu machen, er ist ein Lump.
    〈簡単に言うと，彼はならず者だ〉
    Um die Wahrheit zu sagen, ich schätze ihn nicht hoch.
    〈真実を言うと，私は彼を高く評価しない〉
（b） 「genug / zu＋形容詞」と呼応して用いることがある．ただし，um を省くこともある．
    Er ist zu jung, um das zu verstehen.
    〈彼はそれを理解するには若過ぎる〉
    Er ist alt genug, selbst zu entscheiden.
    〈彼は自分で決められるだけの年になっている〉

  ② ohne zu
    Er ging durch den Regen, *ohne einen Mantel zu tragen*.
    〈彼はコートも着ずに雨のなかを歩いて行った〉
    Er nimmt die Stelle an, *ohne besondere Bedingungen zu stellen*.
    〈彼は特別な条件を出さずその仕事を受ける〉

  ③ (an)statt zu
    Er schaute nur zu, *anstatt ihr zu helfen*.
    〈彼は彼女に手を貸すことなくただ見ているだけだった〉
    Er legt sich aufs Bett, *statt zu arbeiten*.
    〈彼は仕事をする代わりにベッドに横になる〉

[§6] zu 不定詞句を補足成分として持つ動詞

zu 不定詞句を補足成分として持つ本動詞は，不定詞句の意味上の主語が主文のどの文肢と同一か（主語か 4 格目的語か 3 格目的語か前置詞格か不特定か）によって次のように分類できる。

〔主語と同一〕

Er leugnet, den Mann zu kennen.
〈彼はその男の人を知らないと言う〉
Er behauptete, nichts davon gewusst zu haben.
〈彼はそのことについて何も知らなかったと言った〉

〔4 格目的語と同一〕

Ich habe *ihn* beauftragt, die Briefe abzuholen.
〈私は彼に手紙を取って来るように委任した〉
Sie hat *ihn* dazu gezwungen, die Wahrheit zu sagen.
〈彼女は無理に彼に真実を言わせた〉

〔3 格目的語と同一〕

Ich habe *ihm* erlaubt, die Reise mitzumachen.
〈私は彼に旅行を一緒にすることを許可した〉
Er rät *mir* davon ab, alleine dorthin zu gehen.
〈彼は私に一人でそこに行かないようにと忠告する〉

〔前置詞格と同一〕

Er drängt *in mich* mitzukommen.
〈彼は私に一緒に来るようにしつこく求める〉
Er appellierte *an die Bewohner*, Ruhe zu bewahren.
〈彼は住民に平静を保つように訴えた〉

[§7] zu 不定詞句と dass 文の関係

zu 不定詞句は，主語がないという点で dass 文と異なるが，意味的にはきわめて近い関係にある。したがって，zu 不定詞句とも dass 文とも結合する動詞がある。

(a) Er behauptet, *mich zu lieben*.

　　　　　　Er behauptet, *dass er mich liebt*.
　　　　　　〈彼は私のことを愛していると言う〉
　　（b）　Sie machen aus, *sich morgen zu treffen*.
　　　　　　Sie machen aus, *dass sie sich morgen treffen wollen*.
　　　　　　〈彼らは明日会う約束をする〉
　　（c）　Er leugnete nicht, *es getan zu haben*.
　　　　　　Er leugnete nicht, *dass er es getan hat*.
　　　　　　〈彼はそのことをしたことを否定しなかった〉

【注】
（a）　zu 不定詞句とのみ結合し，dass 文とは結合しない動詞もある。
　　　Es lohnt sich, diesen Film anzusehen.
　　　〈この映画は見るだけの価値がある〉
　　　Er entschloss sich, den Vorschlag anzunehmen.
　　　〈彼はこの提案を受け入れる決心をした〉
（b）　dass 文の主語が主文で明示されない場合，zu 不定詞句に書き換えることはできない。
　　　Es regt mich auf, dass er nicht kommt.
　　　〈彼が来ないので私はイライラする〉
　　→　*Es regt mich auf, nicht zu kommen.

[§8] zu 不定詞句＋sein / haben など

1．zu 不定詞句＋sein

　zu 不定詞句＋sein は，被動作者の視点からの表現形式（受動態に対応するもの）であるが，話法的意味合い（可能性・必然性）がかならず伴う。

①　可能性
　　Das Buch *ist* leicht *zu lesen*. 〈この本は簡単に読める〉
　　Diese Aufgabe *ist* nicht *zu lösen*.
　　〈この課題は解くことができない〉

②　必然性
　　Die Arbeitskleidung *ist mitzubringen*.
　　〈作業着は持参してこなければならない〉
　　Der Ausweis *ist* am Eingang *vorzulegen*.

〈証明書は入り口で提示しなければならない〉
【注】
（a） これらは受動形＋話法の助動詞による書き換えが可能である。
Diese Frage ist schwer zu beantworten.
〈この質問は答えるのが難しい〉
= Diese Frage kann nicht leicht beantwortet werden.
Der Text ist so schnell wie möglich zu übersetzen.
〈このテキストは出来るだけ速く翻訳しなければならない〉
= Der Text muss so schnell wie möglich übersetzt werden.
（b） この表現形式は原則的に多義で，可能性の意味用法になるか，必然性の意味用法になるかは文脈による。
Dieses Hindernis ist sofort zu überwinden.
〈この障害は即刻克服されねばならない〔克服することができる〕〉
（c） 自動詞によってもこの形式を作ることが出来る。
An seinem guten Willen war nicht zu zweifeln.
〈彼の善意は疑うことができなかった〉
（d） この形式を付加語として用いる未来受動分詞は第2課§5を参照。

2．zu 不定詞句＋haben

zu 不定詞句＋haben は，必然性の意味（müssen「…ねばならない」に対応）で用いる。ふつう他人の指図に基づく義務を表す。
Er *hat* heute viel *zu tun*.
〈彼はきょうすべきことがたくさんある〉
Wir *haben* alte Möbel *zu verkaufen*.
〈私たちは古い家具を売り払わなければならない〉
Ich *habe* mit dieser Sache nichts *zu tun*.
〈私はこの件とまったく関わりが無い〉
【注】
（a） zu 不定詞が名詞を受動的意味で修飾する場合がある。
Sie haben nichts zu essen. 〈彼らは食べるものが何もない〉
Er hat nichts zu verlieren. 〈彼は失うべきものが何もない〉
Haben Sie noch etwas hinzuzufügen？
〈何かまだ付け加えることがありますか〉
（b） 可能性の意味になることもある。
Er hat nicht mehr lange zu leben. 〈彼はもう長く生きられない〉

3. zu 不定詞句とその他の動詞

一部の動詞は zu 不定詞句と結合し，話法の助動詞に準ずる意味を表す。

Er *braucht* nicht zu kommen. 〈彼は来る必要がない〉
Er *scheint* glücklich zu sein. 〈彼は幸せそうだ〉
Das Haus *droht* einzustürzen. 〈家は今にも崩れ落ちそうだ〉
Er *pflegt* zu spät zu kommen. 〈彼はよく遅刻する〉

【注】 熟語的な表現もいくつかある。

Er versteht sich zu benehmen. 〈彼は礼儀を心得ている〉
Er wusste viel zu erzählen. 〈彼は話題が豊富だった〉
Er gab mir zu verstehen, dass ich hier überflüssig sei.
〈彼は私に私がここでは不必要な存在であることをほのめかした〉

[§9] 相関詞

1. 種類

dass 文や zu 不定詞句を主語・目的語として後置する場合，それを予告する形で用いる代名詞を相関詞と呼ぶ。相関詞の形として，主語や4格目的語を受ける場合は es（強調の場合は das）を，前置詞格目的語を受ける場合は da(r)＋前置詞という代名副詞を用いる。

〔主語文〕

Es ist gesund, früh aufzustehen. 〈早起きは健康によい〉
Es tut mir leid, dass ich nicht mitkommen kann.
〈一緒に行けなくて申しわけなく思う〉

〔4格目的語文〕

Wir halten *es* für nötig, den Handel zu fördern.
〈私たちは貿易を振興することを必要だと思う〉
Ich halte *es* für wichtig, dass man fremde Sprachen lernt.
〈私は外国語を学ぶことを重要なことだと思う〉

〔前置詞格目的語文〕

Er entscheidet sich *dafür,* sofort abzureisen.
〈彼はすぐ出発することに決める〉
Sie besteht *darauf,* dass er sich entschuldigt.
〈彼女は彼が謝罪することを強く求める〉

【注】
(a) 代名副詞の種類は，主文の動詞がどのような前置詞を支配するかによって決まる。上例と次例を比較参照。

  Er entscheidet sich *für* eine Partei. 〈彼は一方の派に決める〉
  Er besteht *auf* seinem Recht. 〈彼は自分の権利を主張する〉

(b) 前置詞によって支配される目的語文を前置する場合，相関詞はかならず主文の文頭に置かねばならない。

  Dass er sich entschuldigt, darauf bestehe ich.
  〈彼が謝罪することを私は強く求める〉

2．相関詞の義務性

相関詞を用いるか用いないかは，主文の動詞，形容詞の種類によって異なる。これには相関詞が義務的な場合，任意的な場合，ふつう不必要な場合，決して現れない場合とがある。

〔義務的〕
  Er unterlässt *es* nicht, mich dauernd zu fragen.
  〈彼は私に絶え間なく質問をするのをやめない〉
  Ich habe ihn *dazu* überredet, dass er mitfährt.
  〈私は彼を一緒に行くように説得した〉

〔任意的〕
  Er leugnet (*es*), den Mann gesehen zu haben.
  〈彼はその男を見たことを否定する〉
  Sie bittet ihn (*darum*), dass er ihr hilft.
  〈彼女は彼に手助けしてくれるように頼む〉

〔ふつう不必要〕
  Er empfahl mir, meinen Urlaub im Norden zu verbringen.
  〈彼は私に休暇を北の方で過ごすように勧めた〉
  Er beabsichtigt, in nächster Zeit den Wohnort zu wechseln.
  〈彼は近々住居を変えることを考えている〉

〔決して現れない〕
  Sie beschwor ihn, nicht zu reisen.
  〈彼女は彼に旅行に出ないように頼んだ〉
  Er weigerte sich, den Befehl auszuführen.
  〈彼はその命令を実行することを拒否した〉

第2課　現在分詞

[§1] 作り方

現在分詞は，不定詞に -d を付加して作る。
  spielen-d （＜spielen）　　singen-d （＜singen）
  lächeln-d （＜lächeln）　　rudern-d （＜rudern）
  ただし，tuend （＜tun），seiend （＜sein）

【注】　現在分詞の形は本来，語幹に -end という語尾（英 -ing）を付けたものである。このような立場に立てば，tu-n が tu-end に，sei-n が sei-end になることも説明がつく。この場合，問題になるのが -eln, -ern 型の動詞である。すなわち，これらの動詞の場合，語幹に -end を付けると，たとえば lächel-n の現在分詞は *lächel-end になる。しかし，ドイツ語の場合，弱アクセントの e の連続を避けるという規則があるため，実際は，*lächel-end の後方の e が削除され，上掲のような lächelnd という形になる。このように教えるのは，少し回りくどいため，学校文法ではふつう，教育上の一種の便法として，「現在分詞は不定詞に -d を付けて作る」と教え，tun と sein を例外とする。

[§2] 用法

現在分詞は原則的に，行為・出来事・状態を継続中（未完了）のものとして表すもので，意味は能動的である。意味用法には，付加語としてのもの，目的語述語としてのもの，副詞類としてのものの3つがある。以下では，付加語としての用法と副詞類としての用法を取り上げる。
〔付　加　語〕die *untergehende* Sonne
　　　　　　　〈沈み行く太陽〉
〔副　詞　類〕Sie saßen lange *schweigend*.
　　　　　　　〈彼らは長いこと黙って座っていた〉
〔目的語述語〕Ich glaubte dich *schlafend*.
　　　　　　　〈私は君が眠っているものと思った〉

【注】 英語の現在進行形（be＋-ing）に対応する述語的用法はなく，*Er ist schlafend. のようには用いない。

1. 付加語的用法
   ① 付加語として用いる現在分詞は，形容詞に準じる格変化をする。
   Er hat dem *abfahrenden* Zug nachgesehen.
   〈彼は発車する列車を見送った〉
   Eine Panik brach unter den Gästen des *brennenden* Schiffes aus.
   〈パニックが燃える船の旅客の間に広がった〉

【注】 名詞化して用いることもある：der / die　Reisende「旅行者」, der/die Vorsitzende「議長」。

   ② 付加語としての現在分詞の意味上の主語は，主要語としての名詞である。すなわち，主要語としての名詞を先行詞とした関係文に対応する。
   Der Arzt klammert *die stark blutende Wunde*.
   〈医者は激しく出血する傷をクリップで結合する〉
   → ... die Wunde, die stark blutet.

【注】 再帰代名詞を含む場合，形は主要語になる名詞に対応する。
   Wir sahen die *sich* nähernden *Gewitterwolken*.
   〈私たちは近づいてくる雷雲を見た〉

   ③ 付加語としての現在分詞の時制は，主文との意味関係に基づく。次例(1)の現在分詞は主文に対して同時的な関係，次例(2)の現在分詞は主文に対して後時的な関係にある。
(1) Die *blühenden* Blumen erfreuen〔erfreuten〕uns.
   〈咲いていた花は私たちを喜ばせる〔喜ばせた〕〉
(2) Die *helfenden* Schüler mussten bis 10 Uhr warten.
   〈手助けの生徒たちは10時まで待たなければならなかった〉
   Der soeben auf den Bahnsteig zwei *einfahrende* Zug kommt aus Berlin.
   〈今ちょうど2番ホームに到着する列車はベルリンからのものだ〉

〈第4章　不定形の動詞〉——— 165

時には，時間副詞類などによって前時的な関係になることがある。
　Die *gestern noch blühenden* Blumen sind heute verwelkt.
　〈昨日まだ咲いていた花はきょう枯れてしまった〉

【注】
（a）動詞 sein の現在分詞を付加語の中で用いることはなく，かならず省く。なお，付加語としての形容詞に副詞類が現れうるのは，根底に動詞 sein が存在しているためである。
　　Erst Monate später wurde der damals 17-jährige〔*17-jährig seiende〕 Paul gegen ein Lösegeld von der Bande freigelassen.
　　〈数か月後にやっと当時17歳だったパウルが身の代金と交換に一味から解放された〉
（b）完了不定詞の場合は，過去分詞 gewesen を省かない。したがって，この場合，時間的関係が明示的になる。
　　Der mir von Grund aus unsympathisch *gewesene* Y ist mir jetzt viel sympathischer.
　　〈私にはまったく無愛想だった Y は今私に対しずっと愛想がよい〉

④　付加語として用いる現在分詞のうち，補足成分，添加成分を伴うものを特に冠飾句と呼ぶ。
　Wir beobachten die *stark im Wind schwankenden* Bäume.
　〈私たちは風で強く揺れる木々をじっと見る〉
　Er hat sich eine *stark blutende Kopfplatzwunde* zugezogen.
　〈彼は出血のひどい裂傷を頭に受けた〉

2. 副詞類的用法
　①　副詞類の現在分詞の意味上の主語は通常，主文の主語と同一である。
　　Er aß *schweigend* seine Suppe.
　　〈彼は黙ってスープを飲んだ〉
　　Die Meute sprang *kläffend* über den Graben.
　　〈猟犬の群れはキャンキャン言いながら溝を飛び越えて行った〉

　②　副詞類の現在分詞の時制は，主文と同一である。
　　Wiesenblumen in den Händen *tragend, zogen* die Kinder auf

den Domplatz.
〈野花を手に持って子供たちは大聖堂広場に向かった〉

[§3] 現在分詞句

　副詞類として用いる現在分詞のうち，補足成分，添加成分を伴うものを特に現在分詞句と呼ぶ．現在分詞を基礎とする分詞句は，派生的には副文を短縮したものである．関係文に対応するものと，従属接続詞文に対応するものがある．なお，分詞句と主文との間のコンマは任意である（意味関係を明確にしたい場合に打つ）．また，再帰代名詞は，現在分詞句の意味上の主語に応じる．
　① 関係文に対応する現在分詞句——これは，名詞の後ろに置く一種の冠飾句である．

　　Das Mädchen(,) *sich vor der Dunkelheit fürchtend*(,) vermied den Weg durch den Wald.
　　〈少女は暗闇が怖かったので，森を通る道を避けた〉

【注】　関係文からの縮約の場合，現在分詞 seiend, habend, haltend などのような現在分詞は省略する．
　　Sein Onkel, *schon 45 Jahre alt*, hat noch immer keine Frau.
　　〈もう45歳になったのだが，彼の叔父はいまだもって奥さんがいない〉
　　Den Hut in der Hand, betrat der Lehrer das Zimmer.
　　〈帽子を手に持って先生が部屋に入って来た〉
　　Das Gewehr unter dem Arm, durchsuchten die Polizisten den Wald.
　　〈銃を腕に抱えて，警察官は森を捜索した〉

　② 従属接続詞文に対応するもの
どのような意味関係が成り立つかは文脈に応じて理解しなければならない．意味関係としては様態，時間などが一般的である．
〔様態〕Sie öffnete die Tür(,) *am ganzen Körper zitternd*.
　　　〈彼女は全身を震わせながらドアを開けた〉
〔時間〕*Dies hörend*(,) brach meine Mutter in Tränen aus.
　　　〈これを聞いて私の母はわっと泣き出した〉

[§4] 現在分詞派生の形容詞

現在分詞ですでに形容詞化したものもある。形容詞化した現在分詞は比較変化の形を持ち，一部は副詞類としても用いる。

  Die Krankheit ist *ansteckend*.〈この病気は伝染性だ〉
  Der Augenblick ist *entscheidend*.〈この瞬間は決定的だ〉
  Er ahmte den Lehrer *treffend* nach.〈彼は先生を的確に真似た〉
  Die Reise war sehr *anstrengend*.
  〈この旅行は非常にきつかった〉
  Das Kleid ist zu *auffallend*.〈このドレスは目立ち過ぎる〉
  Dadurch wurde er nur noch *wütender*.
  〈それによって彼はもっと腹を立てただけだった〉

【注】
（a）熟語的な表現になっているものがある。
  Er ist ein *wandelndes* Lexikon.〈彼は生き字引だ〉
（b）一部は副詞として用いられる。
  Sie ist *auffallend* hübsch.〈彼女は際立ってかわいい〉
  Die Zahl der Teilnehmer war *überraschend* hoch.
  〈参加者の数は驚くほど多かった〉

[§5] 未来受動分詞

現在分詞に zu を付加して，付加語として用いるものを未来受動分詞と呼ぶ。「…されうる / されるべき…」という，可能あるいは必然の意味を伴う受動的意味を表し，zu 不定詞句＋sein の構造に対応するものである。第1課§8を参照。

  die *anzuerkennende* Leistung 〈評価されうる〔されるべき〕業績〉
  ← die Leistung, die anzuerkennen ist
  ← die Leistung, die anerkannt werden kann〔muss〕
  Das ist ein nicht *zu vergessendes* Erlebnis.
  〈それは忘れえぬ体験だ〉
  Es gibt noch einige *zu bewältigende* Hindernisse.
  〈克服すべき障害がまだいくつかある〉

第 3 課　過去分詞

[§1] 作り方

1．単一動詞

単一動詞の場合，過去分詞の作り方には次のような3種類がある。

① 規則動詞（弱変化動詞）の場合，語幹に接頭辞 ge- および接尾辞 -t を付ける（「ge-＋語幹＋-t」）。

  kochen　料理する　　— gekocht
  weinen　泣く　　　　— geweint

【注】
（a）語幹が -t, -d などで終る動詞の場合，口調上の e を挿入する。
  warten　待つ　　— gewartet　　reden　語る　　— geredet
（b）-ieren, -eien で終わる外来語およびアクセントが第一音節にない動詞の過去分詞は ge- を付けない。
  akzeptieren　受け入れる　　　　— akzeptiert
  studieren　（大学で）勉強する　— studiert
  prophezeien　予言する　　　　　— prophezeit
  posaunen　トロンボーンを吹く　— posaunt
  schmarotzen　居候する　　　　　— schmarotzt

② 不規則動詞（強変化動詞および混合変化動詞）の場合，次のようにして作る。詳細は第2章第1課§4を参照。

強変化動詞の場合，一部，幹母音を変えつつ，接頭辞 ge- および接尾辞 -en を付ける。「ge-＋語幹＋-en」の形になる。

  gehen　　行く　　— gegangen
  kommen　来る　　— gekommen

混合変化動詞の場合，幹母音を変えつつ，接頭辞 ge- および接尾辞 -t を付ける。「ge-＋語幹＋-t」の形になる。

  denken　考える　　— gedacht

〈第4章　不定形の動詞〉── 169

　　　bringen　　運ぶ　　　　　－ gebracht

2．複合動詞
　複合動詞の場合，過去分詞は次のようにして作る。
　① 分離動詞の過去分詞は，基礎動詞の過去分詞の前に分離前つづりを付けて作る。

　　　abfahren　　　出発する　　　－ abgefahren
　　　aufhören　　　止める　　　　－ aufgehört
　　　ausgehen　　　外出する　　　－ ausgegangen
　　　eintreten　　　入る　　　　　－ eingetreten
　　　nachdenken　　熟慮する　　　－ nachgedacht
　　　vorwerfen　　　非難する　　　－ vorgeworfen
　　　zumachen　　　閉じる　　　　－ zugemacht
　　　zurückkommen　戻って来る　　－ zurückgekommen

【注】 ge- を付けないで過去分詞を作る動詞は，分離前つづりと結合した場合でも ge- を付けることがない。

　　　abbestellen　　注文を取り消す　－ abbestellt
　　　anerziehen　　教え込む　　　　－ anerzogen
　　　einstudieren　　覚え込む　　　　－ einstudiert
　　　ausposaunen　　吹聴する　　　　－ ausposaunt

　② 非分離動詞の過去分詞は，基礎動詞の過去分詞から ge- を取り除いたものに非分離前つづりを付けて作る。

　　　beantworten　答える　　－ beantwortet　（＜geantwortet）
　　　entdecken　　発見する　　－ entdeckt　　（＜gedeckt）
　　　erlernen　　　得する　　　－ erlernt　　　（＜gelernt）
　　　gehören　　　属する　　　－ gehört　　　（＜gehört）
　　　verkaufen　　売る　　　　－ verkauft　　（＜gekauft）
　　　zerreißen　　　引き裂く　　－ zerrissen　　（＜gerissen）

【注】 前半部にアクセントのある複合動詞は，ge- を付ける：frühstücken (gefrühstückt)「朝食を取る」, kénnzeichnen (gekennzeichnet)「印を付ける」, réchtfertigen (gerechtfertigt)「正当化する」。

　③ 分離・非分離動詞の場合，分離動詞としての用法では分離動詞に

準じて ge- を付け，非分離動詞としての用法では非分離動詞に準じて ge- を付けない。

  übersetzen 〔分　離〕向こうへ渡す — über*ge*setzt
       〔非分離〕翻訳する   — übersetzt

[§2] 用法

 過去分詞の用法は，助動詞と一体になって，完了形および受動形を形成するものと，それらの用法を基礎に置きながら，独立的に用いられるものとに分けることができる。

1. 助動詞との結合

 過去分詞は，助動詞とともに完了形と受動形を作る。

  Er *ist* heute ins Kino *gegangen*.   〔完了形〕
  〈彼はきょう映画に行った〉
  Er *wurde* gestern im Wald *ermordet*.   〔動作受動〕
  〈彼は昨日森で殺された〉
  Die Tür *ist* seit gestern *geöffnet*.   〔状態受動〕
  〈ドアは昨日から開けられている〉

2. 独立的用法

 過去分詞は，独立的にも用いる。その際，他動詞の過去分詞は「…された」というような受動的意味，自動詞の過去分詞は「…した」というような能動的かつ完了的な意味になる。

〔述語〕

  Dieser Eingang bleibt heute *geschlossen*.
  〈この入り口はきょう閉められたままだ〉
  Der Versuch scheint *gelungen*.
  〈この試みは成功したように思える〉

【注】 状態受動の動詞 sein はふつう bleiben によっても置き換えられ，また一部の過去分詞には否定接辞 un- が付く。過去分詞と動詞 sein の，このような結合性のゆるさから，状態受動の過去分詞を一種の述語とする考え方がある。

Das Geschäft ist〔bleibt〕geschlossen.
〈店は閉ざされている〔閉ざされたままだ〕〉
Das Problem ist gelöst〔ungelöst〕. 〈問題は解決済みだ〔未解決だ〕〉

〔目的語述語〕

Er trinkt den Whisky mit Wasser *verdünnt*.
〈彼はウィスキーを水で薄めて飲む〉
Er hält die Aufgabe für *erledigt*.
〈彼はこの課題を処理済みとみなす〉
Er betrachtet das Experiment als *gelungen*.
〈彼はこの実験を成功したとみなす〉

〔副詞類〕

Endlich konnte er *erleichtert* einschlafen.
〈やっと彼は心やすらかに寝入ることができた〉
Das Wörterbuch lag *aufgeschlagen* auf dem Tisch.
〈辞書は開かれたまま机の上に置かれていた〉

【注】
（a） 移動を表す動詞の過去分詞は kommen と結びつき，移動の様態を表すのに用いられる。
　　Er ist gelaufen gekommen. 〈彼は走って来た〉
　　Ein Vogel kam angeflogen. 〈鳥が飛んで来た〉
（b） 命令表現にも用いられる。第2章第6課§4を参照。

3．付加語的用法

　過去分詞は，名詞の付加語としても用いる。付加語としての過去分詞は，形容詞に準じる格変化をする。その際，自動詞の過去分詞は「…した」というような能動的かつ完了的な意味，他動詞の過去分詞は「…された」というような受動的意味になる。

〔自動詞〕

Man jagt einen *entflohenen* Sträfling.
〈逃げた囚人を追跡する〉
Die Kinder schlittern auf dem *zugefrorenen* Teich.
〈子供たちは凍った池の上でスケートをする〉

〔他動詞〕
　　Er nahm die *angebotene* Stelle.
　　〈彼は申し出のあったポストを受けた〉
　　Die *benutzte* Literatur wird im Anhang angegeben.
　　〈使用された文献は巻末に挙げられる〉
【注】
（a） 完了形を haben によって作る自動詞は付加語にならない。
　　*die geblühte Blume
　　← Die Blume *hat* geblüht. 〈花は咲いた〉
　　〔参照〕die verblühte Blume 〈枯れた花〉
　　　　　← Die Blume *ist* verblüht. 〈花は枯れた〉
（b） 再帰動詞から派生した過去分詞も付加語として用いるが，これは状態再帰（第3章第3課§6を参照）に基づくもので，受動的な意味がないことに注意。
　　das *verliebte* Mädchen 〈恋をしている少女〉
　　← Das Mädchen ist *verliebt*. 〈少女は恋をしている〉
　　← Das Mädchen hat sich *verliebt*. 〈少女は恋に陥った〉
　　Ich habe einen *entzündeten* Hals.
　　〈私はのどに炎症を起こしている〉
（c） 名詞化して用いることもある：der/die Verletzte「負傷者」。

4．冠飾句

付加語として用いる過去分詞のうち，補足成分，添加成分を伴うものを特に冠飾句と呼ぶ。
　　Das *in Fäulnis übergegangene* Fleisch ist ungenießbar.
　　〈腐りかけた肉は食べられない〉
　　Die *durch diese Verfassung dem Volke zugesicherten* Freiheiten und Rechte sollen durch die ständige Wachsamkeit des Volkes aufrechterhalten werden.
　　〈この憲法によって国民に保障された自由と権利は国民の不断の監視によって保持されなければならない〉

[§3] 過去分詞句

副詞類として用いる過去分詞のうち，補足成分，添加成分を伴うもの

を特に過去分詞句と呼ぶ。過去分詞を基礎とする分詞句は，派生的には副文を短縮したものである。従属接続詞文に対応するものと，関係文に対応するものがある。なお，分詞句と主文との間のコンマは任意である（意味関係を明確にしたい場合に打つ）。

In der Stadt angekommen(,) ging er sofort ins Hotel.
〈町に着くと，彼はすぐにホテルに行った〉
Von den Feinden verfolgt(,) flüchteten sie in die Stadt.
〈敵に追われて彼らは町の中に逃げて行った〉
In die Enge getrieben(,) beißt die Ratte sogar die Katze.
〈窮地に追い込まれると，ネズミは猫にも嚙付く〉

【注】　断わり書きとして用いる場合，主文の語順は影響を受けない。
Offen gestanden, ich habe es auch geglaubt.
〈実を言うと，私もそれを信じた〉
Davon abgesehen, ich habe nichts dagegen einzuwenden.
〈そのことを除けば，私はそれについて何の異存もない〉
Kurz gesagt, es geht im Leben nicht immer so, wie man will.
〈簡単に言って，人生はいつも思うようにはいかないものだ〉

[§4] 過去分詞派生の形容詞

Er ist ein *erfahrener* Pilot.
〈彼は経験豊かなパイロットだ〉
Das ist ein gut *durchdachter* Plan.
〈それはよく考え抜かれた計画だ〉
Die Feier war *gelungener* als alle früheren.
〈その祭典は以前のどれよりもうまくいった〉
Hans ist der *beliebteste* Schüler unserer Klasse.
〈ハンスは私たちのクラスで一番好かれている生徒だ〉

【注】　一部はすでに副詞化している。
Ausgerechnet gestern regnete es, als wir spazieren gehen wollten.
〈よりによって昨日私たちが散歩に出ようとした時に雨が降った〉

◆練習問題

1. a．「定形」と「不定形」の定義を述べなさい。
   b．不定詞の語尾が -n になる動詞の形態的特徴を述べ，また，なぜこれらの動詞が不定詞の語尾として -n を取るのかも述べなさい。

2. 単純不定詞と完了不定詞の相違に注意しつつ，次の文を訳しなさい。
   (1) Er kann sich geirrt haben.
   (2) Er leugnete nicht, den Mann gesehen zu haben.
   (3) Franz fährt in seine Heimat, wenn er seine Prüfung gemacht hat.

3. 次の文を訳しなさい。
   (1) Ich muss mir irgendwann das Rauchen abgewöhnen.
   (2) Ich rate Ihnen das Angebot anzunehmen.
   (3) Ich habe die Gewohnheit, nachts zu arbeiten.
   (4) Mindestens eine Aufgabe ist von jedem Prüfling zu lösen.
   (5) Eine weitere Verzögerung ist unbedingt zu vermeiden.
   (6) Ich habe noch eine Stunde zu arbeiten.

4. 現在分詞に注意しながら，次の文を訳しなさい。
   (1) Japanische Ärzte haben in einer 15 Stunden dauernden Operation eine abgeschnittene Hand angenäht.
   (2) Im südlichen Stadtteil wohnend, hatte er einen weiten Weg zu seinem Arbeitsplatz.
   (3) Das war eine nie zu vergesssende Begegnung.

5. 過去分詞に注意しながら，次の文を訳しなさい。
   (1) Durch die neue Frisur sieht sie verändert aus.
   (2) Er hilft dem gestürzten Kind wieder auf die Füße.
   (3) Der Präsident, von zwei Leibwächtern begleitet, stieg in den Wagen ein.

第5章
名詞類・冠詞類

第/1/課　名詞の下位分類

[§1] 具象名詞と抽象名詞

名詞は，現実に存在するか，あるいは存在すると考えられる事物を表す具象名詞と，人間の思惟の中で作り出される対象を表す抽象名詞とに大別される。前者はさらに，普通名詞，物質名詞，集合名詞，固有名詞に分けられる。

【注】　ドイツ語の名詞は文中でもかならず大文字で書き始める。

[§2] 普通名詞

普通名詞には，単数形・複数形がある。単数では通常，定冠詞か不定冠詞とともに用いる。

| Blume | 花 | Mann | 男 | Pferd | 馬 | Tisch | 机 |
| Dach | 屋根 | Nase | 鼻 | Schuh | 靴 | Wand | 壁 |

[§3] 集合名詞

1. 複数形の可否

集合名詞には，包括的な集合体を指し，複数形がないものと(i)，個別的グループを表し，複数形があるものとがある(ii)。集合名詞の複数形に関しては第3課§7の1.の注も参照。

(i)　Gemüse　野菜　　Gepäck　荷物　　Getreide　穀物
　　　Obst　果物　　Polizei　警察　　Schmuck　装飾
(ii)　Familie (-n)　家庭　　Mannschaft (-en)　チーム
　　　Regierung (-en)　政府　　Volk (Völker)　民族

2. 常に複数形で用いる集合名詞

　　Geschwister　兄弟姉妹　　Lebensmittel　食料品　　Möbel　家具

[§4] 固有名詞

固有名詞は通常単数形で，ゼロ冠詞または定冠詞とともに用いる。
  Ulrich Engel ウルリヒ・エンゲル（人名）
  Deutschland ドイツ
  die Schweiz スイス
  die Vereinigten Staaten アメリカ合衆国

[§5] 物質名詞

物質名詞は，単数形で用いて，複数形を作らない。また，通常，ゼロ冠詞とともに用いる。
  Gold 金 Holz 木 Milch ミルク
  Sand 砂 Schnee 雪 Wolle 羊毛

[§6] 抽象名詞

抽象名詞の多くは，不定冠詞と結びつかず，複数形がないが（ⅰ），抽象概念の個別的現象を表し，したがって，不定冠詞と結びつき，複数形を作る抽象名詞もある（ⅱ）。
（ⅰ） Angst 不安 Dank 感謝 Erziehung 教育
   Glück 幸福 Liebe 愛 Verkehr 交通
（ⅱ） Antwort (-en) 答 Gegensatz (-sätze) 対立
   Traum (Träume) 夢 Vorschlag (-schläge) 提案

【注】
（a）形式的な側面から名詞は単一名詞，複合名詞，派生名詞に分かれる。複合名詞は独立した2つ以上の語が複合してできる名詞である。
（b）複合名詞では，規定語（前半部分）が基礎語（後半部分）を意味的に規定する。文法上の性は基礎語によって決まるが，アクセントは原則的に規定語にある：Báhnhof「駅」，Háusfrau「主婦」，Wǒrterbuch「辞書」。
（c）派生名詞は，派生接辞を伴う名詞で，派生接辞は，基礎語の前にも後ろにも付く：*Mi*sserfolg「失敗」，*Un*sinn「ばかげたこと」，*Ur*wald「原始林」；Schön*heit*「美」，Lehr*er*「先生」，Befrag*ung*「尋問」。

第/2/課　文法上の性

[§1] 種類

　名詞の「性」を扱う場合，自然界の生物上の性と文法上の性とを明確に区別しなければならない。自然界の生物上の性が2種類であるのに対し，文法上の性には男性，女性，中性の3種類がある。また，生物上の性とは無関係な，事物や概念を表す名詞にも文法上の性がある。

　　男性名詞：Vater　父　　　Brief　手紙　　Tisch　机
　　女性名詞：Mutter　母　　　Wand　壁　　　Uhr　時計
　　中性名詞：Kind　子供　　　Buch　本　　　Dach　屋根

【注】　文法上の性が重要な意味を持つのは，冠詞類，形容詞との呼応においてである。すなわち，冠詞類と付加語は，文法上の性に応じた3種の形を持つ。

　〔男性名詞〕　ein　　guter　Vater　　　der dicke Brief
　〔女性名詞〕　eine　 gute　 Mutter　　 die dicke Wand
　〔中性名詞〕　ein　　gutes　Kind　　　 das dicke Buch

冠詞類，付加語の文法上の性は後続の名詞によって決まるため，逆に，冠詞類，付加語の形を手掛りにして名詞の文法上の性を知ることができる。

[§2] 見分け方

　文法上の性は，明確な基準によるものではないため，原則的には辞書によって調べる以外に知る方法がない。しかし，以下に挙げるように，生物的性や特定の形態的特徴に基づいて，文法上の性を部分的に知ることもできる。

【注】　文法上の性は本来，語の意味から男性的なもの（力強い，大きい）とみなされるものは男性，女性的なもの（やさしい，弱々しい）とみなされるものは女性というように，それなりに規則的に決められていたと考えられるのであるが，時代とともに基準があいまいになり，現状のような恣意性の強いものになったのであろう。

1. 生物的性に基づく事例
〔親族名称〕
der Vater	父	*der* Sohn	息子	*der* Onkel	叔父
die Mutter	母	*die* Tochter	娘	*die* Tante	叔母

〔職名〕
der Arzt	医者	*der* Koch	コック	*der* Lehrer	教師
die Ärztin	女医	*die* Köchin	女コック	*die* Lehrerin	女教師

〔動物名〕
der Kater	雄猫	*der* Hahn	雄鶏	*der* Stier	雄牛
die Katze	雌猫	*die* Henne	雌鶏	*die* Kuh	雌牛

2. 形態的特徴に基づく事例
2.1. 男性名詞
〔動詞の語幹による派生名詞〕
der Lauf	走行	*der* Sprung	跳躍	*der* Tanz	踊り
der Verkauf	販売	*der* Zug	列車		

〔接尾辞 -er, -ling を持つ名詞〕
der Fehler	過ち	*der* Sänger	歌手	*der* Zwilling	双子

2.2. 女性名詞
〔-e で終わる名詞〕
die Liebe	愛	*die* Lampe	ランプ	*die* Rente	年金
die Straße	通り	*die* Rose	バラ		

〔接尾辞 -heit/-keit/-ung/-schaft/-ei を持つ名詞〕
die Freiheit	自由	*die* Fähigkeit	能力
die Zeitung	新聞	*die* Freundschaft	友情
die Partei	党		

【注】女性の職業などを表すために男性名詞に付ける -in も女性名詞の目印になる，たとえば Lehrerin 女教師。

2.3. 中性名詞
〔-chen/-lein で終わる縮小名詞〕
das Häuschen (＜Haus 家)	*das* Mädchen (＜Magd 乙女)

   das Bächlein （＜Bach 小川） *das* Büchlein （＜Buch 本）
〔Ge-を持つ集合名詞〕
   das Gebirge 山脈 *das* Gebiss 歯 *das* Geflügel 家禽
   das Gepäck 荷物 *das* Geschirr 食器類 *das* Getreide 穀物
〔不定詞から派生した名詞〕
   das Benehmen 振舞い *das* Essen 食事
   das Leben 人生   *das* Schweigen 沈黙

【注】
（a）国名，地名は一部を除いて(第6課§1の2.注(c)を参照)，ゼロ冠詞とともに用いるが，形容詞が付く場合，中性名詞として扱う：das neue Deutschland「新生ドイツ」， das heutige Berlin「今日のベルリン」。
（b）-nis で終る場合，中性名詞か女性名詞である：das Geheimnis「秘密」, die Erlaubnis「許可」。

[§3] 複数の文法上の性を持つ名詞

 ① 語義に関係なく，単に複数の文法上の性を持つ名詞もある。
   der/das Bereich 範囲 *der/das* Meter メートル
 ② 文法上の性の差異が（同一・同音の）名詞の意味を区別する特徴になることがある。
   der Band （本の）巻 ↔ *das* Band リボン
   der Gehalt 含有量 ↔ *das* Gehalt 給料
   der See   湖   ↔ *die* See   海

[§4] 合成名詞の文法上の性

 合成名詞における文法上の性は，基礎語に基づく。
   der Deutschlehrer ドイツ語教師 ← *das* Deutsch＋*der* Lehrer
   die Briefmarke 郵便切手 ← *der* Brief＋*die* Marke

【注】 合成語の前半部分が複数形の場合もある。
   der Kindergarten 幼稚園 ← *die* Kinder（複数形）＋*der* Garten
   das Wörterbuch 辞書 ← *die* Wörter（複数形）＋*das* Buch

〈第5章　名詞類・冠詞類〉―― *181*

第/3/課　　　　　　　　　　　　　　　　　　　　　数

[§1] 種類

　ドイツ語の数は，単数と複数からなる。文中の名詞は，かならず単数か複数かどちらかの数を持つ。

【注】　文法上の性は意味内容を持たない単なる文法的範疇，格は文中における名詞の役割を示す統語的範疇であるが，数は，名詞が指示する現実界の対象物に備わる「可算性」に基づく意味的範疇である。なお，詳細は§4を参照。また，数は呼応によって冠詞類，付加語にも，また，主語と呼応する定形の動詞にも現れる。

[§2] 複数形の作り方

　複数形は名詞に，一部ウムラウトさせつつ，複数語尾を付けることによって作る。複数語尾は，ゼロ語尾の他に，-e, -er, -en, -n, -s の5つである。したがって，複数形は，単複同形になるゼロ語尾も含め，6つのタイプに分かれる。ただし，本書では-en と-n の付くものを一つのタイプとする（4.を参照）。

【注】　複数形の作り方は，語尾などによって部分的に知ることもできるが，名詞がどのタイプに属するかは原則的に辞書による以外に知る方法がない。このように形の異なる6種類の複数形を「複数」という1つのカテゴリーにまとめるのは，これらに，共通する意味特徴「複数」を認めることができるからである。しかし，なかには2種の複数形をもち，それぞれにおいて意味が異なる名詞もある。§3を参照。

1. ゼロ語尾式（単複同形式）

　特定の語幹末尾音をもつ男性・中性名詞がこのタイプに属する。男性名詞の場合，ウムラウトするものとしないものがある。

1. 1. -el, -en, -er で終わる男性・中性名詞
〔男性名詞〕
    Spiegel   鏡   — Spiegel   Rücken   背中   — Rücken
    Gärtner   庭師   — Gärtner
〔中性名詞〕
    Mittel   手段   — Mittel   Zeichen   合図   — Zeichen
    Fenster   窓   — Fenster

1. 2. -chen, -lein で終わる中性名詞（縮小名詞）
    Bächlein（<der Bach 小川）   Fräulein（<die Frau 女性）
    Häuschen（<das Haus 家）   Kännchen（<die Kanne ポット）

【注】
（a）ウムラウトの可能な母音を持つ男性名詞の場合でも，ウムラウトを起こすものと起こさないものとがある。
〔ウムラウトを起こす男性名詞〕
    Apfel   リンゴ   — Äpfel   Vogel   鳥   — Vögel
    Bruder   兄弟   — Brüder
〔ウムラウトを起こさない男性名詞〕
    Wagen   車   — Wagen   Ausländer   外人 — Ausländer
    Onkel   おじ — Onkel
〔ウムラウトの不可能な男性名詞〕
    Fehler   間違い — Fehler   Schüler   生徒   — Schüler
    Löffel   スプーン — Löffel
（b）Ge-+-e の形を取る中性の集合名詞もこのタイプに属する：Gebirge「山脈」，Getreide「穀物」など。
（c）女性名詞では次の2語だけがこのタイプに属し，ウムラウトをする：Mutter（Mütter）「母」, Tochter（Töchter）「娘」。

2. -e 式
ウムラウトを起こすものと起こさないものとがある。

2. 1. ウムラウトを起こさないもの
〔男性名詞〕
    Tag   日   — Tage   Brief   手   — Briefe

〈第5章　名詞類・冠詞類〉── 183

〔中性名詞〕
 Jahr 年 ― Jahre Haar 髪 ― Haare

2.2.　ウムラウトを起こすもの
〔男性名詞〕
 Gast 客 ― Gäste Baum 木 ― Bäume
 Sohn 息子 ― Söhne Zug 列車 ― Züge
〔女性名詞〕
 Hand 手 ― Hände Maus ネズミ ― Mäuse
 Nuss クルミ ― Nüsse

【注】-nis に終わる中性名詞・女性名詞の場合、子音を重ねて複数語尾を付ける：Geheimnis (-nisse)「秘密」, Kenntnis (-nisse)「知識」。

3.　-er 式
 ウムラウトが可能な幹母音はかならずウムラウトする。

3.1.　ウムラウトを起こさないもの
〔男性名詞〕
 Geist 精神 ― Geister Leib 体 ― Leiber
〔中性名詞〕
 Ei 卵 ― Eier Bild 絵 ― Bilder
 Kind 子供 ― Kinder Lied 歌 ― Lieder

3.2.　ウムラウトを起こすもの
〔男性名詞〕
 Gott 神 ― Götter Mann 男 ― Männer
〔中性名詞〕
 Blatt 葉 ― Blätter Haus 家 ― Häuser
 Wort 単語 ― Wörter Buch 本 ― Bücher

4.　-(e)n 式
 -en を付けるタイプと -n だけを付けるタイプをまとめて -(e)n 式と

する（4.2.の【注】を参照）。女性名詞が多い。

4.1. -en を付ける名詞
〔女性名詞〕
　　Frau　　女性　　— Frauen　　Pflicht　義務　　— Pflichten
〔中性名詞〕
　　Insekt　昆虫　　— Insekten　Ohr　　耳　　　— Ohren
〔男性名詞〕
　　See　　湖　　　— Seen　　　Staat　　州　　　— Staaten

【注】
（a）　男性弱変化名詞はすべてこのタイプに属する。ただし、語末が -e で終わるものは 4.2. を参照：Bär「熊」、Held「英雄」、Mensch「人間」、Polizist「警官」、Prinz「王子」、Soldat「兵隊」、Präsident「大統領」、Student「学生」。
（b）　接辞 -keit/-heit/-schaft/-ung を持つ女性名詞はこのタイプに属する：Schönheit「美」、Fähigkeit「能力」、Mannschaft「チーム」、Erfindung「発明」。
（c）　-in に終わる女性名詞に語尾 -en を付ける場合、末尾の子音を重ねる：Freundin (Freundinnen)「女友達」、Lehrerin (Lehrerinnen)「女性教師」。

4.2. -n のみを付ける名詞
〔中性名詞〕
　　Auge　　目　　　— Augen　　Ende　　終り　　— Enden
〔語末が -e および -el, -er に終わる女性名詞〕
　　Dame　　婦人　　— Damen　　Blume　　花　　— Blumen
　　Insel　　島　　　— Inseln　　Regel　　規則　— Regeln
　　Feder　　羽　　　— Federn　　Leiter　はしご— Leitern
〔語末が -e で終わる男性弱変化名詞〕
　　Affe　　サル　　— Affen　　　Hase　　ウサギ— Hasen
　　Löwe　　ライオン— Löwen
〔単数2格が -ns になる特殊な男性名詞〕
　　Gedanke　考え　　— Gedanken　Name　名前　　— Namen

【注】　複数語尾 -n は、複数語尾 -en のバリエーションである。語尾 -n を付けるのは、名詞の語末が -e で終わるか、あるいは弱アクセントの -el, -er に終わる場合であるが、前者の場合の -n は、語末の -e に語尾 -en を付けると、e が重複

〈第5章　名詞類・冠詞類〉── 185

するため（たとえば Dame → *Dame-en），-en の e を省いてできたものである。また，後者の場合の -n は，語尾 -en を付加すると，弱アクセントの e が連続するため（たとえば Insel → *Insel-en），-en の e を省いてできたものである。したがって，複数語尾 -n を複数語尾 -en のバリエーションと考え，両者を -(e)n 式として1つにまとめる。

5．-s 式
　　これは（特に英語およびフランス語からの）外来語に多い。
　　　Auto 自動車　　— Autos　　　Büro 事務所　　— Büros
　　　Foto 写真　　　— Fotos　　　Sofa ソファー　— Sofas

【注】　主に外来語に不規則な複数形を作る名詞がある：Album (Alben)「アルバム」，Firma (Firmen)「会社」，Museum (Museen)「博物館」，Thema (Themen)「テーマ」。

[§3]　2種類の複数形を持つ名詞
　　2種の複数形をもつ名詞として次のようなタイプがある。

1．同音異義語であり，意味によって複数形が異なる名詞
　　　das Band　　リボン　　— Bänder
　　　　　　　　　 きずな　　— Bande
　　　die Bank　　ベンチ　　— Bänke
　　　　　　　　　 銀行　　　— Banken
　　　das Wort　　単語　　　— Wörter
　　　　　　　　　 言葉　　　— Worte

2．意味によって文法上の性と複数形が異なる名詞
　　　{ *der* Band　　（本の）巻 — Bände
　　　 das Band　　リボン　　— Bänder
　　　{ *der* Leiter　指導者　　— Leiter
　　　 die Leiter　はしご　　— Leitern
　　　{ *die* Steuer　税　　　　— Steuern
　　　 das Steuer　舵　　　　— Steuer

[§4] 用法

1．定義

単数形と複数形の使い方は，名詞の指示する対象が可算的か不可算的か（すなわち1つ2つと数えられるか否か），および可算的なものの場合，指示対象が1つか2つ以上かによって決まる。原則として，単数は名詞の指示対象が不可算的である場合，および可算的ならば，1つのものである場合に，複数は可算的なものが2つ以上ある場合に用いる。

〔不可算〕　Er trinkt *Milch*. 〈彼はミルクを飲む〉
〔1つ〕　　Er hat ein *Kind*. 〈彼には子供が一人いる〉
〔2つ以上〕 Er hat zwei〔drei〕 *Kinder*.
　　　　　　〈彼には子供が2人〔3人〕いる〉

【注】単数形と複数形の使用は原則的に，対象物を人間がどう捉えるかという言語的把握の仕方に基づく。たとえば，人間の毛髪に関して，それをひとかたまりのものとして捉えて単数形を用いることも，1本1本の髪の集まりと捉えて複数形を用いることもできる。

　　Er hat schwarzes Haar〔schwarze Haare〕, aber bekommt schon einzelne graue Haare.
　　〈彼は黒い髪をしているが，でももう白い髪が数本ある〉

抽象的なものに関しても，個別的なものの集まりと捉える場合には，習慣的に複数形を用いる。

　　Er ist stolz auf seine *Reichtümer*.
　　〈彼は自分の財産を誇りにしている〉
　　In dieser Hinsicht habe ich gar keine *Sorgen*.
　　〈この点に関して私は全然心配していない〉
　　Die *Verhandlungen* verliefen in freundlicher Atmosphäre.
　　〈交渉は友好的な雰囲気の中で行われた〉

2．単数形の複数的用法

次のような場合，現実には複数のものが想定されるのにもかかわらず，単数形を用いる。

　①　属全体を表す場合：
　　Der Mensch ist sterblich. 〈人間は死ぬものだ〉
　　Das Auto ist ein Verkehrsmittel. 〈自動車は交通手段だ〉

② 2つ以上のものであっても，複数の主語の各々に属するもの（特に身体の一部）を表す場合：
　　Alle hoben die rechte Hand. 〈みんな右手を挙げた〉
　　Alle drehten sofort ihren Kopf. 〈みんなすぐに頭を振り向けた〉

③ 身体の一部をある種の機能を持つものとして捉える場合：
　　Er hat ein gutes Auge. 〈彼は目がいい〉
　　Sie haben den Kopf verloren. 〈彼らは度を失った〉

【注】 以上の他に，複数のものが想定されている場合でも文法的決まりによって単数形を用いることがある。たとえば，名詞 Hinsicht は複数を表す形容詞と結びついても単数形で，また冠詞類 manch- は複数のものを表すのにもかかわらず単数形で用いることがある。
　　In vieler Hinsicht hatte er Recht. 〈多くの点で彼は正しかった〉
　　Ich habe so manchen Bekannten getroffen.
　〈私は何人もの知り合いに会った〉

[§5] 特殊な複数形

複数形を作るものは本来，普通名詞（および集合名詞の一部）であるが，物質名詞，抽象名詞，固有名詞も，個別的な可算現象を表す次のような場合は複数形を作る。

① 物質名詞が種類を表す
　　Papier　紙　― Papiere　　Bier　ビール　― Biere

② 抽象名詞が種類や個々の現象などを表し，具体的な内容を持つ
　　Sprung　　跳躍　― Sprünge
　　Vergnügung 楽しみ ― Vergnügungen

③ 同一名の複数の人，地名などを固有名詞が表す
　　beide Amerika 〈両アメリカ〉
　　Es gibt mehrere Ottos in der Klasse.
　　〈クラスにはオットーという人が何人もいる〉

【注】 姓を表す固有名詞を複数形にすることによってその家族を表す。
　　Wir gehen zu Müllers. 〈私たちはミュラーさんのところに行く〉

[§6] 数量などの単位を示す名詞の数

　重量・容積・尺度などを表す名詞を数詞の後に置き，単位として用いる場合，単数形を用いる。ただし，語尾が -e に終わる女性名詞の場合は，複数形を用いる。

　　　ein Pfund Zucker　　1ポンドの砂糖　　－　zwei Pfund Zucker
　　　ein Korb Eier　　卵のひとかご　　　　－　drei Korb Eier
　　　ein Krug Bier　　ジョッキ一杯のビール　－　vier Krug Bier
　　　eine Tasse Tee　　一杯の紅茶　　　　　－　fünf Tassen Tee
　　　eine Kanne Kaffee　コーヒー1ポット　－　sechs Kannen Kaffee
　　　eine Kiste Wein　　ワイン一箱　　　　　－　sieben Kisten Wein

【注】　ドイツの旧貨幣単位 Mark はつねに単数形で用いる：sechs Mark「6マルク」。

[§7] 単数形名詞と複数形名詞

　名詞には通例，単数形と複数形の両形があるが，なかには単数形しかない単数形名詞や複数形しかない複数形名詞がある。

1．単数形名詞

　常に単数形で用いて，複数形のない名詞を単数形名詞と呼ぶ。単数形名詞には次のようなものがある。
〔固有名詞（人名，地名など）〕
　　　Angelika Ballweg　アンゲーリカ・バルヴェーク　Japan　日本
〔物質名詞〕
　　　Gold　金　　Milch　ミルク　　Schnee　雪　　Zucker　砂糖
〔包括的な集合体を指す集合名詞〕
　　　Gepäck　旅行荷物　Obst　果物　Polizei　警察　Vieh　家畜

【注】　個別的グループを表す集合名詞は，複数形を作る：Armee(Armeen)「軍隊」，Familie(Familien)「家族」。なお，複数形名詞としての集合名詞については 2①参照。

〔包括的な概念を表す抽象名詞〕
  Bewusstsein 意識 Dank 感謝 Glück 幸福
  Liebe   愛   Vertrauen 信頼

【注】 個別的表象を表す抽象名詞は，複数形を作る：Antwort「答」, Beschluss「決議」, Bewegung「運動」, Eigenschaft「特性」, Gefühl「感情」, Gegensatz「対立」, Krankheit「病気」, Traum「夢」, Ursache「原因」, Vorschlag「提案」, Zufall「偶然」, Zweck「目標」．

2. 複数形名詞

常に複数形で用いられ，単数形を欠く名詞を複数形名詞と呼ぶ．複数形名詞には次のようなものがある．

〔人の集まり〕
  Eltern 両親 Geschwister 兄弟 Leute 人々

〔個別的現象の包括的な表象〕
  Einkünfte 所得 Kosten 費用 Lebensmittel 食料品
  Möbel 家具 Trümmer 瓦れき Zinsen 利子

〔地名〕
  die USA アメリカ合衆国 die Niederlande オランダ
  die Alpen アルプス

〔祭日名〕
  Ferien 休暇 Ostern 復活祭 Pfingsten 聖霊降臨祭
  Weihnachten クリスマス Flitterwochen ハネムーン

〔病名〕
  Masern はしか Pocken 天然痘 Röteln 風疹

【注】 前2者は複数的捉え方に基づくもので，その他は複数形の使用が文法的に決まっているものである．〔人の集まり〕の一部の名詞は個別的な集合体を表すことがある：die beiden Eltern「両者の親」．また，祭日名は単数として用いることもある．

  Weihnachten ist das schönste Fest des Jahres.
  〈クリスマスは一年で一番すばらしい祝祭だ〉

第/4/課　格

[§1] 種類

　ドイツ語の格には，1格，2格，3格，4格の4種類があり，文中の名詞はかならずいずれかの格を持つ。格に応じて名詞句の構成素(冠詞，付加語，名詞)の形(語尾)が変わることを格変化と呼ぶ。冠詞の格変化は第6課を参照，形容詞の格変化は第6章第1課を参照。

【注】　ドイツ語の名詞句の形は4つ以上あるが(冠詞に限って見ても der, des, dem, den, die, das の6種類がある)，文中での統語的機能に基づく場合，4つのグループに分けることができる。たとえば，*den* Mann/*die* Frau/*das* Kind という3つの異なった形はともに動詞 besuchen の4格目的語として用いることができる。

　　Wir besuchen { den Mann. / die Frau. / das Kind. }　私たちは { その男性 / その女性 / その子供 } を訪れる。

名詞句の形の，このような統語的機能に基づく4つのまとまりをそれぞれ1格(主格)，2格(属格)，3格(与格)，4格(対格)と呼ぶ。格は，名詞(代名詞)の，文中での働きを示す形態的範疇である。

[§2] 名詞の格変化

　格変化の仕方は文法上の性・数に応じて異なる。ただし，冠詞，形容詞の変化と比べ，名詞自体の変化はあまり大きくない。

1.　単数格変化

　名詞の単数格変化は，一部の男性名詞を除き(3.を参照)，男性名詞の大多数と中性名詞が2格において-(e)sを付けるだけである。女性名詞はいかなる格語尾も持たない。名詞の単数格変化にとって2格語尾のみが

重要なので，したがって，辞書には 2 格の格語尾のみを載せるのがふつうである。

	〔男性名詞〕	〔女性名詞〕	〔中性名詞〕
1 格	Vater 父	Mutter 母	Kind 子供
2 格	Vater*s*	Mutter	Kind*es*
3 格	Vater	Mutter	Kind
4 格	Vater	Mutter	Kind

2. 2 格語尾 -s と -es

2 格語尾 -s と -es の使い分けは口調上の問題である。

2.1. -es に関する規則

① 一音節の名詞の場合，原則的に -es

Buch	本	— Buches	Kind	子供	— Kindes
Mann	男	— Mannes	Tag	日	— Tages

② 末尾が -s/-ss/-x/-tsch/-z の名詞の場合，かならず -es

Haus	家	— Hauses	Prozess	過程	— Prozesses
Reflex	反射光	— Reflexes	Putsch	クーデター	— Putsches
Satz	文	— Satzes			

【注】 -nis は -nisses になる：das Zeugnis「証明書」— des Zeugnisses。

③ 末尾が -sch, -st の名詞はふつう -s より -es

Fisch	魚	— Fisches	Verlust	損失	— Verlustes

2.2. -s に関する規則

① アクセントのない音節で終わる複数音節の名詞の場合，かならず -s

Sessel	椅子	— Sessels	Lehrer	教師	— Lehrers
Märchen	メルヘン	— Märchens	Lehrling	徒弟	— Lehrlings
Monat	月	— Monats	Schicksal	運命	— Schicksals

【注】 これらの語に語尾 -es を付けると弱アクセントの e が連続してしまうため，かならず語尾 -s を付ける。

② 母音あるいは母音＋h で終わる名詞の場合，かならず -s
Bau　　建設　— Baus　　　Schnee　雪　　— Schnees
Schuh　靴　　— Schuhs　　Vieh　　家畜　— Viehs

③ 固有名詞は原則的に -s
Pauls Schwester　〈ポールの姉〔妹〕〉
Wolfgang Amadeus Mozarts Oper „Die Zauberflöte"
〈ヴォルフガング・アマデウス・モーツァルトのオペラ『魔笛』〉
die Hauptstadt Deutschlands〔Deutschlands Hauptstadt〕
〈ドイツの首都〉

2．3．-es も -s も用いられる名詞
① アクセントのある音節で終わる複数音節の名詞
Erfolg　成功　— Erfolg(e)s　　Gepäck　荷物　— Gepäck(e)s

② 合成語
Fremdwort　　外来語　　— ..wort(e)s
Handtuch　　　タオル　　— ..tuch(e)s
Wörterbuch　　辞書　　　— ..buch(e)s

③ 末尾音節が二重母音の名詞
Hai　　サメ　　— Hai(e)s　　Ei　　卵　　— Ei(e)s
Bau　　建造物 — Bau(e)s

3．男性弱変化名詞
2格・3格・4格で一様に格語尾 -n/-en をとる男性名詞がある。これらを男性弱変化名詞と呼ぶ。

der Affe　猿	der Mensch　人間	der Student　学生
des Affen	des Menschen	des Studenten
dem Affen	dem Menschen	dem Studenten
den Affen	den Menschen	den Studenten

【注】辞書にはたとえば次のように格変化が記載される：
　　　Affe 〔男〕 -n/-n　　　Student 〔男〕 -en/-en

3.1. -n タイプ

① 生物を表す名詞

 Kollege 同僚   Kommilitone 学友
 Laie 素人   Sklave 奴隷
 Hase ウサギ   Löwe ライオン

② 国民の名称

 Chinese 中国人   Däne デンマーク人   Finne フィンランド人
 Franzose フランス人   Pole ポーランド人

③ 職業名

 Biologe 生物学者   Japanologe 日本学研究者
 Pädagoge 教育学者   Psychologe 心理学者

3.2. -en タイプ

① 1音節語（大半が生物を表す）

 Bär 熊   Fürst 領主   Held 英雄
 Narr 馬鹿   Prinz プリンス

② 末尾が -at, -ant, -ent, -ist などの外来語

 Kandidat 候補者   Elefant 象   Präsident 大統領
 Polizist 警察官   Planet 衛星   Pilot パイロット

【注】

(a) 2格語尾が -ens になる名詞がある。

der Name 名前	der Gedanke 考え	der Wille 意志
des Namens	des Gedankens	des Willens
dem Namen	dem Gedanken	dem Willen
den Namen	den Gedanken	den Willen

(b) 特殊な格変化をする名詞

das Herz 心臓	der Herr 紳士
des Herzens	des Herrn
dem Herzen	dem Herrn
das Herz	den Herrn

4. 複数格変化

名詞の複数格変化は，文法上の性に基づく差異がない。重要なのは複数形の作り方で，格変化の規則は，次のようになる。

① 名詞の性に関係なく，3格に -n を付ける。

単数1格	Lehrer 先生	Buch 本	Hund 犬
複数 1格	Lehrer	Bücher	Hunde
2格	Lehrer	Bücher	Hunde
3格	Lehrern	Büchern	Hunden
4格	Lehrer	Bücher	Hunde

② 複数1格形がすでに -n あるいは -s で終わっている場合には何も付けない。

単数1格	Dame 婦人	Student 学生	Auto 自動車
複数 1格	Damen	Studenten	Autos
2格	Damen	Studenten	Autos
3格	Damen	Studenten	Autos
4格	Damen	Studenten	Autos

[§3] 統語的機能

格の統語的機能は，文肢としてのもの，付加語としてのもの，前置詞に支配されるものの3つに大別できる。ここでは前2者を扱う。前置詞に支配されるものについては第6章第3課を参照。

1. 1格

① 主語

Der Mann drückt auf den Knopf.
〈その男はボタンを押す〉
Der Lehrer legt das Buch auf den Tisch.
〈先生は本を机の上に置く〉

② 主語述語（＝主語に対する述語）
Er ist *ein Lügner*. 〈彼は嘘つきだ〉
Er wird *Arzt*. 〈彼は医者になる〉

③　呼びかけおよび名詞を脈絡なく挙げる形式
Komm, *Vater*!　〈来て，お父さん〉
ein schöner Tag　〈よき日〉

【注】
（a）　4格目的語を2つとり,「…を…とみなす／呼ぶ」という意味構造を表す他動詞の場合,受動文では2つ目の4格目的語（目的語述語）は1格になる。
　　　Er wird als *ein Narr* angesehen.
　　　〈彼は馬鹿だと見られている〉
　　　Er wurde von ihr *ein Narr* genannt.
　　　〈彼は彼女から馬鹿だと言われた〉
（b）　単位を表すのに用いることがある。
　　　Die Eier kosten zwei Euro *das Dutzend*.
　　　〈その卵は1ダース2ユーロだ〉

2.　2格
　①　目的語（文語的）
　　Man klagt ihn *des Massenmordes* an.
　　〈彼は大量殺人の罪で起訴される〉
　　Er ist *aller Sorgen* ledig.
　　〈彼は何の心配もない〉
　　Er ist sich *der Verpflichtung* bewusst.
　　〈彼は義務を自覚している〉

　②　述語
　　Der Lehrer ist *guter Laune*.
　　〈先生は機嫌がよい〉
　　Früher war er *anderer Meinung*.
　　〈以前彼は別の意見だった〉
　　Er ist *japanischer Nationalität*.
　　〈彼の国籍は日本だ〉
　　Die Ware ist *ausländischer Herkunft*.　〈この品物は舶来だ〉

　③　副詞類
　　Er reist *zweiter Klasse*.

〈彼は二等で旅行する〉
Das Gebäude liegt *linker Hand*.
〈その建物は左手にある〉
Wir sind *jeder Zeit* für Kritik dankbar.
〈私たちはいつでも批判には感謝する〉
Eines Tages lief er von zu Hause fort.
〈ある日彼は家から出て行った〉

④ 付加語

Dort steht der Wagen *des Direktors*.
〈そこに所長の車がある〉
Sie besuchen die Unviersität *der Hauptstadt*.
〈彼らは首都にある大学を訪れる〉

【注】
（a） 意味的に見た場合，2格付加語には色々な意味関係が認められる。たとえば，次例では2格付加語は名詞に対して主語の関係にある：
　　die Kollision *eines Schiffes* mit einem Eisberg　〈氷山との船の衝突〉
　　Er lauschte dem Rieseln *des Baches*.
　　〈彼は小川のせせらぎに耳を傾けた〉
　また，次例では2格付加語は名詞に対して目的語の関係にある。
　　Der Verkauf *des Grundstücks* war notwendig.
　　〈この土地は売らざるをえなかった〉
　　Der Kommissar leitete die Untersuchung *des Mordfalls*.
　　〈警部は殺人事件の捜査を指揮した〉
（b）　2格付加語は名詞の後ろに置くのが原則であるが，固有名詞（ないしそれに準ずるもの）は前に置くこともある。
　　　Wir sind alle Gottes Kreaturen.　〈私たちはみな神の創造物だ〉
（c）　2格を明示できない場合，von を用いる：der Export von Kohle「石炭の輸出」，der Klang von Glocken「鐘の響き」，der Park von Paris「パリの公園」。

3.　3格
① 目的語

Sie widmet sich *der Arbeit*.

〈彼女は仕事に専念する〉
Das Publikum lauschte *dem Redner*.
〈聴衆は講演者の話に耳を傾けた〉
Er ist *seiner Frau* treu.
〈彼は奥さんに誠実だ〉
Der Sohn ist *seinem Vater* ähnlich. 〈息子は父親に似ている〉

② 副詞類
〔判断の3格〕 当該の事柄の判断基準になる人を表す。
Dieses Problem ist *meinem Freund* wichtig.
〈この問題は私の友人には重要だ〉
Hans ist *mir* ein guter Freund.
〈ハンスは私にはよい友人だ〉
Die Aufgabe ist *dem Schüler* zu schwer.
〈課題はその生徒には難しすぎる〉
Du arbeitest *mir* zu langsam.
〈君の仕事ぶりは私には遅過ぎる〉

〔利害の3格〕 主語の行為, 出来事と利害関係にある人を表す。多くの場合, für 前置詞句によって置き換えることができる。
Er öffnet *der Frau* die Tür.
〈彼は婦人のためにドアを開ける〉
Er wäscht *seinem Vater* das Auto.
〈彼は父親のために車を洗う〉
Er trägt *seiner Mutter* das Gepäck.
〈彼は母親のために荷物を運ぶ〉
Ich hebe *dir* die Zeitung bis morgen auf.
〈私は君のために新聞を明日までとって置く〉
Mir ist die Kanne heruntergefallen.
〈私はポットを落してしまった〉

〔所有の3格〕 動詞の行為, 出来事が及ぶ対象物と所有関係にある人を表す。
Er sieht *dem Kind* in die Augen. 〈彼は子供の目を見る〉

Er klopft *dem Kollegen* auf die Schulter.
〈彼は同僚の肩を叩く〉
Wir waschen *uns* die Hände.
〈私たちは手を洗う〉
Meinem Vater schmerzt der Kopf.
〈私の父は頭を痛がる〉

【注】
（a） これらの事例を「所有の3格」と呼ぶのは，これらが「所有の2格（所有冠詞）」と意味的に近い関係にあるからである。
　　Der Rücken schmerzt dem Kranken. 〈病人は背中を痛がる〉
　　≒ Der Rücken *des Kranken* schmerzt.
　　≒ *Sein* Rücken schmerzt.
（b） 次のような4格目的語は，日本語に訳す場合，「…の」としか訳せないため，「所有の4格」と呼ぶことがある。
　　Er küsst *sie* auf den Mund.
　　〈彼は彼女の口にキスをする〉
　　Die Frau packte *ihr Kind* am Arm.
　　〈女性は子供の腕をつかんだ〉

〔関心の3格〕　動詞の行為，出来事に対する話し手の関心，あるいは聞き手の関心を引くためのものである。命令文などに用いる。1人称か2人称の代名詞に限定されている。
　　Grüß *mir* die Eltern！
　　〈両親によろしく〉
　　Falle *mir* nicht aus dem Fenster！
　　〈窓から転げ落ちないで〉
　　Das war *dir* eine Lust！
　　〈それは実におもしろかったよ〉

4.　4格
　① 目的語
　　Er schreibt dem Freund *einen Brief*.
　　〈彼は友人に手紙を書く〉
　　Die Regierung unterzeichnete *den Freundschaftsvertrag*.

〈政府は友好条約に署名した〉
Dieser Versuch ist *die Mühe* wert.
〈この試みは努力するだけの価値がある〉
Die Ware ist *ihr Geld* wert.
〈この品物は値段だけのことはある〉

【注】 動詞に支配される4格目的語ではあるが，目的語としての自立性が弱く，副詞的性格が強いものとして，次の2つがある。
（a） 前つづり的4格名詞
  Er fährt Auto. 〈彼は自動車を運転する〉
  Er spielt Klavier. 〈彼はピアノを弾く〉
  Er steht Wache. 〈彼は見張りについている〉
（b） 同族目的語（内在目的語とも呼ぶ。付加語が必ず伴う）
  Er lebt ein glückliches Leben.
  〈彼は幸せな生活を送る〉
  Er hat einen herrlichen Traum geträumt.
  〈彼は素晴らしい夢を見た〉
  Er starb einen Heldentod.
  〈彼は英雄的な死を遂げた〉

② 目的語述語
 Der Lehrer nennt ihn *einen begabten Schüler*.
 〈先生は彼を有能な生徒だと言う〉
 Er schilt das Mädchen *eine Lügnerin*.
 〈彼はその少女を嘘つきだとののしる〉

【注】 受動文では1格になる。
 Er wurde von seinem Lehrer *ein Faulpelz* gescholten.
 〈彼は先生に怠け者としかられた〉

③ 副詞類
 Sie ist *letzte Nacht* gestorben.
 〈彼女は昨夜死んだ〉
 Es hat *den ganzen Tag* geregnet.
 〈一日中雨が降っていた〉
 Die Haustür wird *jeden Abend* um 8 Uhr verschlossen.

〈玄関のドアは毎晩8時に鍵が閉められる〉

【注】
（a） 数量を表し，形容詞を修飾する4格がある。
　　Der Graben ist einen Meter tief.
　　〈溝は深さが1メートルだ〉
　　Sie hat ihr Leben lang hart gearbeitet.
　　〈彼女は一生涯懸命に働いた〉
（b） 方向を表す副詞 hinauf, herunter などを伴い，移動の場所を表す。
　　Er geht den Berg hinauf. 〈彼は山を登っていく〉
　　Sie kommt die Treppe herunter. 〈彼女は階段を降りて来る〉

④　不定詞の意味上の主語
　　Er hört *den Arzt* kommen.
　　〈彼は医者が来るのを聞く〉
　　Er sieht *den Lehrer* das Buch lesen.
　　〈彼は先生が本を読むのを見る〉

[§4] 自立格と前置詞格

　前置詞句の場合，前置詞が名詞の格形も，他の語句との関連性も規定するが，前置詞句の一部は，前置詞を伴わない目的語と同一の機能を果たす。たとえば，Sie wartet auf den Bus.「彼女はバスを待つ」という文において，名詞 Bus は auf という前置詞によって格形が決まる一方，前置詞を通して動詞と熟語的に結び付く。このように，前置詞を伴わない目的語と同じ様に，動詞の目的語として用いる前置詞句を前置詞格目的語と呼ぶ（第6章第3課§4を参照）。それに対して，前置詞を伴わない目的語を自立格目的語と呼ぶ。

【注】　前置詞格の事例：
　　Er nimmt *an der Sitzung* teil. 〈彼は会議に参加する〉
　　Er fragt sie *nach ihrem Namen*. 〈彼は彼女に名前を尋ねる〉
　　Er entschloss sich *zum Umzug*. 〈彼は引っ越しすることに決めた〉

第 /5/ 課　　代名詞

[§1] 定義

　代名詞は文脈・状況に依存した非自立的な語である。代名詞の本来的機能は，名詞（正確には名詞句）を代用することにある。
　　Da steht ein Wagen. *Er* gehört meinem Onkel.
　　〈そこに一台の車がある。それは私の叔父のものだ〉
　　Er hält das Kind hoch, damit *es* die Kirschen pflücken kann.
　　〈彼はサクランボが摘めるように子供を高く持ち上げる〉

　代名詞は，人称代名詞，指示代名詞，不定代名詞，疑問代名詞，関係代名詞，再帰代名詞（相互代名詞）の6種に分かれる。関係代名詞は第7章第3課§2を，再帰代名詞は第3章第3課§1を参照。

【注】　sein Auto「彼の車」の sein は，何らかの名詞の代用形であることから，mein, dein, sein などを人称「代名詞」と分類する文法書もあるが，これらの語にとって冠詞類としての用法が主であるため，本書では所有冠詞として，ここでは扱わない。第8課§2を参照。

[§2] 人称代名詞

1.　定義

　人称には，1人称・2人称・3人称の3種類がある。1人称は話し手を，2人称は聞き手を，3人称はそれ以外の人・事物を表す。
　人称の区別に基づく代名詞を人称代名詞と呼ぶ。人称代名詞は各人称ごとに単数・複数の両形があり，また，3人称単数には文法上の性に応じた男性・女性・中性の3種類の形がある。さらに，2人称の人称代名詞には親称と敬称の両形がある。2人称敬称の人称代名詞は単複同形で，語頭を大文字で書く。
　これらは格に応じて次のような形になる。

		1人称	2人称		3人称		
			親称	敬称	男性	女性	中性
単数	1格 2格 3格 4格	ich meiner mir mich	du deiner dir dich	Sie Ihrer Ihnen Sie	er seiner ihm ihn	sie ihrer ihr sie	es seiner ihm es
複数	1格 2格 3格 4格	wir unser uns uns	ihr euer euch euch	Sie Ihrer Ihnen Sie	sie ihrer ihnen sie		

Ich liebe *sie*, aber *sie* liebt *ihn*.
〈私は彼女を愛しているが，彼女は彼を愛している〉

【注】
（a） 3人称の人称代名詞は，人を表す以外に，名詞の代用形としても用いる。すなわち，男性名詞の代用形として er を，女性名詞の代用形として sie を，中性名詞の代用形として es を，複数形の名詞の代用形として sie を用いる。

　　Die Tür quietscht, *sie* muss geölt werden.
　　〈ドアがきしむ，オイルをささなければだめだ〉
　　Ich suche den Schnaps. — Da ist *er*.
　　〈私は焼酎を探している。—あそこにある〉

（b） 1・2人称の人称代名詞は，常に話し手と聞き手を表し，名詞の代用形として用いることがないので，本来「代名詞」という名称はふさわしくない。「代名詞」という名称は，3人称に関してのみ実質のある概念である。

（c） 2格形は目的語として，また，前置詞と結合させて用いるが，現代ドイツ語ではすたれつつある。

　　Wir erinnern uns *seiner*.
　　〈私たちは彼のことを覚えている〉
　　Sie kam statt *seiner*. 〈彼女は彼の代わりに来た〉

（d） 従来の正書法では，du/ihr は手紙において常に Du/Ihr と語頭を大文字で書いたが，新正書法ではその規則はなくなった。

2. 親称形と敬称形

　2人称の人称代名詞には親称形と敬称形とがある。親称形は，個人的な関係の相手（家族，友人など），同僚，子供などに対する時に用いるのに対し，敬称形は一般的な社会的関係の相手に対して用いる。敬称形は本来，3人称複数の形態からの派生であるが，文中でも常に語頭を大文字で書いて区別する。

【注】
（a）ふつう du/ihr を「君（たち）」，Sie を「あなた（たち）」と訳すが，子供が親に du/ihr を用いる場合，「君（たち）」と訳せないのは当然である。したがって，親称と敬称は文脈に応じて訳し分けなければならない。
（b）2人称代名詞の使い方は原則的に相互的である。すなわち，du/ihr で呼びかけられる相手には du/ihr で呼び返し，Sie で呼びかけられる相手には Sie で呼び返す。ただし，子供と大人の対話に限り，子供が Sie で呼びかけ，大人が du で呼びかける。
（c）相手の名前を呼ぶ場合，du/ihr を用いる間柄ならば，名（Vorname）を，Sie を用いる間柄ならば，姓（Nachname）を用いる。

　　Was machst du heute Abend, Hans?
　　〈今晩何をするの，ハンス〉
　　Was machen Sie heute Abend, Herr Bauer?
　　〈今晩何をするのですか，バウアーさん〉

3. da(r)-＋前置詞

　事物を表す人称代名詞を前置詞とともに用いる場合，da-＋前置詞（母音で始まる前置詞の場合は dar-＋前置詞）という結合形式（代名副詞）を用いる。第6章第2課の2.を参照。

　　Er holt sich Werkzeug und repariert *damit* das Fahrrad.
　　〈彼は工具を持って来て，それで自転車を修理する〉
　　Er hatte Krebs und ist *daran* gestorben.
　　〈彼はガンにかかり，それが原因で死んだ〉

【注】
（a）人称代名詞が具体的な事物ではなく，概念などを表す場合，da(r)-＋前置詞という結合形式を作らないことも多い。
（b）ohne, gegenüber, seit は結合形を作らない。

[§3] es

代名詞 es は，代用語，相関詞，形式語，「穴埋め」として用いる。

【注】 es は 's の形に短縮することがある：Was gibt's ?「どうしたんだ」。なお，指示性を持って表す場合には das を用いる。

1. 代用語

1・4格として名詞，文意，述語などを受けるもので，もっとも本来的な用法である。ただし，4格の es は文頭に置くことができない。

① 中性名詞の1・4格を受ける。
Wo ist das Heft ? ― *Es* liegt auf dem Tisch.
〈ノートはどこにありますか ― 机の上にあります〉

② 文意を受ける。
Schade, dass er nicht gekommen ist, er wird *es* bereuen.
〈彼が来なかったのは残念だ，彼はそれを後悔するだろう〉

③ sein, bleiben, werden の述語を受ける。述語が名詞でも形容詞でも es で受けるが，述語が名詞の場合，中性名詞のみならず，男性名詞，女性名詞も受ける。この es は必ず定形の動詞の直後に置く。
Mein Vater ist Arzt, ich bin *es* auch.
〈私の父親は医者ですが，私も医者です〉
Die anderen waren müde, er war *es* nicht.
〈他の人たちは疲れていたが，彼は疲れていなかった〉

④ 述語名詞＋sein の構造の主語の代わりをする。すなわち，人を表す人称代名詞 er や sie の代わりをするもので，性・数に関係なく名詞を受ける。述語名詞が複数の場合は Es sind... になる。
Kennst du den Herrn ? ― *Es* ist ihr Vater.
〈その紳士を知っているか ― 彼女の父親だ〉
Wer sind die Jungen ? ― *Es* sind meine Söhne.
〈その少年たちは誰だい ― 私の息子たちだ〉

【注】 人称代名詞が述語の場合，人称代名詞は文頭に置き，また，定形の動詞もこれに呼応する。アクセントは人称代名詞に置く。

〈第5章　名詞類・冠詞類〉── *205*

Wer ist da ? ── Ich bin's. 〈そこにいるのは誰だ－私です〉

2．相関詞（「予告・導入」の es）
　副文（あるいは zu 不定詞句）が主語・目的語として現れる場合，これらを予告，導入する。4格の es は，文頭に置くことができない。なお，第4章第1課§9を参照。
　① 後置される主語文の相関詞
　　Mir fällt *es* schwer, ihn zu überzeugen.
　　〈私には彼を納得させるのは難しい〉
　② 後置される目的語文の相関詞
　　Er bemerkte *es* nicht, dass sie ins Zimmer trat.
　　〈彼は彼女が部屋に入って来たのに気づかなかった〉
【注】
（a）相関詞 es を置くべきか，省略すべきかは動詞（形容詞）によって異なる。下例（1）が義務的な場合，下例（2）が任意的な場合，下例（3）がふつう削除する場合である。
　（1）Er ist es überdrüssig, dass er so lange warten muss.
　　　〈彼は非常に長く待たなければならないのにうんざりしている〉
　（2）Ich habe (es) ihm erlaubt, dass er am Ausflug teilnimmt.
　　　〈私は彼に遠足に参加するのを許可した〉
　（3）Wir beschlossen, am Wettkampf teilzunehmen.
　　　〈私たちは試合に参加することを決めた〉
（b）wenn 文，wie 文を受けることもある。
　　Wie wäre es, wenn wir mit zu Mittag essen ?
　　〈ご一緒に昼ごはんを食べるのはいかがですか〉
　　Es ist beängstigend, wie sorglos manche mit ihrer Gesundheit umgehen.
　　〈自分の健康をあまりにも粗末にする人がいるのは心配なことだ〉

3．形式語
　何ら意味内容を担うことなく，単に形式的に主語および目的語の位置を占める。
　① 主語
　動作主を明示しないあるいは想定できない場合に用いる。非人称主語と呼ぶ。

〔天候〕
　　Es regnet heute. 〈きょう雨が降っている〉
　　Es wurde kalt. 〈寒くなった〉
〔時間表現〕
　　Es ist drei Uhr. 〈3時です〉
　　Es wird Sommer. 〈夏になる〉
〔生理現象〕
　　Es friert mich〔Mich friert〕. 〈私は寒い〉
　　Es ist mir kalt〔Mir ist kalt〕. 〈私は寒い〉
〔非人称的用法〕
　　Plötzlich klingelte *es*. 〈突然ベルが鳴った〉
　　Es klopft an der Tür. 〈ドアをノックする音がする〉
〔再帰表現〕
　　Aus diesem Glas trinkt *es* sich gut.
　　〈このグラスは飲みやすい〉
　　Hier lässt *es* sich gut wohnen. 〈ここは住みやすい〉
〔熟語〕
　　Es geht ihm gut. 〈彼は調子がいい〉
　　Es fehlt ihm nicht an Mut. 〈彼は勇気がある〉
　　Es hat mir in Berlin gefallen. 〈私はベルリンが気に入った〉
　　Es gibt genügend Interessenten.
　　〈関心を持っている人が十分にいる〉
　　Es kommt auf die Senkung der Kosten an.
　　〈費用を削減することが重要だ〉
　　Es handelt sich um einen schwierigen Fall.
　　〈難しい事例だ〉
　　Es geht um die Industrialisierung des Baues.
　　〈建設の工業化が問題だ〉

② 　目的語
　熟語的表現を作る。この es は，文頭に置くことができない。
　　Er hat *es* eilig. 〈彼は急いでいる〉
　　Er hält *es* mit den Mädchen. 〈彼は女の子たちと仲がよい〉

Er hat *es* auf sie abgesehen. 〈彼は彼女を狙っている〉
Er meint *es* ernst mit diesem Vorschlag.
〈彼はこの提案を本気で考えている〉

4.　文頭の「穴埋め」

　文頭に置く適当な文肢(＝テーマ)がない(たとえば新しい情報を担う主語を文中に置く)場合，定動詞(定形)第2位の原則を守るため，文頭にesを置くことがある。このesを「穴埋めのes」と呼ぶ。

　①　出来事，存在などを表す自動詞文（動詞の形は文中の主語に呼応する）
　Es kamen viele Gäste. 〈客がたくさん来た〉
　Es besteht keine Hoffnung mehr. 〈もはや望みはない〉
　Es dürfen jeweils nur drei Personen hineingehen.
　〈それぞれ3人ずつしか入ることが許されない〉

　②　人称受動文（動詞の形は文中の主語に呼応する）
　Es werden in dieser Straße mehrere neue Häuser gebaut.
　〈この通りに新しい建物がいくつも建てられる〉
　Es sind gestern an der Kreuzung drei Personen überfahren worden.
　〈昨日この交差点で3人の人が車にひかれた〉

　③　非人称受動文（この場合，動詞の形は常に3人称単数である）
　Es darf nicht geraucht werden. 〈禁煙である〉
　Es wurde viel gegessen und getrunken. 〈大いに食べ飲んだ〉

【注】
（a）文頭にesを置いた文は，やや改まった調子になり，ある事柄を紹介的に報告する意味合いを持つ。掲示などでよく用いる。
（b）初級文法では，③におけるesを主語とすることがあるが，この考えは，文には主語がかならず存在するいう仮説に基づく（しかし，文に主語がなければならないとは決まっていない）。しかも，③の場合のesの働きは，①②の場合と同じもので，文頭に置く適当な文肢がないため，定動詞(定形)第2位の原則を守るための手段として，文頭を仮に「穴埋め」しているものである。したがって，③のesも主語と捉えない方がドイツ語の真実の姿により近いと言

える．なお，この es を文中に置くことは決してない．

5. 強調構文の es
「Es ist〔sind〕…＋関係代名詞」の構造は，特定の文肢を強調するのに用いる．関係代名詞は，強調される文肢に応じて性・数が決まる．この es は文中に置くこともある．
 Es war die Katze, die ihn gekratzt hat.
 〈彼を引っ掻いたのはその猫だった〉
 Die Eltern sind *es*, an die er immer denkt.
 〈彼がいつも考えているのは両親だ〉
 Es war ein Jagdgewehr, womit er sich das Leben genommen hat.
 〈彼が自殺に使ったのは猟銃だ〉

強調される文肢が人称代名詞の場合，人称代名詞を文頭に置く．
 Ich bin *es*, der〔die〕die Vase zerbrochen hat.
 〈花瓶を壊したのは私だ〉

【注】話者にとって既知のものを強調する場合に用いる．したがって，強調の対象になる名詞にはふつう定冠詞が伴う．なお，副詞類の強調には Es ist…, dass という形式を用いる．
 Es war in Köln, dass sie ihn kennen gelernt hat.
 〈彼女が彼と知り合った場所はケルンだ〉

[§4] 指示代名詞

1. 定義
 特定の人物，事物あるいは概念を「その人，それ」と指示する代名詞を指示代名詞と呼ぶ．指示冠詞類も，名詞を伴わず，指示代名詞に準ずる働きをするが，純粋な指示代名詞は der（ｄｅｒと字母間を離してつづることがある）のみである．指示冠詞類は第７課§2を参照．

2. 格変化

	〔男性〕	〔女性〕	〔中性〕	〔複数〕
1格	der	die	das	die

2格	dessen	deren	dessen	deren〔derer〕
3格	dem	der	dem	denen
4格	den	die	das	die

【注】 derer は関係文の先行詞としてのみ用いる。

3. 用法上の注意

① 人の場合は，指示する人の性・数に基づき，事物の場合は，本来用いるべき名詞の性・数に基づく。ふつう文頭に置く。

Wo ist denn Hans ? — *Der* ist im Garten.
〈ハンスはいったいどこにいるの — やつは庭にいるよ〉
Da ist eine blaue Bluse. *Die* nehme ich.
〈あそこに青のブラウスがある。それを私は買います〉
Was ist denn *das* ? 〈それはいったい何ですか〉

② 不定関係文を受けて，格関係を明示するのにも用いる。

Wer einmal gelogen hat, *dem* glaube ich nicht mehr.
〈一度うそをついた人は私はもう信じない〉

③ 中性形の das は文意を受けることがある。

Er hat gelogen, *das* ist sicher.
〈彼はうそをついた。それは確実だ〉

④ 「Das ist〔sind〕...」の形で紹介文として用いる。

Das ist Herr Engel. 〈こちらはエンゲルさんです〉
Das ist ein Tisch. 〈それは机です〉
Das sind meine Bücher. 〈それらは私の本です〉

【注】
（a） 関係文の先行詞として用いる。4.の②も参照。

Gott verzeiht *denen*, die ihre Sünden bereuen.
〈神は罪を悔いる人を許す〉

（b） 文中ですでに言及した名詞を受ける。ふつう前置詞句あるいは2格名詞を付加語として伴う。

Sie fuhren mit dem Auto meines Vaters und *dem* meines Onkels.
〈彼らは私の父の車と叔父の車で行った〉

4. 2格の用法
 ① 文中ですでに言及された名詞を受ける。
  Gestern besuchten uns sein Freund und *dessen* Sohn.
  〈昨日私たちを彼の友人とその人の息子さんが訪れた〉
  Man konnte die Fehler und *deren* Folgen absehen.
  〈このような過ちとその結果は予測することができた〉

 ② 関係文の先行詞として関係文を受ける。
  Die Namen *derer*, die hier begraben sind, werden wir nicht vergessen.
  〈ここに埋葬されている人々の名前を私たちは忘れないでしょう〉

[§5] 不定代名詞

不特定の人物，事物あるいは概念を表す代名詞を不定代名詞と呼ぶ。不定代名詞には人を表すものと事物を表すものがある。
  ① man, einer, jemand, niemand
  ② etwas, nichts

1. 人を表す不定代名詞

● **man**

単数1格形のみで，動詞の定形は3人称単数になる。「人は，人々は；誰かが」という意味で，ふつう不特定の人あるいは人々を指し，日本語には訳さない方が良い場合が多い。
  Nachts muss man oft lange auf die Straßenbahn warten.
  〈夜になるとしばしば市街電車を長い時間待たなければならない〉
  Man hat mir fünf Euro gegeben.
  〈誰かが私に5ユーロくれた〉

【注】
（a） man は er で受けることが出来ない。したがって，man は繰り返して用いる。また，3・4格は不定代名詞 einer の変化形を用いる（3格 einem，4格 einen）。2格形はない。
  Wenn *man* erkältet ist, soll *man* zu Hause bleiben.

〈風邪を引いている時には家にいた方がよい〉
Je älter man wird, umso rätselhafter wird *einem* das Leben.
〈年をとるほど人生が不可解なものになってくる〉
（b）主語の行為というよりも行為そのものに焦点を置くためにも用いる。
Von hier kann man das Schloss schon sehen.
〈ここからもう城が見える〉

● **einer**

不定冠詞を強変化させたもので(dieser と同一の語尾を付ける)，常にアクセントを持つ。2格形と複数形がない。男性形で一般的に「人（＝man）」を表す他，男性・女性形で「(誰か)ある人」という意味でも用いる。中性形は「ある1つのこと」という意味で事物を指す。

Das soll *einer* wissen！
〈そんなことは知っておくべきだ〉
Da hat *einer* geklopft.
〈その時誰かがドアをノックした〉
Sabine ist mit *einem* ins Kino gegangen.
〈ザビーネはある男性と映画に行った〉
Dort steht Andreas und spricht mit *einer*.
〈そこにアンドレアスが立っていて，ある女性と話している〉
Eines muss ich dir sagen.
〈1つ君に言わなきゃならないことがある〉

【注】
（a）man の3・4格形としても用いる。
　　Was man nicht weiß, macht *einen* nicht heiß.　〈知らぬが仏〉
（b）einer は人称代名詞 er で受けることができる。
　　Was *einer* nicht kennt, das kann *er* nicht beurteilen.
　　〈知らないことは判断できない〉
（c）複数形(1・4格)には welche を用いる。
　　An der Haltestelle stehen welche und warten auf den Bus.
　　〈停留所に人が何人か立っていて，バスを待っている〉

● **jemand**

　3・4格には2種類の形がある（1格 jemand，2格 jemandes，3格

jemand(em), 4格 jemand(en))。「誰か，ある人」という意味で，ふつう複数の人よりも不特定の個人を指す。話者にとって未知の人のこともあれば，既知の人のこともある。

  Ich warte auf *jemand*. 〈私は人を待っている〉
  Ist schon *jemand* gekommen? 〈もう誰か来ましたか〉
  Haben Sie *jemand*(*en*) gesehen? 〈誰かを見かけましたか〉

【注】
（a）irgend- を付けて，不特定性を強めることができる。
  Irgendjemand hat gesagt, dass du krank bist.
  〈誰かある人が君が病気だと言っていた〉
（b）形容詞を伴う場合，jemand にはふつう語尾を付けない。また，形容詞はふつう中性単数の格変化をする。
  Er sprach mit jemand Fremdem. 〈彼は見知らぬ人と話をしていた〉

● **niemand**

3・4格には2種類の形がある（1格 niemand, 2格 niemandes, 3格 niemand(em), 4格 niemand(en))。「誰も…ない」という意味で，不定代名詞 jemand の否定形である。

  Das weiß *niemand* besser als du.
  〈そのことは君が一番よく知っている〉
  Ich habe *niemand*(*en*) gesehen. 〈私は誰も見なかった〉
  Er hat mit *niemand*(*em*) reden wollen.
  〈彼は誰とも話したがらなかった〉

【注】 形容詞を伴う場合，niemand はふつう語尾を付けずに用いる。また，形容詞はふつう中性単数の格変化をする。
  Ich habe niemand Bekanntes getroffen.
  〈私は誰も知っている人と会わなかった〉

2．事物を表す不定代名詞

● **etwas** （口語形 was）

2格形はなく，1・3・4格が同形である。また，3格形はかならず前置詞とともに用いる。「何かあるもの」という意味で，具体的に特定さ

れていない1つあるいは複数の事物を表す。

  In diesem Loch steckt *etwas*.
  〈この穴には何かが刺さっている〉
  Hast du *etwas* von ihm gehört ?
  〈君は彼について何か聞いたかい〉

【注】
(a) irgend- を付けて不特定性を強めることができる。
  Er muss irgendetwas gehört haben.
  〈彼は何かあることを聞いたに違いない〉
(b) 関係代名詞には was を用いる。
  Ich weiß etwas, was ihr Freude macht.
  〈私は彼女を喜ばせられるものを知っている〉
  Ich habe etwas von ihm gehört, was ich nicht glauben kann.
  〈私は彼について信じることができないようなことを聞いた〉
(c) 形容詞を伴う場合，形容詞は語頭を大文字で書く（ただし ander- は小文字）。中性単数の格変化をする。
  Gibt es etwas Neues ?　〈何か新しいことがありますか〉
  Ich möchte etwas Kaltes bestellen.　〈私は何か冷たいものを注文したい〉
  Das ist etwas ganz anderes.　〈それはまったく別のことだ〉

● nichts

2格形はなく，1・3・4格が同形である。また，3格形はかならず前置詞とともに用いる。etwas の否定形で，「何も…ない」という意味を表す。

  Er hat *nichts* zu essen.
  〈彼は食べられるものを何も持っていない〉
  Er ist mit *nichts* zufrieden.
  〈彼は何事にも満足しない〉
  Nichts als Schulden hat er uns hinterlassen.
  〈彼が私たちに残したものは借金だけだった〉

【注】 形容詞を伴う場合，形容詞は語頭を大文字で書く。中性単数の格変化をする。
  Das ist nichts Besonderes.　〈それは何も特別のものではない〉
  Ich habe nichts Neues gehört.　〈私は何も新しいことは聞かなかった〉

[§6] 疑問代名詞

1. 定義

未知の要素を問い合せる代名詞を疑問代名詞と呼ぶ。疑問代名詞には人に関するwer「誰」と事物に関するwas「何」とがある。

2. 格変化

werとwasは，次のように格変化する。文法上の性による区別がなく，複数形もない。

〔1格〕	〔2格〕	〔3格〕	〔4格〕
wer	wessen	wem	wen
was	(wessen)	——	was

Wer war denn hier ?　〈誰が一体ここにいたの〉
Wen hast du dort gesehen ?　〈誰を君はそこで見たの〉
Ich weiß nicht, mit *wem* sie weggegangen ist.
〈私は彼女が誰と立ち去ったのか知らない〉
Was ist das ?　〈それは何ですか〉
Was willst du von mir ?
〈君は私にどうしろと言うのだ〉

【注】
（a） 主語が複数形の場合，動詞seinも複数形になる。
　　Wer sind die Jungen ?　〈その青年たちは誰ですか〉
　　Was sind sie von Beruf ?　〈彼らの職業は何ですか〉
（b） 前置詞と結びつく3・4格のwasは通例，疑問代名副詞（wo-/wor-＋前置詞；第6章第2課§2の3.および第3課§5の2.を参照）によって置き換える。ただし，口語的表現において疑問代名詞を強調する場合，両者をそのまま用いることがある。
　　Für was ist das gut ?　〈それは何のためにいいのか〉
　　An was könnte sie sich erfreuen ?
　　〈何を彼女は喜ぶだろうか〉
（c） wasは名詞化した形容詞とともに用いることがある。
　　Was hast du heute *Gutes* gegessen ?
　　〈きょうはどんなおいしいものを食べたのですか〉

〈第5章　名詞類・冠詞類〉—— *215*

第/6/課　　冠詞類・冠詞

[§1] 冠詞類

1. 定義

　冠詞類は，名詞句の句頭に置く語群である。付加語を名詞の前に置く場合，名詞句の構造は，かならず冠詞類→付加語→名詞の順序になる。

〔冠詞類〕	〔付加語〕		〔名詞〕	
der			Mann	男
der	alte		Mann	年老いた　　　男
der	alte,	reiche	Mann	年老いた金持ちの男

【注】冠詞類は（ゼロ冠詞を含めると）名詞句にかならず付ける義務的なものであるが，複数の冠詞類を並列的に用いることはできない。
　　*das mein Buch
　　*ein jedes Buch
　　*mein welches Buch
例外は dieser と所有冠詞の結合のみである。
　　diese seine Erklärung 〈この彼の説明〉

2. 定冠詞類と不定冠詞類

　冠詞類は名詞と性・数・格において呼応する。冠詞類は，格変化の様式に基づき，定冠詞に準じる定冠詞類（第7課を参照）と不定冠詞に準じる不定冠詞類（第8課を参照）に分かれる。

〔定冠詞類〕
　　der　　dieser　　jener　　solcher　　jeder　　mancher
　　aller

〔不定冠詞類〕
　　ein
　　mein　dein　sein　ihr　unser　euer　Ihr
　　kein

[§2] 定冠詞

1. 格変化

	〔男性〕	〔女性〕	〔中性〕	〔複数〕
1格	der	die	das	die
2格	des	der	des	der
3格	dem	der	dem	den
4格	den	die	das	die

【注】男性単数を除き，1・4格は同形であることに注意。

2. 用法

定冠詞は，名詞がなんらかの要因によって特定されている場合に用いる。

① 指示物が先行の文脈ですでに言及されている。
   Dort steht ein Haus. *Das* Haus gehört mir.
   〈そこに家が1軒立っている。その家は私のだ〉

【注】物質名詞も，既知のものである場合には定冠詞を付ける。
   Ich trinke den Kaffee schwarz.
   〈私はこのコーヒーをブラックで飲む〉

② 付加語(2格名詞，関係文など)によって限定されている。
   Sein Sieg war *das* Ereignis dieses Winters.
   〈彼の勝利はこの冬の一大事件だった〉
   Ich habe *den* Eindruck, dass sie gelogen hat.
   〈私は彼女が嘘をついたという印象を持っている〉
   Ich hatte nicht *die* Absicht, ihn zu kränken.
   〈私は彼の感情を害するつもりはなかった〉
   Das Geld, das er ihr geliehen hat, ist schon aufgebraucht.
   〈彼が彼女に貸したお金はもう使い果たされてしまった〉

【注】
(a) 2格付加語が伴うにもかかわらず不定冠詞を用いることがあるが，多くの場合，不定冠詞には数詞的な意味合いが伴う。
   eine merkliche Veränderung der Sozialstruktur
   〈社会構造の明白な一つの変化〉

〈第5章　名詞類・冠詞類〉—— *217*

　　　In einem Winkel des Zimmers stand ein Sessel.
　　　〈部屋の片隅にソファーが1つあった〉
（b）関係文の先行詞に用いる不定冠詞については§3の注（b）を参照。

③　世界に1つしか存在しない事物を指す。
　　　Der Mond geht auf.　〈月が昇る〉
　　　Die Erde kreist um *die* Sonne.
　　　〈地球は太陽の周りを回る〉

④　日常生活の中で共通の了解がえられる対象物を指す。
　　　Er fürchtet *den* Tod nicht.　〈彼は死を恐れない〉
　　　Wann kommt *der* Briefträger？
　　　〈郵便配達人はいつ来るのですか〉

⑤　指示物全体を総称的に表す。単数の場合と複数の場合があるが，単数の場合は指示物全体を集合的に表すため，改まった感じになる。
　　　Der Italiener ist〔*Die* Italiener sind〕lebhaft.
　　　〈イタリア人は快活である〉
　　　Der Mensch ist〔*Die* Menschen sind〕ein soziales Wesen.
　　　〈人間は社会的存在である〉

【注】
（a）最高級の形容詞を用いる場合，原則的に定冠詞を付ける。
　　　Goethe ist der bedeutendste Dichter.
　　　〈ゲーテはもっとも重要な詩人である〉
（b）格を明示するために定冠詞を付けることがある。
　　　Er zieht Kaffee dem Tee vor.
　　　〈彼は紅茶よりもコーヒーが好きだ〉
（c）中性単数以外の地名・国名には定冠詞を付ける：der Rhein「ライン川」，die Alpen「アルプス山脈」，die Schweiz「スイス」，die Mongolei「モンゴル」，die Türkei「トルコ」，die Bundesrepublik Deutschland「ドイツ連邦共和国」，die Vereinigten Staaten von Amerika「アメリカ合衆国」。
（d）人名あるいは地名に形容詞が伴う場合，定冠詞も付ける。この場合，2格でも名詞自体は変化しないのが原則である：die blonde Inge「ブロンドのインゲ」，der junge Goethe「若きゲーテ」，die Bevölkerung des heutigen Berlin「今日のベルリンの住民」。

3. 指示冠詞的用法

アクセントを伴い,「この…/その…」と指示的意味を持つ指示冠詞的にも用いる。

Der Mann dort ist mein Onkel.
〈そこの男の人は私の叔父だ〉

【注】 指示代名詞 der については第5章第5課§4を参照。

[§3] 不定冠詞

1. 格変化

	〔男性〕	〔女性〕	〔中性〕
1格	ein	eine	ein
2格	eines	einer	eines
3格	einem	einer	einem
4格	einen	eine	ein

【注】複数形はない。また,男性単数を除き,1・4格が同形であることに注意。

2. 用法

不定冠詞は,名詞の指示する現実界の対象物が不特定の場合に用いる。

① 指示物を当該の文脈のなかではじめて取り上げる。

Sie will *einen* Arzt heiraten.
〈彼女はお医者さんと結婚するつもりでいる〉
Ich werde ihm *ein* Buch schenken.
〈私は彼に本を贈るつもりだ〉
Auf dem Berg steht *eine* kleine Kirche.
〈山の上に小さな教会が立っている〉

【注】
（a） 抽象名詞でも1つの下位部類や単一の動作を示す場合,不定冠詞を用いる：eine große Freude「大きな喜び」, eine Verbeugung machen「お辞儀をする」。
（b） 関係文が「…のような…」というように先行詞の属性を述べる場合, 不定冠詞を用いる。

ein Café, das für seine ruhige Lage bekannt ist
〈静かな場所にあることで有名であるような喫茶店〉

なお，先行詞が定冠詞を伴う場合は，関係文は「…するところの…」というように先行詞を特定化する働きを持つ。
  　das Café, in dem er saß　〈彼が座っていた(その)喫茶店〉

② 「…の特性を持った…」「一種の…」のように指示物の一特性を取り立てて表す。
  　Er ist *ein* Lügner.　〈彼は嘘つきだ〉
  　Er ist *ein* guter Arzt.　〈彼はいい医者だ〉
  　Sie ist noch *ein* Kind.　〈彼女はまだ子供だ〉
  　Sein Benehmen ist *eine* Schande.　〈彼の態度は恥さらしだ〉
  　Diese Uhr ist wirklich *ein* Kunstwerk.
  　〈この時計は実に立派な出来ばえだ〉

【注】 Er ist Arzt. のようにゼロ冠詞を用いるのは，職業名を単に述べる場合で(ゼロ冠詞の②を参照)， Er ist ein guter Arzt. のように不定冠詞を用いるのは，主語の性質を述べる場合である。性質を述べる述語は werden と結合する場合，前置詞 zu を必要とする。
  　Er wurde zum Idol der Jugend.　〈彼は若者たちのアイドルになった〉

③ 「…は…だ」という定義文の述語を表す。
  　Der Walfisch ist *ein* Säugetier.　〈鯨はほ乳動物である〉
  　Das Auto ist *ein* Verkehrsmittel.　〈自動車は交通手段である〉

④ 代表的一例として取り上げつつ，指示物全体を総称的に表す。
  　Eine Dame tut das nicht.
  　〈婦人たるものはそのようなことをすべきではない〉
  　Mit *einem* Messer spielt man nicht.
  　〈ナイフは遊びに使うものではない〉
  　Einen Mercedes kann ich mir nicht leisten.
  　〈ベンツのような(高級な)車は私には買えない〉

【注】
（a） 不定冠詞の付いた固有名詞は，それに関連する対象物を表す。
  　Das kann nur ein Goethe.　〈それはゲーテのような人物しかできない〉
  　Er besitzt einen Picasso.　〈彼はピカソの絵を一枚持っている〉
（b） 不定冠詞は，基数としても用いる。アクセントが伴う。

Das kostet einen Euro. 〈それは1ユーロする〉
Herr Ober, einen Kaffee bitte! 〈ボーイさん，コーヒーを一杯〉

（c） 名詞を省略して用いることがある（冠詞類の名詞的用法）。その場合，強語尾(dieser と同一の語尾)を付ける。不定代名詞 einer については第5課§5を参照。

Einer von uns ist ein Verräter. 〈私たちの一人は裏切りものだ〉
Ich habe keinen Kugelschreiber. Hast du einen?
〈私はボールペンがない。君は持っているか〉
Er hat sich ein Auto gekauft. Wir haben uns auch eins angeschafft.
〈彼は自動車を買いました。私たちも購入しました〉

[§4] ゼロ冠詞

ゼロ冠詞は次のような場合に用いる。

① 不特定の複数のものを表す。
Haben Sie Kinder? 〈お子さんがおありですか〉
Er pflückt Blumen. 〈彼は花を摘む〉
Er hat große Pläne für das nächste Jahr.
〈彼は来年に向けて大きな計画がある〉

② 不特定の物質，抽象概念を表す。
Ich trinke Milch. 〈私はミルクを飲む〉
Er hat hohes Fieber. 〈彼は熱が高い〉
Im Zimmer brennt Licht. 〈部屋に明かりがついている〉
Er ist ohne Arbeit. 〈彼は仕事がない〉
Der Ring ist aus Gold. 〈その指輪は金でできている〉
Er zitterte vor Angst. 〈彼は心配のあまりふるえていた〉
Durch Fleiß ist er in der Firma hochgekommen.
〈勤勉さによって彼は会社で出世をした〉

③ 「(…は) …だ」というように，職業，国籍などをただ命名的に挙げる。
Er ist Arzt. 〈彼は医者だ〉
Sie ist ihrer Herkunft nach Französin.
〈彼女は生まれがフランスだ〉

Er ist Korrespondent einer deutschen Zeitung.
〈彼はドイツの新聞社の特派員である〉
Es ist alles Lüge！〈それはすべて嘘だ〉
Sein Hobby ist Autofahren.〈彼の趣味はドライブだ〉
Das Motiv des Mordes war Eifersucht.
〈殺人の動機は嫉妬だった〉

このようなゼロ冠詞の名詞には引用符（„…"）が付いていると考えるのがよいであろう。この用法の場合，名詞の表す指示物というよりは，主語が指し示す対象物の命名が問題になる。

【注】
（a） 抽象名詞を総称的に用いる場合，ゼロ冠詞になる。
Arbeit ist die Grundlage des Erfolges.
〈働くことが成功の元だ〉
普通名詞の複数形もゼロ冠詞を伴って総称的に用いることがある。ただし，この場合，定冠詞，不定冠詞の場合よりも，例外の存在を認める弱い意味合いになる。
Katzen mag ich nicht.〈ネコは私は好きではない〉
Weinflaschen sollen gelegt werden.
〈ワインの瓶は寝かしておかなければならない〉
（b） 親族名詞は固有名詞的にゼロ冠詞で用いることがある。
Vater fährt nach Wien.〈父はウィーンに行く〉
（c） als「…として」とともに用いる場合，ゼロ冠詞を用いる。
Er ist als Märtyrer gestorben.
〈彼は殉教者として死んだ〉
Wir müssen es als Tatsache hinnehmen.
〈私たちはそれを事実として受け入れなければならない〉
Seine Verdienste als Arzt sind bekannt.
〈彼の医者としての功績はよく知られている〉
Welche Krankheiten haben Sie als Kind gehabt？
〈あなたは子供の時どのような病気にかかりましたか〉
（d） 慣用句ではしばしばゼロ冠詞を用いる：Hunger haben「空腹である」，nach Hause gehen「帰宅する」，zu Mittag essen「昼食を食べる」。
（e） 対語にはゼロ冠詞を用いる：Tag für Tag「一日一日」，Hand in Hand「手に手をとって」，von Zeit zu Zeit「時折」。

第/7/課　定冠詞類

[§1] 定義

1．種類

　定冠詞に準じる格変化をするものを定冠詞類と呼ぶ。定冠詞類には，指示冠詞（dies-/jen-/solch-），不定数冠詞（jed-/manch-/all-），疑問冠詞（welch-）の3種類がある。

2．強変化，強語尾

　これらの冠詞類は以下のような格語尾を付ける。このような格変化を強変化，格語尾を強語尾と呼ぶ。

	〔男性〕	〔女性〕	〔中性〕	〔複数〕
1格	-er	-e	-es	-e
2格	-es	-er	-es	-er
3格	-em	-er	-em	-en
4格	-en	-e	-es	-e

【注】　定冠詞類の格変化は dieser がもっとも典型的に示すため，この種の冠詞類を dieser 型とも呼ぶ。男性単数を除き，1・4格が同形である。

[§2] 指示冠詞 dies-, jen-, solch-

1．dies-

1．1．格変化

	〔男性〕	〔女性〕	〔中性〕	〔複数〕
1格	dies-er	dies-e	dies-es	dies-e
2格	dies-es	dies-er	dies-es	dies-er
3格	dies-em	dies-er	dies-em	dies-en
4格	dies-en	dies-e	dies-es	dies-e

1．2．用法
① 空間的に近くにある事物を指す。
Dieser Platz ist frei.
〈この席は空いている〉
Er wohnt in *diesem* Haus hier.
〈彼はここのこの家に住んでいる〉
In *diesem* Gebiet gibt es viel Industrie.
〈この地域には産業がたくさんある〉

【注】所有冠詞と並列的に用いることができる。
Diese Ihre Erklärung befriedigt uns nicht.
〈このあなたの説明に私たちは満足しません〉

② 文脈で触れられた事物を指す。
Ich höre von *dieser* Sache zum ersten Mal.
〈私はこの件を初めて耳にする〉

③ 時間的に近い時点を表す。
Diesen Sonntag machen wir einen Ausflug.
〈この日曜日に私たちは遠足をする〉

④ jener と対立的に「こちらの，後者の」という意味を表す。
Ich möchte nicht *dieses*, sondern jenes Bild.
〈私はこちらではなく，あちらの絵が欲しい〉

【注】
（a）否定的な意味合いを伴って用いられることがある。
Was soll ich schon mit *diesem* alten Wagen anfangen？
〈こんな古い車で一体何をしろと言うんだ〉
（b）名詞を省略して用いることがある（冠詞類の名詞的用法）。その場合，格語尾は省略された名詞に基づく。
Welches Auto gehört dir？ － *Dieses* hier.
〈どの自動車が君のですか － ここのこれです〉
（c）中性単数形は口語で dies の形になることがある。
Dies(es) alles wusste ich nicht.
〈このことはまったく私は知らなかった〉

2. jen-

2.1. 格変化

	〔男性〕	〔女性〕	〔中性〕	〔複数〕
1格	jen-er	jen-e	jen-es	jen-e
2格	jen-es	jen-er	jen-es	jen-er
3格	jen-em	jen-er	jen-em	jen-en
4格	jen-en	jen-e	jen-es	jen-e

2.2. 用法

① 空間的に遠くにある事物を指す。

Wem gehört *jenes* Paket dort ?

〈あそこのあの小包は誰のものですか〉

【注】 「あの」という意味では，die Frau dort「あそこの婦人」というような言い方が好まれる。

② 時間的に遠い時点を表す。

In *jenen* alten Zeiten galten bei uns andere Sitten und Gebräuche.

〈ずっと昔私たちは異なる風俗習慣を持っていた〉

③ 既に触れた，あるいはよく知られている事物を指す。

Sie besitzt *jene* Zurückhaltung der Norddeutschen.

〈彼女は北ドイツ人のあの控え目さを持っている〉

④ dieser と対立的に「あちらの，前者の」という意味を表す。

Ich möchte nicht diese, sondern *jene* Bluse.

〈私はこちらではなく，あちらのブラウスが欲しい〉

【注】
（a） 関係文の先行詞にしばしば付けて用いる。

jener Film, der damals so viel Aufsehen erregt hat.

〈当時非常なセンセーションを巻き起こしたあの例の映画〉

（b） 名詞を省略して用いることがある（冠詞類の名詞的用法）。その場合，格語尾は省略された名詞に基づく。

Dieser Tisch ist teurer als jener. 〈この机はあれよりも値段が高い〉

3．solch-
3．1．格変化

	〔男性〕	〔女性〕	〔中性〕	〔複数〕
1格	solch-er	solch-e	solch-es	solch-e
2格	solch-es	solch-er	solch-es	solch-er
3格	solch-em	solch-er	solch-em	solch-en
4格	solch-en	solch-e	solch-es	solch-e

【注】
（a） 男性・中性の2格でしばしば弱語尾をとる：die Ursache solchen Durcheinanders 「このような混乱の原因」。
（b） 後続の形容詞は特に女性2・3格，複数1・2・4格で強変化することがある：solche prachtvollen〔prachtvolle〕Bauten「このように壮麗な建造物」，das Ziel solcher neuen〔neuer〕Forschungen「このような新しい研究の目的」。

3．2．用法
① 類似性を表す。
　solches herrliche Wetter.
　〈このように素晴らしい天気〉
　Rede nicht *solchen* Quatsch !
　〈そのようなくだらないことは言うな〉
　Solche Krawatten trägt man heute nicht mehr.
　〈そのようなネクタイはもう現在流行遅れだ〉
　Von *solchen* Vorträgen nimmt man immer etwas mit.
　〈そのような講演からはいつも何か得るところがある〉
　Mit *solchen* Schwierigkeiten hatte niemand gerechnet.
　〈このような困難は誰も計算に入れていなかった〉

【注】 solch- は普通名詞の複数形とは用いるが，単数形とは用いない。単数形の普通名詞には，冠詞類として ein solcher の形を用いる：ein solcher Mensch（*solcher Mensch）「このような人」。

② 抽象名詞と結び付き，程度の高いことを表す。
　Ich habe *solchen* Hunger.　〈私はひどく空腹だ〉
　Ich habe *solche* Kopfschmerzen.　〈私はひどい頭痛がする〉

【注】
（a） 名詞を省略して用いることがある（冠詞類の名詞的用法）。その場合，格語尾は省略された名詞に基づく。
  Es gibt immer solche.
  〈このような人はいつの世でもいるもんだ〉
  Solches hatte er auch schon gehört.
  〈そのようなことは彼もすでに聞いていた〉
（b） solch- は不定冠詞と結び付けて，形容詞としても用いる。
  Eine solche Vermutung liegt nahe.
  〈そのような推測はすぐつく〉
  Bei einem solchen Lärm kannst du arbeiten？
  〈こう騒々しくても君は仕事が出来るのか〉
（c） solch- は格語尾を付けず，不定冠詞あるいは強変化の形容詞と用いることがある。強調的な意味合いが伴う。
  solch trübes Wetter 〈このように曇った天候〉
  der Wert solch alter Bücher
  〈このように古い本の価値〉
  In solch einem Fall kennt er keine Nachsicht.
  〈このような場合，彼は情け容赦がない〉
口語では solch ein が so ein の形になる。
  So einen Luxus kann ich mir nicht leisten.
  〈このような贅沢は私には不可能だ〉

［§3］ 不定数冠詞 all-, jed-, manch-

1．all-

1．1．格変化

	〔男性〕	〔女性〕	〔中性〕	〔複数〕
1格	all-er	all-e	all-es	all-e
2格	all-es	all-er	all-es	all-er
3格	all-em	all-er	all-em	all-en
4格	all-en	all-e	all-es	all-e

【注】 今日では男性・中性の2格で弱変化することが多い。
  Geiz ist die Wurzel allen Übels.
  〈けちはすべての災いの元〉

1．2．用法
該当するものがすべてであることを表す。
① 普通名詞と結び付く場合は，複数形で用いる。
　　Alle Verwandten sind gekommen. 〈親類は全員来た〉

【注】
（a） 名詞を省略して用いることがある（冠詞類の名詞的用法）。その場合，格語尾は省略された名詞に基づく。また，同格的に用いることもある。
　　Ich habe keine Äpfel mehr. Ich habe *alle* gegessen.
　　〈私はもうリンゴを持っていない。みんな食べてしまった〉
　　Diese Städte habe ich *alle* gesehen.
　　〈私はこれらの町をすべて見た〉
なお，先行する名詞を受けず，独立的に用いる場合はかならず人を指す。
　　Alle sind dagegen. 〈みんなそれに反対だ〉
（b） 数詞と用いると，反復を表す。
　　Er besucht uns *alle* vier Wochen.
　　〈彼は4週間おきに私たちを訪れる〉
（c） 他の冠詞類とともに用いる場合，しばしば語尾を付けず，それらの前に置く：all die Bücher「これらの本すべて」，all die Menschen「これらの人みな」。

② 物質名詞，抽象名詞に結び付ける場合は，単数形で用いる。
　　Das Hotel bietet *allen* Komfort.
　　〈このホテルはあらゆる快適さを備えている〉
　　Alles Blut wich aus seinem Gesicht.
　　〈彼は顔が真っ青になった〉

【注】 名詞を省略して用いることがある（冠詞類の名詞的用法）。その場合，中性の格語尾を付ける。alles 単独でも，また同格的にも用いる。
　　Alles ist in Ordnung. 〈すべて順調だ〉
　　Alles hat seine zwei Seiten. 〈すべてのことに2つの面がある〉
　　Das ist *alles* nicht wahr.
　　〈それはすべて真実でない〉
また，形容詞を伴うこともある。
　　Ich wünsche dir *alles* Gute. 〈君の幸せを祈ります〉
　　Alles übrige erledigen wir. 〈残りのものはすべて私たちが処理する〉

他の冠詞類とともに用いる場合，しばしば語尾を付けず，それらの前に置く。
>Ich habe all mein Geld verloren. 〈私は金をすべてなくしてしまった〉

2. jed-
2.1. 格変化

	〔男性〕	〔女性〕	〔中性〕	
1格	jed-er	jed-e	jed-es	【注】複数形が
2格	jed-es	jed-er	jed-es	ない。
3格	jed-em	jed-er	jed-em	
4格	jed-en	jed-e	jed-es	

2.2. 用法
該当するものが任意のすべてであることを表す。
>*Jede* Hilfe kam zu spät. 〈どんな助けも遅過ぎた〉
>Er kümmert sich um *jede* Kleinigkeit.
>〈彼はどんな些細なことでも気にする〉

【注】
(a) 名詞を省略して用いることがある(冠詞類の名詞的用法)。その場合，格語尾は省略された名詞に基づく。
>*Jedes* der Kinder hat sein eigenes Zimmer.
>〈子供たちはめいめい自分の部屋を持っている〉

(b) 序数詞と用いて，反復を表す：*jeder* dritte Mann「3人に1人の男」。

3. manch-
3.1. 格変化

	〔男性〕	〔女性〕	〔中性〕	〔複数〕
1格	manch-er	manch-e	manch-es	manch-e
2格	manch-es	manch-er	manch-es	manch-er
3格	manch-em	manch-er	manch-em	manch-en
4格	manch-en	manch-e	manch-es	manch-e

【注】
(a) 男性・中性の2格で，名詞に語尾 -es がある場合，弱語尾をとることが多

い：auf Grund *manchen* Missverständnisses「いくつかの誤解によって」。
（b） 複数1・4格で後続の形容詞は弱語尾でなく，ふつう強語尾（-e）をとる：manche *alte* Menschen「いく人かの年老いた人」。
（c） 後続の形容詞が強変化する場合，あるいは不定冠詞と用いる場合，manch- は無語尾でも用いる：*manch* nettes Wort「かなり多くの親切な言葉」，die Ansicht *manch* eines Gelehrten「かなりの数の学者の意見」。

3. 2. 用法
① 単数形の場合，「いろんな」「いくつもの」「何人もの」という意味で物事や人に関して用いる（einige と viele の間の数）。

In *mancher* Beziehung hast du Recht.
〈いろんな点で君の言うことは正しい〉
Schon *mancher* Bergsteiger musste an dieser gefährlichen Stelle umkehren.
〈すでに何人もの登山家がこの危険な箇所で引き返さざるをえなかった〉

【注】 名詞を省略し単独で用いることがある（冠詞類の名詞的用法）。その場合，中性の格語尾を付ける。
Er hat manches erlebt. 〈彼はいろんなことを経験した〉

② 複数形の場合，「一部の，何人かの，いくつかの」という意味で用いる。
Manche Leute glauben es. 〈それを信じている人もいる〉
Die Straße ist an *manchen* Stellen beschädigt.
〈道路は何箇所も損傷している〉

【注】
（a） 名詞を省略して用いることがある（冠詞類の名詞的用法）。その場合，格語尾は省略された名詞に基づく。
Manche sind anderer Meinung.
〈何人かは意見を異にしている〉
（b） manch- は格語尾を付けず，不定冠詞あるいは強変化の形容詞（単数）とも用いるが，その場合，格語尾の付く mancher の場合よりも数の多さが強調される：manch eine Nacht「いく晩も」，in manch schwierigem Fall「多くの困難な場合に」。

[§4] 疑問冠詞 welch-

1. 格変化

	〔男性〕	〔女性〕	〔中性〕	〔複数〕
1格	welch-er	welch-e	welch-es	welch-e
2格	welch-es	welch-er	welch-es	welch-er
3格	welch-em	welch-er	welch-em	welch-en
4格	welch-en	welch-e	welch-es	welch-e

2. 用法

既知の対象の中から特定のものを選び出す場合に用いる。

Welche Filme laufen zurzeit im Kino ?
〈いまどの映画が上映されていますか〉
Aus *welchem* Grund hat er es getan ?
〈どういうわけで彼はそうしたのですか〉
Er fragte mich, *welcher* Teilnehmer das gesagt hat.
〈彼はどの参加者がそれを言ったのかと私に尋ねた〉

【注】
（a） 名詞が2格語尾 -(e)s を持つ場合は，ふつう welchen の形になる。
　　Die Arbeit *welchen* Schülers ist die beste ?
　　〈どの生徒の答案が一番よいですか〉
（b） 名詞を省略して用いることがある（冠詞類の名詞的用法）。その場合，格語尾は省略された名詞に基づく。
　　Welches der Bücher gehört dir ?　〈それらの本のどれが君のですか〉
（c） 関連する名詞の文法上の性に関係なく，welches の形で用いることがある。
　　Welches ist sein Vorschlag ?　〈彼の提案はどれですか〉
（d） 認容文を作ることもある。
　　Welches auch immer deine Gründe waren, du hättest es nicht tun dürfen.
　　〈理由がなんであれ，君はそれをしてはいけなかったのだ〉
（e） 格語尾を付けず，不定冠詞あるいは強変化の形容詞とともに用いる（文語的）。
　　Welch ein Glück !　〈なんという幸運〉
　　Welch schönes Bild !　〈なんと美しい絵だ〉

第 8 課　不定冠詞類

[§1] 定義

不定冠詞に準じる格変化をする冠詞類を不定冠詞類と呼ぶ。不定冠詞類には，所有冠詞，否定冠詞，疑問冠詞の 3 種類がある。

【注】
（a）不定冠詞類の格変化は，不定冠詞が複数形を持たないため，所有冠詞の mein に代表させて，mein 型と呼ぶことがある。
（b）定冠詞類との相違は，男性 1 格と中性 1・4 格で格語尾が欠ける点のみである。不定冠詞類の格語尾は次のようになる。

	男性	女性	中性	複数
1 格	-◇	-e	-◇	-e
2 格	-es	-er	-es	-er
3 格	-em	-er	-em	-en
4 格	-en	-e	-◇	-e

【注】男性単数を除き，1・4 格が同形であることに注意。

[§2] 所有冠詞

1．種類

所有冠詞は，それぞれの人称代名詞に対応し，次のような形態がある。

		〔単数〕		〔複数〕	
1 人称		(*ich* →)	mein	(*wir* →)	unser
2 人称	親称	(*du* →)	dein	(*ihr* →)	euer
	敬称	(*Sie* →)	Ihr	(*Sie* →)	Ihr
3 人称		(*er* →)	sein		
		(*sie* →)	ihr	(*sie* →)	ihr
		(*es* →)	sein		

【注】所有冠詞と人称代名詞の 2 格（第 5 課 §2 注（c）を参照）を混同しないこと。所有冠詞は，付加語としての 2 格名詞に対応する。

2. 格変化

	〔男性〕	〔女性〕	〔中性〕	〔複数〕
1格	mein	mein-e	mein	mein-e
2格	mein-es	mein-er	mein-es	mein-er
3格	mein-em	mein-er	mein-em	mein-en
4格	mein-en	mein-e	mein	mein-e
1格	dein	dein-e	dein	dein-e
2格	dein-es	dein-er	dein-es	dein-er
3格	dein-em	dein-er	dein-em	dein-en
4格	dein-en	dein-e	dein	dein-e
1格	sein	sein-e	sein	sein-e
2格	sein-es	sein-er	sein-es	sein-er
3格	sein-em	sein-er	sein-em	sein-en
4格	sein-en	sein-e	sein	sein-e
1格	ihr	ihr-e	ihr	ihr-e
2格	ihr-es	ihr-er	ihr-es	ihr-er
3格	ihr-em	ihr-er	ihr-em	ihr-en
4格	ihr-en	ihr-e	ihr	ihr-e
1格	unser	unser-e	unser	unser-e
2格	unser-es	unser-er	unser-es	unser-er
3格	unser-em	unser-er	unser-em	unser-en
4格	unser-en	unser-e	unser	unser-e

【注】 unser- までが語幹であることに注意。また，格語尾を付ける場合，語幹のeを省くことがある。また，語尾が -em/-en の場合，語尾のeの方を省くことがある (unserm/unsern)。

	〔男性〕	〔女性〕	〔中性〕	〔複数〕
1格	euer	euer-e	euer	euer-e
2格	euer-es	euer-er	euer-es	euer-er
3格	euer-em	euer-er	euer-em	euer-en
4格	euer-en	euer-e	euer	euer-e

【注】 euer- までが語幹であることに注意。また，格語尾を付ける場合，語幹の

eを省くことがある。また、語尾が -em/-en の場合、語尾のeの方を省くことがある (euerm/euern)。

1格	ihr	ihr-e	ihr	ihr-e
2格	ihr-es	ihr-er	ihr-es	ihr-er
3格	ihr-em	ihr-er	ihr-em	ihr-en
4格	ihr-en	ihr-e	ihr	ihr-e

1格	Ihr	Ihr-e	Ihr	Ihr-e
2格	Ihr-es	Ihr-er	Ihr-es	Ihr-er
3格	Ihr-em	Ihr-er	Ihr-em	Ihr-en
4格	Ihr-en	Ihr-e	Ihr	Ihr-e

3.　用法

① 語幹は所有者の人称・数に、格語尾は名詞の性・数・格に従う。
　　Hast du *meinen* Brief bekommen？
　　〈君は私の手紙を受け取りましたか〉
　　Ich bestaune *eueren*〔*euren*/*euern*〕 Mut.
　　〈私は君たちの勇気に驚嘆する〉
　　Vergessen Sie *Ihren* Schirm nicht！
　　〈あなたの傘を忘れないように〉

所有冠詞と名詞の間には、2格付加語に準ずる意味関係が成立する。
　〔主　語〕*Sein* Besuch freut uns.　〈彼の訪問を私たちは喜ぶ〉
　〔目的語〕Sie beschließen *seine* Entlassung.
　　　　　〈彼らは彼の解雇を決める〉

② 名詞を省略して用いることがあるが(冠詞類の名詞的用法)、その場合、男性1格および中性の1・4格でも、強語尾(dieser と同一の語尾)を付ける。たとえば、

	〔男性〕	〔女性〕	〔中性〕	〔複数〕
1格	mein*er*	meine	mein*es*	meine
2格	―	―	―	―
3格	meinem	meiner	meinem	meinen
4格	meinen	meine	mein*es*	meine

Mein Zimmer ist nur halb so groß wie *seines*.
〈私の部屋は彼の部屋の半分の広さしかない〉
Das sind nicht eure Hefte, sondern *uns(e)re*.
〈それは君たちのノートではなく，私たちのだ〉

③　述語の場合，無語尾になることもある。
Was *dein* ist, ist auch *mein*.
〈君のものは私のものでもある〉

【注】
（a）指示冠詞 dieser と並列的に用いることがある。第4課§2の2.①の注を参照。
（b）定冠詞を付け，形容詞的に用いることがある（文語的）。
　　　Ich näherte meine Lippen den ihren. 〈私は唇を彼女の唇に近づけた〉

[§3] 否定冠詞 kein

1. 格変化

	〔男性〕	〔女性〕	〔中性〕	〔複数〕
1格	kein	kein-e	kein	kein-e
2格	kein-es	kein-er	kein-es	kein-er
3格	kein-em	kein-er	kein-em	kein-en
4格	kein-en	kein-e	kein	kein-e

2. 用法

①　kein は，否定される名詞が特定されていない場合に用いる。不定冠詞，ゼロ冠詞の否定形に相当するもので，「（1つも/少しも）…ない」という意味になる。
　　Er hat *kein* Auto.
　　〈彼は自動車を持っていない〉
　　Es gibt *keine* andere Möglichkeit.
　　〈他に可能性はない〉
　　Ich habe *keinen* Platz mehr für meine Bücher.
　　〈私はもう本をしまう場所がない〉

【注】 基数 ein の否定形として「1人〔1つも〕…ない」という意味でも用いる。アクセントが伴う。
　　Ich habe kein Wort verstanden. 〈私は一言も理解できなかった〉

② 付加語としての形容詞を否定することもある。
　　Das ist *keine* schlechte Idee.
　　〈それは悪い考えではない〉
　　Er ist in *keiner* guten Verfassung.
　　〈彼は身体のコンディションがよくない〉
　　(Das,) wessen er sich rühmt, ist *kein* besonderes Verdienst.
　　〈彼が自慢しているものは特別に功績と言うほどのものではない〉

③ 全文否定の意味になる場合がある。
　　Er hat *keinen* Freund.
　　〈彼には友人がない〉
　　Ich habe *keine* Geheimnisse vor dir.
　　〈私は君に隠し事はない〉
　　Bekomme ich heute *keinen* Kuss ?
　　〈きょうはキスをしてくれないの〉

【注】
(a) 名詞を省略して用いることがある(冠詞類の名詞的用法)。その場合，強語尾（dieser と同一の語尾）を付ける。
　　Keiner glaubt ihr.
　　〈誰も彼女のことを信じない〉
　　Ich wollte Äpfel mitbringen, aber es gab *keine*.
　　〈私はリンゴを持って来ようと思ったのですが，1つもなかった〉
　　Ich kenne *keinen*, der das tut.
　　〈私はそういうことをする人を誰も知らない〉
　　Keines dieser Argumente überzeugt mich.
　　〈これらの論拠のどれ1つも私を納得させない〉
(b) 口語では，否定を強調する場合，関連する名詞を文頭に，強語尾を付けた kein を文末に置くことがある。
　　Lust hab' ich keine. 〈やる気は私はない〉
　　Geld habe ich kein(e)s.
　　〈お金は私は持っていない〉

[§4] 疑問冠詞 was für ein-

1. 格変化

was für ein- は，ein- が不定冠詞と同一の変化をする。抽象名詞，物質名詞，または複数形の名詞の場合，ein- を省き，was für だけになる。疑問冠詞 welcher に関しては第 7 課 §4 を参照。

	〔男性〕	〔女性〕	〔中性〕	〔複数〕
1格	was für ein	was für ein-e	was für ein	was für
2格	was für ein-es	was für ein-er	was für ein-es	was für
3格	was für ein-em	was für ein-er	was für ein-em	was für
4格	was für ein-en	was für ein-e	was für ein	was für

2. 用法

対象物の種類・属性を尋ねる場合に用いる。

Was für ein Auto ist das ? 〈それはどんな自動車ですか〉

Was für Wein trinken Sie gern ?
〈あなたはどんなワインが好きですか〉

Was für Schuhe hat er sich gekauft ?
〈どんな靴を彼は買ったのか〉

また，für は格を支配せず，名詞の格は文中の役割によって決まる。

In *was für einem* Haus haben sie gewohnt ?
〈彼らはどんな家に住んでいるのですか〉

【注】
(a) für＋名詞を was から分離させ，文末に置くことがある。
　　Was ist er für ein Mensch ? 〈彼はどんな人ですか〉
　　Was haben Sie für Beschwerden ? 〈どんな痛みがあるのですか〉
(b) 文脈ですでに言及された名詞を受け，名詞を省略して用いることがある（冠詞類の名詞的用法）。この場合，ein- は強語尾（dieser と同一の語尾）を付ける。抽象名詞および複数形の名詞を受ける場合は welch-er を用いる。
　　Ich kaufe ein Auto. — Was für *eins* ?
　　〈私は自動車を買います。—どんなの〉
　　Es gibt noch Kuchen. — Was für *welchen* ?
　　〈まだケーキがあるよ。—どんなの〉

〈第5章 名詞類・冠詞類〉── 237

（c） 感嘆文を形成するのにも用いる。
　　Was für eine Überraschung！〈何という驚き〉
　　Was für ein herrliches Wetter！〈何と素晴らしい天気だ〉

【補足説明：kein と nicht】
1．kein は特定されていない名詞（肯定文の場合，不定冠詞あるいはゼロ冠詞を用いる名詞）を否定する場合に，nicht は特定されている名詞を否定する場合に用いる。
　　Er kauft kein Buch.〈彼は本を買わない〉
　　Er trinkt keinen Wein.〈彼はワインを飲まない〉
　　Er hat das Buch nicht gelesen.〈彼はその本を読まなかった〉

【注】
（a） nicht ein は否定の強調として用いる。この場合の ein は不定冠詞というよりもむしろ数詞と考えられる。
　　Er kann nicht eine Ausnahme machen.
　　〈彼は例外を1つも認めることができない〉
　　（参照：Er kann keine Ausnahme machen.）
（b） 動詞と熟語を形成する4格目的語の場合，nicht を用いる。
　　Er fährt nicht Ski.〈彼はスキーをしない〉
　　Er läuft nicht Gefahr.〈彼は危険を犯さない〉
　　Er kann nicht Auto fahren.〈彼は車の運転ができない〉
　　Der Freund hält nicht Wort.〈友人は約束を守らない〉

2．名詞の述語および機能動詞構文の4格目的語には，kein も nicht も用いる。
〔述語〕
　　Er ist kein Lehrer〔nicht Lehrer〕.〈彼は先生でない〉
　　Es ist noch kein Sommer〔nicht Sommer〕.〈まだ夏ではない〉
〔機能動詞構造〕
　　Er nahm keine Rache〔nicht Rache〕.〈彼は復讐しなかった〉
　　Er hat keine Rücksicht〔nicht Rücksicht〕genommen.
　　〈彼はいかなるしん酌もしなかった〉

◆練習問題

1. 単数形と複数形の用い方を述べ，次の文を訳しなさい。
 (1) Er ist zu Konzessionen bereit.
 (2) Das bereitet ihr Kopfschmerzen.
 (3) Wir werden keine Kosten scheuen.
 (4) Die Arbeit machte bedeutende Fortschritte.

2. （目的語に関する）自立格と前置詞格の定義を述べなさい。

3. 2格と3格の用法に気をつけながら，訳しなさい。
 (1) Der Patient ist frohen Mutes.
 (2) Man beschuldigt ihn des Mordes.
 (3) Er ist der Auszeichnung unwürdig.
 (4) Seine Besuche werden ihr allmählich lästig.
 (5) Er sieht ihr in die Augen.
 (6) Dem Taucher platzte das Trommelfell.
 (7) Der Arzt reinigt dem Patienten die Wunde.

4. 代名詞に注意して訳しなさい。
 (1) Wer die Wahrheit weiß, sage sie mir!
 (2) Er wollte schlafen, aber er hat es nicht gekonnt.
 (3) Er redete von nichts anderem als von seinen Plänen.
 (4) Er war niemandes Feind.

5. 冠詞類の定義および定冠詞類と不定冠詞類の格変化における相違点を述べ，次の文を訳しなさい。
 (1) Manche Menschen sind von Natur aus kriminell.
 (2) Welche Krankheiten haben Sie als Kind gehabt?
 (3) Es kamen Musikkenner und solche, die sich dafür hielten.

6. 次のa文とb文の相違を述べなさい。
 (a) Welche Frau möchtest du heiraten?
 (b) Was für eine Frau möchtest du heiraten?

第6章
形容詞・副詞・前置詞

第 1 課　形容詞

[§1] 用法

形容詞の用法は，付加語的，述語的，副詞類的用法の3つに分かれる。

〔付加語的〕　der *schnelle* Wagen　〈速い車〉
〔述　語　的〕　Der Wagen ist *schnell*.　〈その車は速い〉
〔副詞類的〕　Der Wagen fährt *schnell*.　〈その車は速く走る〉

【注】　形容詞には付加語的にしか用いないもの（下例1）も，述語的にしか用いないものもある（下例2）。
(1) das eigentliche Problem　〈本来的な問題〉
　　（*Das Problem ist eigentlich. とは言わない）
(2) Der Teller ist entzwei.　〈皿は割れている〉
　　（*der entzweie Teller とは言わない）

[§2] 付加語的用法

1.　定義

形容詞を名詞修飾として用いる用法を付加語的用法と呼ぶ。形容詞を付加語的に用いる場合，格語尾を付ける。

　　　ein *großer* Baum　/ der *große* Baum　　大きな木
　　　eine *große* Katze　/ die *große* Katze　　大きな猫
　　　ein *großes* Zimmer / das *große* Zimmer　大きな部屋

【注】
（a）　格語尾を付けない形容詞もある：ein beige Hemd「ベージュのシャツ」/ ein prima Kerl「すてきな奴」/ eine rosa Bluse「バラ色のブラウス」。
（b）　語幹末尾が -el の形容詞は，格語尾を付ける場合，弱アクセントのeが連続するのを避けるため，語幹のeを省く：ein dunkles Zimmer（＜dunkel）「暗い部屋」/ edle Metalle（＜edel）「貴金属」（ただし，格語尾 -en の場合は語尾のeの方を省くことが多い：im dunkeln Zimmer「暗い部屋の中で」）。また，語

〈第6章　形容詞・副詞・前置詞〉── *241*

幹末尾が -en, -er の形容詞の場合はふつう語幹の e を省く：trock(e)nes Wetter「乾燥した天気」，ein teu(e)res Auto「高い自動車」。
（c）　複数個の形容詞が付加語として並列する場合，ふつう両者が並列的な関係にあるならば，コンマを打ち，従属的な関係にあるならば，コンマを打たない：ein korpulenter, älterer Herr「太った中年の紳士」；unscheinbare weiße Blüten「目立たない白い花」。
（d）　hoch「高い」を付加語として用いる場合，c を削除する：ein hoher Turm「高い塔」。

2. 格変化

　格語尾は，冠詞類の種類・有無に応じて異なる。
　① 定冠詞類と用いる場合，男性単数1格と女性・中性単数1・4格で -e になる他は -en になる。

	〔男性〕	大きな机		〔女性〕	青い花	
1格	der	groß-e	Tisch	die	blau-e	Blume
2格	des	groß-en	Tisches	der	blau-en	Blume
3格	dem	groß-en	Tisch	der	blau-en	Blume
4格	den	groß-en	Tisch	die	blau-e	Blume

	〔中性〕	小さな家		〔複数〕	赤い屋根	
1格	das	klein-e	Haus	die	rot-en	Dächer
2格	des	klein-en	Hauses	der	rot-en	Dächer
3格	dem	klein-en	Haus	den	rot-en	Dächern
4格	das	klein-e	Haus	die	rot-en	Dächer

【注】
（a）　定冠詞類とともに用いる場合の形容詞の格変化を弱変化，その格語尾 (-en ないし -e) を弱語尾と呼ぶ。
（b）　女性・中性の4格が -e になるのは「ドイツ語の格表示は男性単数を除き，1・4格が常に同形」という一般原則の適用に基づくものである。この原則を前提にするならば，形容詞の弱変化語尾は「単数(男性・女性・中性)1格が -e，その他は -en」と覚えておけばよい。

　② 不定冠詞類と用いる場合，男性単数1格で -er，中性単数1・4格で -es になる点が定冠詞類の場合と異なり，他は定冠詞類の場合と同一になる。

	〔男性〕	彼の大きな机		〔女性〕	彼女の青いブラウス	
1格	sein	groß-er	Tisch	ihre	blau-e	Bluse
2格	seines	groß-en	Tisches	ihrer	blau-en	Bluse
3格	seinem	groß-en	Tisch	ihrer	blau-en	Bluse
4格	seinen	groß-en	Tisch	ihre	blau-e	Bluse
	〔中性〕	彼の新しい家		〔複数〕	彼女の青い目	
1格	sein	neu-es	Haus	ihre	blau-en	Augen
2格	seines	neu-en	Hauses	ihrer	blau-en	Augen
3格	seinem	neu-en	Haus	ihren	blau-en	Augen
4格	sein	neu-es	Haus	ihre	blau-en	Augen

【注】
（a） 定冠詞類の場合と不定冠詞類の場合，形容詞の格語尾が異なるのは男性1格と中性1・4格だけであるが，これは，不定冠詞類が男性1格と中性1・4格で語尾が付かないため，形容詞が格を明示的に示す強語尾（dieserと同一の語尾）を付けるためである。女性単数1・4格は，定冠詞類と用いる場合も不定冠詞類と用いる場合も，ともに -e である。

（b） 不定冠詞類の場合も「ドイツ語の格表示は男性単数を除き，1・4格が常に同形」という原則を前提にするならば，形容詞の格変化は「単数（男性・女性・中性）1格が強語尾，その他は -en」と覚えておけばよいことになる。

③ 冠詞類がない場合，強語尾（dieserと同一の語尾）を付ける。ただし，男性・中性の2格では名詞の方にすでに2格語尾 -(e)s があるため，形容詞の格語尾は -en になる。

	〔男性〕	大いなる空腹		〔女性〕	短い休息
1格	groß-er	Hunger		kurz-e	Ruhe
2格	groß-en	Hungers		kurz-er	Ruhe
3格	groß-em	Hunger		kurz-er	Ruhe
4格	groß-en	Hunger		kurz-e	Ruhe
	〔中性〕	冷たいビール		〔複数〕	青い目
1格	kalt-es	Bier		blau-e	Augen
2格	kalt-en	Biers		blau-er	Augen
3格	kalt-em	Bier		blau-en	Augen
4格	kalt-es	Bier		blau-e	Augen

〈第6章　形容詞・副詞・前置詞〉——— *243*

【注】
（a）　冠詞類がない③のような場合，および②の男性1格と中性1・4格のように，冠詞類に格語尾が付いていない場合，形容詞は格表示に関して積極的な強語尾（dieser と同一の語尾）を付ける。他方，①および男性1格と中性1・4格を除く②に見られるように，冠詞類が格を明示する場合，形容詞は格表示に関して消極的な弱語尾（-en ないし -e）を付ける。このように，ドイツ語の格表示は，どこか一か所で格が明示的になればよいという言語経済性に基づき，冠詞類と形容詞の，一部名詞も含めた相互的な組み合わせによって「相補的に」行っている。
〔単数1格〕　　d*er* rote Wein　—　rot*er* Wein
　　　　　　　dies*er* gute Freund　—　ein gut*er* Freund
（b）　複数の形容詞を並列的に用いる場合，2番目以下の形容詞が弱語尾になることがある。
　　　Ich suche ein Zimmer mit fließendem kalt*en* und warm*en* Wasser.
　　　〈私は冷水と温水が出る部屋を探している〉
（c）　冠詞類を伴わない形容詞を人称代名詞と同格的に用いる場合，弱語尾になることがある。
　　　Wir Deutsch*en*〔Deutsche〕　　〈私たちドイツ人〉
　　　Ihr fleißig*en*〔fleißige〕Schüler　〈君たち熱心な生徒〉

[§3] 述語的用法

　形容詞を主語や目的語に対する述語として用いる用法を述語的用法と呼ぶ。

1.　主語述語
　　Er war *froh*.　〈彼は陽気だった〉
　　Er sieht *ärgerlich* aus.　〈彼は怒っているように見える〉
　　Er kam *krank* nach Hause.　〈彼は病気になって帰宅した〉

2.　目的語述語
　①　主語の判断対象になる目的語の様態を表す。
　　Er findet dein Verhalten *unklug*.
　　〈彼は君の態度を思慮がないと思っている〉

Er hält den Schüler für *faul*.
〈彼はその生徒を怠け者だとみなす〉

② 動詞の行為によって生じる目的語の結果的状態を表す。
Er schleift das Messer *scharf*. 〈彼はナイフを研いで鋭利にする〉
Der Fuchs biss den Hasen *tot*. 〈狐はウサギを嚙み殺した〉
Sie hat ihr Kind *wach* geküsst.
〈彼女は子供にキスをして目覚めさせた〉

③ 動詞の行為が目的語に及ぶ際の目的語の状態を表す。
Er isst das Fleisch *roh*. 〈彼は肉を生で食べる〉
Er hat das Auto *alt* gekauft. 〈彼はその自動車を中古で買った〉

[§4] 副詞類的用法

形容詞を動詞の行為，状態などの限定に用いる用法を副詞類的用法と呼ぶ。補足成分としても，添加成分としても用いる。

〔補足成分〕Er verhält sich *tadellos*.
〈彼の態度は非の打ちどころがない〉
Er ist sehr *eigenmächtig* verfahren.
〈彼は非常に独断的な措置をとった〉
〔添加成分〕Er gebraucht das Wort *vorsichtig*.
〈彼は言葉を用心深く使う〉
Er ist *hastig* aus dem Zimmer gelaufen.
〈彼は急いで部屋から走り出た〉

【注】
（a） 形容詞の多くは，同じ形で述語としても副詞類としても用いる。これは，英語の形容詞と比べた場合の1つの特徴である。
　　　Er arbeitet fleißig. 〈彼は勤勉に働く〉
　　　Er ist fleißig. 〈彼は勤勉だ〉
　　　Er fährt sehr vorsichtig. 〈彼は非常に注意深い運転をする〉
　　　Er ist immer vorsichtig. 〈彼はいつも注意深い〉
（b） 形容詞の一部は完全に副詞化した意味用法を合わせ持っている。
　　　Das ist *einfach* unmöglich. 〈それはとにかく不可能だ〉
　　　Das ist wirklich *hoch* interessant. 〈それは本当にきわめて興味深い〉

[§5] 形容詞の名詞的用法

　形容詞は，名詞を省略し，代わりに語頭を大文字で書き，「…の人」「…のもの」のような意味で用いることがある。この用法を形容詞の名詞的用法と呼ぶ。格変化は名詞を伴った場合と同一の語尾を付ける。

　① 男性・女性・複数の変化形は主に「人」を表す。

		病人（男性）	病人（女性）
単数	1格	ein Kranker／der Kranke	eine〔die〕Kranke
	2格	eines〔des〕Kranken	einer〔der〕Kranken
	3格	einem〔dem〕Kranken	einer〔der〕Kranken
	4格	einen〔den〕Kranken	eine〔die〕Kranke
複数	1格	Kranke ／die Kranken	
	2格	Kranker／der Kranken	
	3格	Kranken／den Kranken	
	4格	Kranke ／die Kranken	

　Die *Kranke* braucht viel Ruhe.
　〈この病人（女性）は大いに休養が必要だ〉
　Der Arzt besucht den *Kranken* jeden Tag.
　〈その医者はその病人（男性）を毎日往診する〉

　② 中性の変化形は「事物」を表す。定冠詞類あるいはゼロ冠詞と結び付けて用いる。複数形はない。

1格	das	Alte	Altes	古いもの〔こと〕
2格	des	Alten	――	
3格	dem	Alten	Altem	
4格	das	Alte	Altes	

　Er sieht nur das *Positive*. 〈彼は良いところだけを見る〉
　Man muss den Armen *Gutes* tun.
　〈貧しい人には親切にしなければならない〉
　Solch *Schönes* hatten sie selten erlebt.
　〈そのように美しいことは彼らは滅多に経験したことがなかった〉

【注】
(a) 現在分詞,過去分詞も派生形容詞として名詞的に用いることができる：
der/die Verwandte「親戚」, der/die Vorsitzende「議長」。
(b) 形容詞の名詞的用法とは別に, 形容詞を含む名詞句は, 名詞を単に省略して用いることもできる。
　　Da ist eine blaue〔eine blaue Bluse/Mütze/...〕.
　　〈あそこに青いの〔青いブラウス/帽子/…〕がある〉
特に, 述語を分類的意味合いで他と対立させる場合に用いる。
　　Die heutige Lage ist eine kritische. 〈今日の状況は危機的なものだ〉
　　Sein Beruf ist ein sehr gefährlicher. 〈彼の職業は非常に危険なものだ〉
(c) 中性の変化形は不定代名詞 etwas, nichts などと同格的に用いる。
　　Er erlebte etwas Merkwürdiges. 〈彼は奇妙なことを経験した〉
　　Er weiß auch nichts Genaues. 〈彼も詳しいことは知らない〉
(d) 熟語的にも用いる。
　　Wir fahren ins Grüne. 〈私たちは郊外の森へドライブに行く〉

[§6] 格・前置詞を支配する形容詞

　一部の形容詞は, 動詞と同じように, 特定の自立格や前置詞と結びつく。これを形容詞の格・前置詞支配と呼ぶ。
　① 自立格を支配する形容詞
　　Er war sich des Erfolgs *sicher*. 〈彼は成功を確信していた〉
　　Er ist schwere Arbeit *gewohnt*. 〈彼は重労働に慣れている〉
　　Er ist seinem Vater sehr *ähnlich*. 〈彼は父親によく似ている〉

【注】 形容詞の場合, 3格支配の事例がもっとも多く, 4格支配や2格支配の事例はわずかである。2格支配の事例は, 文体的に書き言葉である。

　② 前置詞を支配する形容詞
　　Er ist sehr *stolz* auf seinen Erfolg.
　　〈彼はその成果を非常に誇りに思っている〉
　　Er war selbst *schuld* an seinem Unglück.
　　〈この事故の責任は彼自身にあった〉
　　Sie ist mit dem neuen Staubsauger *zufrieden*.
　　〈彼女は新しい掃除機に満足している〉

第2課　副詞

[§1] 下位分類

1. 定義

　副詞は，主に副詞類（第1章第2課§7を参照）として用いる，格変化をしない語群である。

【注】　副詞類としても用いる形容詞と区別する必要がある。
　〔副　詞〕　Er arbeitet dort.　〈彼はそこで働いている〉
　〔形容詞〕　Er arbeitet fleißig.　〈彼は熱心に働く〉

2. 副詞の種類

　主な副詞は，次のように下位分類できる。
　① 空間
　　hier ここに　dort あそこに　rechts 右に　links 左に　oben 上に
　　unten 下に　hierher こちらへ　dorthin そこへ
　② 時間
　　jetzt 今　bald 間もなく　damals 当時　lange 長い間
　　noch まだ　immer いつも　oft しばしば　manchmal 時々
　　selten まれに
　③ 様態
　　allein 一人で　anders 別の仕方で　so そのように　zusammen
　　一緒に　gern 喜んで　umsonst ただで　vergebens 無駄に
　④ 程度
　　etwas 少し　fast ほとんど　ganz 全く　genug 十分に　kaum
　　ほとんど…ない　meistens 大抵　sehr 非常に　ziemlich かなり
　⑤ 判断
　　allerdings 確かに　anscheinend 見たところ…らしい　hoffentlich …であるといいが　leider 残念ながら　selbstverständlich もちろん　wohl 多分　vielleicht ひょっとしたら

⑥ 接続
dagegen それに対して　daher〔deshalb〕 それ故に　dann それから　ferner さらに　folglich その結果　seitdem それ以来　sonst そうでなければ　trotzdem それにもかかわらず

【注】
（a） ⑤の判断を表す副詞は，話者の推量を表すものと話者の価値判断を表すものとに分類することができる。
〔推　　量〕　Er wird *wahrscheinlich* verreisen.
　　　　　　〈彼は多分旅に出るでしょう〉
　　　　　　Vielleicht habe ich mich geirrt.
　　　　　　〈ひょっとしたら私の思い違いかも知れません〉
〔価値判断〕　Ich kann *leider* nicht kommen.
　　　　　　〈私は残念ながら行くことができません〉
　　　　　　Ich bin *dummerweise* weggelaufen, statt zu bleiben.
　　　　　　〈私は愚かなことに留まらずに逃げ去ってしまった〉
（b） 一部の副詞は独立的な意味内容を持たず，発話に対する話者の感情的関心のみを表す。
　　　Der ist *aber* groß！〈やつは大きいね〉
　　　Pass *doch* auf！〈気をつけて〉
　　　Was ist *denn* los？〈一体どうしたんだ〉
　　　Das habe ich *ja* gewusst.〈そんなことは私は知っていたよ〉

[§2] 特殊な副詞

1. 疑問副詞
　未知の要素を問い合せるのに用いる副詞を疑問副詞と呼ぶ。疑問副詞は文頭に置き（口語では文中にも置く），また，間接疑問文（第7章第1課§4の2.の②を参照）を作る。主な疑問副詞として次のようなものがある。

● **wann** いつ
　　　Wann ist sie geboren？〈彼女はいつ生まれたのか〉
　　　Seit *wann* wohnt er hier？〈いつから彼はここに住んでいるの〉
　　　Ich weiß nicht, *wann* er kommt.
　　　〈私は彼がいつ来るのか分からない〉

● **wo** どこに，どこで
　Wo kann ich meinen Wagen parken ?
　〈車はどこに駐車できますか〉
　Ich weiß nicht, *wo* er gewesen ist.
　〈私は彼がどこにいたのか知らない〉

● **woher** どこから，**wohin** どこへ
　Woher kommt das Geräusch ?
　〈その物音はどこから来るのですか〉
　Wohin soll ich mich setzen ?　〈どこへ座ったらいいのですか〉

【注】　Wo geht er *hin* ?「彼はどこへ行くの」，Wo kommst du *her* ?「君はどこから来たの」というように wo と hin／her が分離することがある。

● **warum／wieso** なぜ，どうして
　Warum〔*Wieso*〕bist du nicht gekommen ?
　〈君はなぜ来なかったのだ〉
　Ich weiß nicht, *warum*〔*wieso*〕sie nachgegeben hat.
　〈私にはなぜ彼女が譲歩したのか分からない〉

● **wie** どんな；どのように
　Wie war das Wetter ?　〈天気はどうでした〉
　Wie komme ich zum Bahnhof ?
　〈駅にはどうやって行くのですか〉

【注】
（a）程度を表す場合，形容詞を伴う：Wie *alt* ist sie ?「彼女は何歳ですか」。
（b）従来の正書法で一語で書いていた wieviel「どのくらい」は，新正書法では wie viel と2語で書く：*Wie viele* Kinder haben Sie ?「あなたは何人のお子さんをお持ちですか」。

2．代名副詞

　前置詞と da-（ただし，母音で始まる前置詞の場合は dar-）が結合した形を代名副詞と呼ぶ。代名副詞は，意味的には前置詞と事物を表す人称代名詞の結びついたものである。第5章第5課§2の3．も参照。

Er holt sich Werkzeug und repariert *damit* die Maschine.
〈彼は工具を持って来て，それで機械を修理する〉
(damit＝mit dem Werkzeug)
Am Fenster steht eine Stehlampe, *davor* ein Sessel.
〈窓の側にスタンドがあり，その前に安楽椅子がある〉
(davor＝vor der Stehlampe)

事柄を受けて用いることもある（相関詞としての用法については第4章第1課§9を参照）。
Er trinkt Kaffee, *danach* geht er spazieren.
〈彼はコーヒーを飲み，その後で散歩に行く〉
(da-＝Kaffee trinken)
Ich habe das Medikament genommen und bin *dadurch* wieder gesund geworden.
〈私はその薬を服用し，それによって再び健康になった〉
(da-＝das Medikament nehmen)

【注】
（a） 代名副詞には次のような形態がある。

dabei	dadurch	dafür	dagegen	dahinter	damit
danach	daneben	daran	darauf	daraus	darein
darin	darüber	darum	darunter	davon	davor
dazu	dazwischen				

（b） 指示的意味を持つ場合，da(r)- の部分にアクセントを置く。
Damit [dá:mɪt] hatte er nicht gerechnet.
〈そんなことは彼は考えに入れていなかった〉

3．疑問代名副詞
前置詞と疑問代名詞 was の結合したものを疑問代名副詞と呼ぶ。第3課§5の2.を参照。
Woran denkst du ? 〈君は何のことを考えているの〉
Worin besteht der Vorteil ? 〈どの点にメリットがあるのか〉
Wofür brauchst du das Geld ?
〈君は何のためにその金が必要なんだ〉

Worüber habt ihr gesprochen ?
〈君たちは何について話していたのか〉
Womit soll ich die Fenster putzen ?
〈何を使って窓を磨けばよいのですか〉
Wovon hast du das Schild entfernt ?
〈君はそのプレートを何から取り外したのか〉

【注】 位置関係をはっきりさせる必要がない場合には wo などの本来的な副詞を用いる。
　　Woran hängt das Bild ?　〈絵はどの上に掛かっていますか〉
　　Wo hängt das Bild ?　〈絵はどこに掛かっていますか〉

[§3] 用法

　副詞は主に副詞類として用いるが，さらに述語，付加語，程度の限定，名詞句の限定としても用いる。
　① 　副詞類
　　Das Auto hupte *mehrmals*.
　　〈自動車は何度もクラクションを鳴らした〉
　　Ich werde *nie* meine Zustimmung geben.
　　〈私は決して同意しないでしょう〉
　　Sie ist *immer* höflich und zurückhaltend.
　　〈彼女はいつも礼儀正しく控え目だ〉
　　Er hat schon *lange* nichts mehr von sich hören lassen.
　　〈彼からはもう長い間音信がない〉

　② 　述語
　　Der Student ist *dort*.　〈その学生はそこにいる〉
　　Der Sommer ist *vorüber*.　〈夏は過ぎ去った〉
　　Alle Mühe war *umsonst*.　〈努力はすべて無駄だった〉
　　Ich weiß nicht, ob sie *da* ist.
　　〈私は彼女がそこにいるかどうか知らない〉
　　Als ich hinkam, war er schon *weg*.
　　〈私が着いた時，彼はもう立ち去っていた〉

③　付加語
　　Der Mann *da* ist Ottos Vater.
　　〈そこの男性はオットーの父親だ〉
　　Das Leben *dort* ist eine Hölle.
　　〈そこでの暮らしは地獄だ〉
　　Können Sie mir den Weg *dorthin* zeigen？
　　〈そこへ行く道を教えてくれますか〉

④　程度の限定
　　Er ist *sehr* reich.　〈彼は非常に金持ちだ〉
　　Es ist *ziemlich* kalt.　〈かなり寒い〉
　　Das ist aber eine *recht* kühne Hypothese.
　　〈それは実に大胆な仮定だ〉
　　Sein Haus ist *viel* kleiner als deines.
　　〈彼の家は君のよりずっと小さい〉

⑤　名詞句の限定
　　Auch er war still.　〈彼も静かだった〉
　　Es war *nur* ein Traum.　〈それは夢でしかなかった〉
　　Eben das wollte ich sagen.
　　〈ちょうどそのことが言いたかったのだ〉
　　Sogar an Wochentagen findet man dort einen Parkplatz.
　　〈週日でさえそこは駐車する場所が見つかる〉

⑥　文全体の修飾
　　Sie gehen *besser* zu Fuß.　〈あなたは歩いて行った方がいい〉
　　Hoffentlich ist er nicht krank.
　　〈彼が病気でなければよいのだが〉
　　Sie wartete *vergebens* auf seine Rückkehr.
　　〈彼女はむなしく彼の帰りを待っていた〉
　　Glücklicherweise hat er die Prüfung bestanden.
　　〈幸いにも彼は試験に合格した〉

【注】　前置詞句の強めとして添えられる副詞もある。
　　　von Köln *ab*　〈ケルンから〉

〈第6章　形容詞・副詞・前置詞〉—— 253

  von jetzt *an* 〈今から〉
  von diesem Standpunkt *aus* 〈この観点から〉
  Um das Haus *herum* stehen Bäume.
  〈家のまわりには木が立っている〉
  Ich habe das Gerät auf seinen Rat *hin* gekauft.
  〈私はその器械を彼の助言に従って買った〉
  Über seinen Lohn *hinaus* zahlte man ihm 300 Euro.
  〈給料の他に彼には 300 ユーロ支払われた〉

[§4] 副詞と前置詞

 場所と時間を表す副詞は前置詞と結び付けても用いる。
  Die Zeitung ist von *gestern*. 〈その新聞は昨日のだ〉
  Sie sah ihn von *oben* bis *unten* an.
  〈彼女は彼を上から下までじろっと見た〉

[§5] 副詞と前置詞句

 一般的な場所を表す副詞が具体的な場所を表す前置詞句を伴うことがある。
  Oben im Baum hämmert ein Specht.
  〈木の上の方でキツツキがコツコツつついている〉
  Oben auf der Höhe steht eine Kirche.
  〈上の丘に教会が立っている〉
  Dort an der Bude bekommst du heiße Würstchen.
  〈そこの屋台で熱いソーセージがもらえるよ〉

 副詞が前置詞句の表す場所をより詳しく規定する場合もある。
  Die Sonne steht schon *hoch* am Himmel.
  〈太陽はすでに空高く昇っている〉
  Der Schlüssel lag ganz *hinten* im Schubfach.
  〈鍵は引き出しのずっと奥にあった〉

【注】　比較変化に関しては第 7 章第 4 課を参照。

第/3/課　前置詞

[§1] 格支配と位置

1. 格支配

　名詞が文中で「が，の，に，を」以外の関係，たとえば「…から，…へ，…と」などの関係を表す場合，前置詞を用いる。前置詞は，後続の名詞に一定の格（2格か3格か4格か）を要求する。これを前置詞の格支配と呼ぶ。

〔4格〕　Sie hat einen Sinn *für* das Schöne.
　　　　〈彼女は美的センスがある〉
〔3格〕　Er holt Kohlen *aus* dem Keller.
　　　　〈彼は地下室から石炭を持って来る〉
〔2格〕　Das liegt *außerhalb* seines Fachgebietes.
　　　　〈それは彼の専門領域外のことだ〉

2. 位置

　前置詞は原則的に名詞句の前に置くが，一部の前置詞は名詞句の後ろにも置く。

　　Die Schule steht *gegenüber* der Kirche〔der Kirche *gegenüber*〕.
　　〈学校は教会の向いにある〉

【注】
（a）前置詞は副詞と結合することがある。
　　Gehen Sie bitte *nach* rechts.
　　〈どうぞ右に行ってください〉
　　Ihr Mann stammt nicht *von* hier.
　　〈彼女のご主人はここの出ではない〉
　　Ich habe die Zeitung *von* vorn *bis* hinten gelesen.
　　〈私は新聞を最初から最後まで読んだ〉
（b）名詞と前置詞を熟語的に結合させたものを前置詞的に用いることが

ある：in Bezug auf et[4]「…に関して」, im Gegensatz zu et[3]「…と異なった」, mit Rücksicht auf et[4]「…を考慮して」。

[§2] 格支配に基づく下位分類

1．種類

　2格の名詞と結び付く前置詞を2格支配の前置詞，3格の名詞と結び付く前置詞を3格支配の前置詞，4格の名詞と結び付く前置詞を4格支配の前置詞と呼ぶ。個々の用法については第2課を参照。

〔4格支配の主な前置詞〕

bis	durch	entlang	für
gegen	ohne	um	

〔3格支配の主な前置詞〕

ab	aus	außer	bei
gegenüber	mit	nach	seit
von	zu		

〔2格支配の主な前置詞〕

anstatt	aufgrund	außerhalb	bezüglich
diesseits	innerhalb	jenseits	oberhalb
statt	trotz	unterhalb	während
wegen			

2．3・4格支配の前置詞

　前置詞は原則的に1つの格を支配するが，次の9つの前置詞は，用法によって3格を支配したり，4格を支配したりする。これらは an, auf, hinter, in, neben, über, unter, vor, zwischen であるが，どのような場合に3格ないし4格を支配するかは規則的に決まっている。すなわち，動作の行われる（あるいはある状態が続いている）位置「どこそこで」を表すときには3格を支配し，動作によって人やものが移動して行く方向「どこそこへ」を表すときには4格を支配する。このような前置詞を3・4格支配の前置詞と呼ぶ。

〔4格支配〕

　　　Er fährt *in die* Stadt.

〈彼は町に行く〉
Er legt ein Buch *auf den* Tisch.
〈彼は本を机の上に置く〉
〔3格支配〕
Er arbeitet *in der* Stadt.
〈彼は町で働いている〉
Das Buch liegt *auf dem* Tisch.
〈その本は机の上にある〉

【注】
(a) 抽象的な意味用法の場合も，上記の原則は有効であるが，詳細は個々の前置詞の用法を見ること。
(b) 出現・消滅を表す動詞と3・4格支配の前置詞を用いる場合，日本語の感覚では方向と考えられるが，ドイツ語では3格を支配する。

Wir sind auf *dem* Marktplatz angekommen.
〈私たちは中央広場に到着した〉
Der Regisseur ist auf *der* Bühne erschienen.
〈演出家は舞台に現れた〉
Das Raumschiff ist auf *dem* Mond weich gelandet.
〈宇宙船は月に軟着陸した〉
Der Verbrecher ist in *der* Menschenmenge untergetaucht.
〈犯人は人込みのなかに姿を消した〉
Die Teilnehmer versammelten sich auf *dem* Platz.
〈参加者は広場に集まった〉
Die Sonne verschwindet hinter *den* Wolken.
〈太陽は雲の後ろに消える〉

[§3] 前置詞と定冠詞の融合形

名詞の表す人や事物を「その…」と，特に強く指示することのない定冠詞は，前置詞と融合し，次のような形になる。

am	＜an dem	ans	＜an das	aufs	＜auf das
beim	＜bei dem	fürs	＜für das	im	＜in dem
ins	＜in das	überm	＜über dem	ums	＜um das
vom	＜von dem	zum	＜zu dem	zur	＜zu der

Sie sitzen gemütlich *am* Kamin.
〈彼らはくつろいだ気分で暖炉の側に座っている〉
Er geht allein *ins* Kino.
〈彼は一人で映画に行く〉
Ich muss *zum* Zahnarzt gehen.
〈私は歯医者に行かなければならない〉

【注】 指示性を持つ定冠詞は融合しない。
Gerade an *dem* Tag war er nicht zu Hause.
〈ちょうどその日に彼は家にいなかった〉

[§4] 動詞・形容詞・名詞の前置詞支配

1.　動詞の前置詞支配

　前置詞には，独立した意味を持たず，前置詞の使用が動詞によって決まる用法がある。動詞が特定の前置詞と結びつくこと（要求すること）を動詞の前置詞支配と呼ぶ。また，このような前置詞句を前置詞格目的語と呼ぶ。第5章第4課§4を参照。

Er denkt *an* die Mutter.
〈彼は母親のことを思う〉
Das beruht *auf* einem Irrtum.
〈それは思い違いに基づいている〉
Sie hat mich *um* mein ganzes Geld gebracht.
〈彼女は私の有り金をすべて奪った〉
Wasser besteht *aus* Sauerstoff und Wasserstoff.
〈水は酸素と水素から成っている〉
Er hat sich hoffnungslos *in* das Mädchen verliebt.
〈彼はすっかりその女の子に惚れてしまった〉
Ich kann mich nicht *mit* solchen Kleinigkeiten beschäftigen.
〈私はそのようなささいなことにかかずりあってはいられない〉

【注】 このような用法の場合でも動詞は複数の前置詞格と結合することがあるが，その場合，前置詞格によって意味が変わるため，注意が必要である。
Wir freuen uns *auf* deinen Besuch.
〈私たちは君の訪問を楽しみにしている〉

Sie hat sich *über* sein Geschenk sehr gefreut.
〈彼女は彼の贈り物を非常に喜んだ〉

2. 形容詞の前置詞支配

形容詞にも，前置詞を支配するものがある。

Er ist stolz *auf* diese Ergebnisse.
〈彼はこの結果を誇りに思っている〉
Er war selbst schuld *an* seinem Unglück.
〈事故の責任は彼自身にあった〉
Sie ist *mit* dem neuen Staubsauger sehr zufrieden.
〈彼女は新しい掃除機に非常に満足している〉

3. 名詞の前置詞支配

名詞，特に動詞および形容詞からの派生名詞の場合，派生元の動詞および形容詞に準じた前置詞を支配することが多い。

Die Teilnahme *an* dieser Reise ist freiwillig.
〈この旅行への参加は任意である〉
Sein Stolz *auf* diese Ergebnisse ist berechtigt.
〈この結果を彼が誇るのはもっともである〉
Er zeigte starkes Interesse *für* unsere Forschung.
〈彼は私たちの研究に強い関心を示した〉

[§5] 前置詞と人称代名詞・疑問代名詞の結合形

1. 代名副詞

事物を表す人称代名詞を前置詞とともに用いる場合，da-＋前置詞（母音で始まる前置詞の場合は dar-＋前置詞）という結合形式を用いる。この形式を代名副詞と呼ぶ。第5章第5課§2の3.も参照。

Am Fenster steht eine Stehlampe, *daneben* ein Fernseher.
〈窓の側にスタンドがあり，その横にテレビがある〉

2. 疑問代名副詞

事物を表す疑問代名詞 was を前置詞とともに用いる場合，wo-＋前置

〈第6章 形容詞・副詞・前置詞〉—— *259*

詞（母音で始まる前置詞の場合は wor-＋前置詞）という結合形式を用いる。この形式を疑問代名副詞と呼ぶ。第2課§2の3.を参照。
 Wovon sprichst du ?
 〈何のことを君は話しているの〉
 Wozu brauchst du das ?
 〈何のために君はそれが必要なの〉

[§6] 前置詞句の統語的機能

 前置詞句は，次のような統語的機能を持つ。

1. 目的語
 Er interessiert sich *für ein Auto*.
 〈彼は自動車に興味を持っている〉
 Ich fürchte mich *vor der Prüfung*.
 〈私は試験が怖い〉
 Er ist stolz *auf den Erfolg*.
 〈彼はその成功を誇りに思っている〉
 Er ist verärgert *über den Unfall*.
 〈彼はその事故のことで腹を立てている〉

2. 述語
 Die Bank ist *aus Holz*.
 〈そのベンチは木製だ〉
 Er ist *von niedriger Herkunft*.
 〈彼は下層階級の生まれだ〉
 Er ist durch den Unfall *zum Krüppel* geworden.
 〈彼は事故で身体障害者になった〉

3. 目的語述語
 Er trinkt Kaffee *ohne Zucker und Milch*.
 〈彼は砂糖とミルクを入れずにコーヒを飲む〉

Wir halten seine Worte *für einen wesentlichen Beitrag*.
　　〈私たちは彼の言葉を大変な寄与だとみなす〉

4．　副詞類
〔補足成分〕
　　Der Schriftsteller wohnt *in Berlin*.
　　〈その作家はベルリンに住んでいる〉
　　Er legt das Buch *auf den Tisch*.
　　〈彼は本を机の上に置く〉
〔添加成分〕
　　Er trinkt heiße Milch *mit Honig*.
　　〈彼は蜂蜜を入れて熱いミルクを飲む〉
　　Er arbeitet *vom Morgen bis zum Abend*.
　　〈彼は朝から夕方まで働く〉

5．　付加語
　　Das ist ein Ereignis *von historischer Bedeutung*.
　　〈それは歴史的な意味を持つ出来事である〉
　　Gute Noten sind nicht unbedingt ein Zeichen *von Intelligenz*.
　　〈よい成績はかならずしも知能の指標にはならない〉
　　Die Straße *zum Bahnhof hin* war gesperrt.
　　〈駅への道は封鎖されていた〉
　　Lauf mal zum Kiosk *an der Ecke* und hol Zigaretten!
　　〈角のキオスクまでちょっと行って，タバコを買って来てくれ〉
　　Er liest die Zeitung *von gestern*.
　　〈彼は昨日の新聞を読む〉

◆主な前置詞の用法

【4格支配の主な前置詞】

bis

(時間・空間)…まで(☆名詞は無冠詞):
Ich warte *bis* zwei Uhr. 〈私は2時まで待つ〉
Der Zug fährt *bis* Berlin. 〈汽車はベルリンまで行く〉

【注】 他の前置詞句に付けることもある。
Er arbeitet *bis* zum Abend. 〈彼は夕方まで働く〉
Er begleitet sie *bis* zum Bahnhof.
〈彼は彼女を駅まで送って行く〉

durch

① (空間)…を通って:
Der Weg führt *durch* die Wiesen hin.
〈道が草地を横切ってずっと通じている〉
② (仲介者)…を通して:
Ich habe es *durch* meinen Freund erfahren.
〈私はそれを友人を通して聞き知った〉
③ (手段)…によって:
Er öffnet einen Kasten *durch* Drücken des Knopfes.
〈彼はケースをボタンを押して開ける〉

【注】 受動文と名詞句では動作主を表すためにも用いる。
die Entdeckung Amerikas *durch* Kolumbus.
〈コロンブスによるアメリカの発見〉
Die Stadt wurde *durch* ein Erdbeben zerstört.
〈町は地震で破壊された〉

entlang

(空間)…沿いに:
Er lief immer den Bach *entlang*. 〈彼は小川に沿って走り続けた〉

【注】 ふつう後置されるが,前置され,3格を支配することもある。
Entlang dem Ufer standen große Bäume.
〈岸沿いに大きな木が立っていた〉

◆主な前置詞の用法

für

① (目標・目的) …のために：
Er arbeitet *für* die Familie.
〈彼は家族のために働く〉
② (代理・交換) …の代わりに：
Für das beschädigte Teil muss ein neues eingebaut werden.
〈破損した部品の代わりに新しいのを取り付けねばならない〉
③ (基準) …にとって：
Der Koffer ist *für* das Kind zu schwer.
〈そのトランクは子供には重過ぎる〉
④ (賛成)
Ich bin *für* diese Maßnahme.
〈私はこの措置に賛成だ〉
⑤ (対象) …に対して：
Bier ist gut *für* den Durst.
〈ビールは喉の渇きにいい〉

gegen

① (対立) …に反対して：
Sie heiratete ihn *gegen* den Willen ihrer Eltern.
〈彼女は両親の意志に反して彼と結婚した〉
② (時間) …頃
Der Zug kommt *gegen* 6 Uhr an.
〈列車は6時ごろに到着する〉

ohne

(欠如) …なしで (☆名詞はしばしばゼロ冠詞で用いる)：
Er kam *ohne* seine Frau. 〈彼は奥さんを伴わずに来た〉
Ohne Löffel kann ich die Suppe nicht essen.
〈スプーンなしでは私はそのスープが飲めない〉

【注】 zu 不定詞句とも結び付く。
Sie ging davon, ohne *zu grüßen*.
〈彼女は挨拶をしないで立ち去った〉

〈第6章　形容詞・副詞・前置詞〉──— *263*

um
①（空間）…の周りを〔に〕（☆herum を伴うことがある）：
Man baut eine hohe Mauer *um* ein Haus.
〈家の周りに高い塀を築く〉
②（時間）…(時)に：
Wir treffen uns *um* drei Uhr. 〈私たちは3時に会う〉
【注】 しばしば herum を伴いおおよその時期も表す。
　　um Weihnachten（herum） 〈クリスマスの頃に〉

【3格支配の主な前置詞】

ab
（出発地点）…から（☆名詞は多くゼロ冠詞で，4格を支配することもある）：
Jugendliche *ab* 18 Jahren〔Jahre〕　〈18歳以上の若者〉

aus
①（方向）…の中から：
Er kommt *aus* dem Haus. 〈彼は家の中から出て来る〉
②（出身）…出身の：
Sie ist *aus* guter Familie. 〈彼女は良家の出だ〉
③（材料）…製の：
Die Bank ist *aus* Holz. 〈そのベンチは木製だ〉
④（原因）…から：
Aus Heimweh ging er wieder nach Japan zurück.
〈ホームシックにかられ彼は日本に戻った〉

außer
（除外）…を除いて，以外には：
Alle meine Freunde *außer* ihm haben mir geholfen.
〈彼を除いて私の友人全員が私を助けてくれた〉

bei
①（位置）…の近くで，…のところで：

◆**主な前置詞の用法**

Sein Haus stand *bei* einem Springbrunnen.
〈彼の家は噴水のそばにあった〉
Sie wohnt *bei* ihrem Onkel.
〈彼女は叔父さんの所に住んでいる〉
② (時間) …の際に：
Das Kind hat *beim* Essen gekleckert.
〈子供は食事の際にしみをつくってしまった〉

gegenüber
(位置) …に向いあって(☆後置することもある。なお，代名詞の場合は必ず後置する)：
Die Bank liegt *gegenüber* dem Park〔dem Park *gegenüber*〕.
〈銀行は公園の向かいにある〉
Er hat ihr *gegenüber* Hemmungen.
〈彼は彼女の前に出ると気後れがする〉

mit
① (仲間・連れ) …と一緒に：
Er wohnt jetzt zusammen *mit* einem Deutschen.
〈彼はいまドイツ人と一緒に住んでいる〉
② (相手) …を相手に：
Er ist *mit* ihr verlobt. 〈彼は彼女と婚約している〉
③ (道具) …を使って：
Er zieht *mit* dem Lineal eine Linie. 〈彼は定規で線を引く〉
④ (具備) …付きの (☆名詞はしばしばゼロ冠詞で用いる)：
ein Haus *mit* Garage 〈ガレージ付きの家〉
ein Mann *mit* Brille 〈眼鏡をかけた男〉

nach
① (方向) …の方へ：
Er reist *nach* Deutschland. 〈彼はドイツへ旅行する〉
【注】 冠詞の付く地名の場合は in を用いる。
Er reist *in* die Schweiz. 〈彼はスイスへ旅行する〉
② (時間) …の後に：

Nach dem Abendessen legt er sich eine Weile hin.
〈夕食後に彼は少しの間横になる〉
④（基準）…に基づいて（☆格が明示的な場合，後置することもある）：
Seiner Aussprache *nach* ist er Engländer.
〈発音から判断するならば彼はイギリス人だ〉

seit
①（過去の時点）…から：
Sie komponiert *seit* ihrer Kindheit.
〈彼女は子供の時から作曲をしている〉
②（期間）…前から：
Ich habe *seit* Jahren nichts mehr von ihr gehört.
〈私は数年来彼女の消息を何も聞いていない〉

von
①（出発点）…から：
Der Zug kommt *von* Berlin.
〈汽車はベルリンから来る〉
②（開始時点）…から：
Das Geschäft ist *von* Montag bis Freitag geöffnet.
〈店は月曜日から金曜日まで開いている〉
③（話題の対象）…に関して：
Wir haben gerade *von* ihr gesprochen.
〈私たちはちょうど彼女について話をしていた〉
④（所属）…の：
Wir haben gestern ein Drama *von* Schiller gelesen.
〈私たちは昨日シラーの戯曲を読んだ〉
⑤（属性）…を備えた：
Der Wein ist *von* bester Qualität.
〈このワインは最上級のものだ〉
【注】 受動文では能動文における行為者を表す。
　　Er wurde *von* einem Auto angefahren. 〈彼は自動車に追突された〉

◆主な前置詞の用法

zu

① (方向) …へ：
Er ist *zum* Arzt gegangen. 〈彼は医者のところに行った〉
【注】 地名の場合には *nach* を用いる。
Er fährt *nach* Bonn. 〈彼はボンに行く〉
② (対象) …に対して：
die Liebe der Mutter *zum* Kind 〈子供への母親の愛〉
③ (結果) …に：
Das Wasser ist *zu* Eis geworden. 〈水は氷になった〉
Er ist *zum* Vorsitzenden gewählt worden.
〈彼は議長に選ばれた〉
④ (比例) …対…：
Die Mannschaft hat drei *zu* zwei gewonnen.
〈チームは3対2で勝った〉

【2格支配の前置詞】

anstatt

(代理) …の代わりに：
Er nahm sie *anstatt* seiner Frau mit.
〈彼は奥さんの代わりに彼女を連れて行った〉

außerhalb

(空間・時間・範囲) …の外に：
Er wohnt *außerhalb* der Stadt. 〈彼は郊外に住んでいる〉
Kommen Sie bitte *außerhalb* der Arbeitszeit !
〈どうぞ就労時間外に来てください〉
Das liegt *außerhalb* meiner Macht.
〈それは私の力ではどうしようもできない〉

bezüglich

(対象) …に関して：
Bezüglich dieser Frage hat er sich nicht geäußert.

〈この問題に関して彼は意見を述べなかった〉
diesseits
　（空間）…のこちら側に〔で〕：
　Sie wohnen *diesseits* des Flusses.
　〈彼らは川のこちら側に住んでいる〉
innerhalb
　（空間・時間）…の中で：
　Innerhalb der Stadt gibt es viele Parks.
　〈町の中には公園がたくさんある〉
　Innerhalb einer Woche werde ich meine Arbeit beenden.
　〈一週間以内に私は論文を仕上げる〉
jenseits
　（空間）…の向こう側で：
　Sie wohnen *jenseits* des Flusses.
　〈彼らは川向こうに住んでいる〉
oberhalb
　（空間）…の上方に：
　Die Burg liegt *oberhalb* des Dorfes.
　〈山城はその村の上の方にある〉
statt
　（代理）…の代わりに：
　Statt eines Briefes schrieb er nur eine Karte.
　〈手紙の代わりに彼は葉書を書いただけだった〉
trotz
　（認容）…にもかかわらず：
　Trotz des schlechten Wetters gingen sie spazieren.
　〈悪天候にもかかわらず彼らは散歩に出た〉
unterhalb
　（空間）…の下方で：
　Die Wiese liegt *unterhalb* des Weges.
　〈牧草地が道の下に広がっている〉

◆**主な前置詞の用法** ──────────

während
　（時間）…の間に：
　Während des Essens sagten sie kein Wort.
　〈食事中彼らは一言も口をきかなかった〉
wegen
　① （原因・理由）…のために：
　Wegen der Hitze arbeiten sie heute nicht.
　〈暑さのため彼らはきょう仕事をしない〉
　② （目的・動機）…のために：
　Er hat das nur *wegen* des Geldes getan.
　〈彼はそれをお金のためだけにした〉

【3・4格支配の前置詞】

an
　① （近接）
　〔3格；位置〕…の側で，…（の表面）に接して：
　Er steht *am* Fenster. 〈彼は窓際に立っている〉
　An der Wand hängt ein Bild. 〈壁に絵がかかっている〉
　〔4格；方向〕…の側へ，…（の表面）へ：
　Er geht *ans* Fenster. 〈彼は窓際へ行く〉
　Er hängt ein Bild *an* die Wand. 〈彼は絵を壁にかける〉
　② （時点；3格）…（の時）に：
　Am Abend saßen sie in ihrem Garten.
　〈夕方彼らは庭に座っていた〉
　Am 1. Januar habe ich Geburtstag.
　〈1月1日が私の誕生日だ〉
auf
　① （空間）
　〔3格；位置〕…の上で：
　Auf dem Grab liegen viele Kränze.

〈墓の上に花輪がたくさん置かれている〉
〔4格；方向〕…の上へ：
Er stellt eine Vase *auf* den Tisch.
〈彼は花瓶をテーブルの上に置く〉
② (公共施設などの場所)
〔3格；位置〕…で：
Er kauft *auf* dem Postamt Briefmarken.
〈彼は郵便局で切手を買う〉
〔4格；方向〕…へ：
Er bringt ein Paket *auf* die Post.
〈彼は小包を郵便局へ出しに行く〉

hinter
① (空間)
〔3格；位置〕…の後ろで：
Er versteckte sich *hinter* einem Baum.
〈彼は木の後ろに隠れた〉
〔4格；方向〕…の後ろへ，…の後方へ：
Er hat sich *hinter* einen Pfeiler gestellt.
〈彼は柱の後ろに立った〉
② (前後関係；3格) …より後で，より遅れて：
Ich komme *hinter* ihm an die Reihe.
〈私は順番が彼の次です〉

in
① (空間)
〔3格；位置〕…の中で：
Der Schlüssel ist *in* der Tasche. 〈鍵はバッグの中にある〉
〔4格；方向〕…の中へ：
Er legt das Buch *in* den Schrank. 〈彼は本を棚に置く〉
② (時間；3格) …の間；(現在の時点から見て)…の後に：
In diesem Winter hat es viel geschneit.
〈この冬は雪が多く降った〉

◆主な前置詞の用法

In drei Stunden kommt mein Freund.
〈3時間後に私の友人が来る〉

neben

① (空間)
〔3格；位置〕…の横で：
Die Post liegt direkt *neben* der Schule.
〈郵便局は学校のすぐ横にある〉
〔4格；方向〕…の横へ：
Sie legt den Löffel *neben* den Teller.
〈彼女はスプーンを皿の横に置く〉
② (併存；3格) …のかたわら：
Er betreibt *neben* seinem eigentlichen Beruf noch etwas Landwirtschaft.
〈彼は本業の他にまだ農業を少々営んでいる〉

über

① (空間)
〔3格；位置〕…の上方で：
Das Bild hängt *über* dem Sofa.
〈絵はソファーの上に掛かっている〉
〔4格；方向〕…の上方へ：
Er hängt ein Bild *über* das Sofa.
〈彼は絵をソファーの上に掛ける〉
【注】「…の向う側へ」の意味でも用いる。
　　　über die Grenze gehen　〈国境を越えて行く〉
② (表面)
〔3格；位置〕…の上に〔覆うように〕：
Die Decke liegt *über* dem Sofa.
〈カバーがソファーにかかっている〉
〔4格；方向〕…の上へ〔覆って〕：
Sie legt die Decke *über* den Sarg.
〈彼女は覆いを棺の上にかける〉

③（対象；4格）…に関して：
Er schreibt ein Essay *über* klassische Musik.
〈彼はクラシック音楽に関してエッセイを書く〉
④（超過；4格）…を越えて：
Die Temperatur stieg *über* 30 Grad.
〈温度は30度を越えた〉

unter
　①（空間）
　〔3格；位置〕…の下で：
Der Schlüssel liegt *unter* der Fußmatte.
〈鍵はドアマットの下にある〉
　〔4格；方向〕…の下へ：
Er hat den Schlüssel *unter* die Fußmatte gelegt.
〈彼は鍵をドアマットの下に置いた〉
　②（集団）
　〔3格；位置〕…の間で：
Der Brief lag *unter* den Akten.
〈手紙は書類の間にあった〉
　〔4格；方向〕…の間へ：
Sie mischte sich *unter* die Zuschauer.
〈彼女は観衆の間に紛れ込んだ〉
　③（支配）
　〔3格〕…のもとで：
Er steht *unter* ärztlicher Kontrolle.
〈彼は医者の監視下に置かれている〉
　〔4格〕…のもとへ：
Man stellte ein Gebäude *unter* Denkmalschutz.
〈建物は記念物保護法の下に置かれた〉
　④（数量）…より下で，…未満：
Die Temperatur liegt *unter* Null.
〈気温は氷点下だ〉

◆主な前置詞の用法

vor
　① (空間)
　〔3格；位置〕…の前で：
　Vor seinem Haus steht ein großer Baum.
　〈彼の家の前に大きな木が立っている〉
　〔4格；方向〕…の前へ：
　Er stellt den Tisch *vor* das Fenster.
　〈彼は机を窓の前に置く〉
　② (時間；3格) …の前に：
　Kurz *vor* der Prüfung wurde er krank.
　〈試験の直前に彼は病気になった〉
　③ (順序；3格) …の先に：
　Sie starb *vor* ihm. 〈彼女は彼よりも先に死んだ〉
　④ (原因；3格) …のあまり：
　Ich konnte *vor* Freude nicht schlafen.
　〈私は喜びのあまり眠れなかった〉

zwischen
　① (空間)
　〔3格；位置〕(…と)…の間で：
　Er hält eine Zigarette *zwischen* den Fingern.
　〈彼はタバコを指に挟んで持っている〉
　〔4格；方向〕(…と)…の間へ：
　Sie setzte sich *zwischen* die Gäste. 〈彼女は客の間に座った〉
　② (時間)
　〔3格；期間〕(…と)…の間で：
　Zwischen Weihnachten und Neujahr arbeiten wir nicht.
　〈クリスマスと新年の間は私たちは働かない〉
　〔4格；方向〕(…と)…の間へ：
　Mein Urlaub fällt *zwischen* die Feiertage.
　〈私の休暇は休日の間にはさまる〉

◆練習問題

1. 定冠詞とともに用いる形容詞の格語尾は単数1格で -e となる他は -en になるとし、後で男性を除いて1格と4格が同形であるという原則を適用し、形容詞の格語尾表を作りなさい。

2. 不定冠詞とともに用いる形容詞の格語尾は単数1格で強変化 (-er, -e, -es) となる他は -en になるとし、後で男性を除いて1格と4格が同形であるという原則を適用し、形容詞の格語尾表を作りなさい。

3. 冠詞類と形容詞の格表示における相補性について述べなさい。

4. 形容詞に注意しながら、次の文を訳しなさい。
   (1) Diese Speise schmeckt süß.
   (2) Er hat seinen Freund totgeprügelt.
   (3) Früher konnte man sich Filme nur schwarzweiß ansehen.
   (4) Er bezeichnet diesen Vorschlag als inakzeptabel.
   (5) Das ist nicht der Mühe wert.
   (6) Ich bin mit ihm seit langem bekannt.
   (7) Er hängt am Alten.

5. 副詞に注意しながら、次の文を訳しなさい。
   (1) Wieso kommst du erst jetzt?
   (2) Sieh mal nach, wo die Bücher sind?
   (3) Worüber freust du dich so?
   (4) Welche Konsequenz ziehst du daraus?

6. 場所を表す前置詞の3・4格支配の使い方を述べなさい。また、前置詞に注意しながら、次の文を訳しなさい。
   (1) Sie hat Respekt vor ihm.
   (2) Das Problem ist von großer Bedeutung.
   (3) Der Arzt kämpft um das Leben des Kranken.
   (4) Karl ist um einen ganzen Kopf größer als Hans.
   (5) Meine Heirat mit der reichen Witwe erregte großes Aufsehen.

第7章
複合文・副文

第1課　複合文

[§1] 定義

　複合文は，2つ以上の文から成り立つ文で，結合の仕方に応じて，並列複合文と従属複合文に分かれる。並列複合文は，対等の関係にある2つ以上の文を結合したもの，従属複合文は，主文に副文を結び付けたものである。

〔並列複合文〕
　　Er ist erkältet, deshalb kann er nicht kommen.
　　〈彼は風邪を引いていて，そのために来ることができない〉

〔従属複合文〕
　　Er ging spazieren, obwohl es regnete.
　　〈雨が降っていたが，彼は散歩にでかけた〉

[§2] 並列複合文

1. 定義

　並列複合文は，ふつう並列接続詞を用いて作るが(2.を参照)，並列接続詞を用いないこともある。また，接続副詞を用いて作ることもある。
　　Sie gehen so schnell, ich komme nicht mit.
　　〈彼らは歩くのが速い，私はついていけない〉
　　Er ist fleißig, sie dagegen ist faul.
　　〈彼は勤勉だが，それに反し彼女は怠け者だ〉
　　Wir müssen uns beeilen, sonst kommen wir zu spät.
　　〈私たちは急がねばならない，さもないと遅刻する〉

2. 並列接続詞による並列複合文

　並列接続詞は，文あるいは語句を対等の関係で結び付ける接続詞である。並列接続詞による並列複合文は，主文（ないし副文）間の意味関係

によって次の8種類に分かれる。

① 並列的——2つの文をただ並列的に結合する。接続詞として und, sowohl ... als auch, weder ... noch, nicht nur ... , sondern auch などを用いる。

Er erzählt, *und* sie hören aufmerksam zu.
〈彼が語り，彼らが注意深く耳を傾ける〉

② 反意的——前方の文に意味的に対立する文を結合する。接続詞として aber, doch, jedoch, sondern などを用いる。

Sie schlief, er *aber* wachte.
〈彼女は寝ていたが，彼は起きていた〉

③ 選択的——相互に排除しあう2つの文を結合する。接続詞として (entweder) ... oder を用いる。

Er liest ein Buch, *oder* er schreibt
〈彼は本を読むか，あるいは手紙を書く〉

④ 因果的——後方の文が前方の文の事柄に対する原因を表す。接続詞として denn を用いる。

Er fehlt heute, *denn* er ist krank.
〈彼はきょう欠席だ。彼は病気なのだ〉

【注】 結果関係は，接続的副詞（deshalb, daher, deswegen）を用いて表す。
Sie macht ihr Examen, *deshalb* kann sie nicht teilnehmen.
〈彼女は試験を受けるので，参加できない〉

3. 並列複合文の縮約

並列複合文において両文に共通する語句を一方の文中で省略することがある。

Er *studiert* in Bonn, sie in Berlin.
〈彼はボンの，彼女はベルリンの大学に通っている〉
Er besorgte und sie bezahlte *die Bücher*.
〈彼が本を取り揃え，彼女が代金を払った〉
Die Mutter schält und kocht die Kartoffeln.
〈母親はジャガイモの皮をむき煮る〉

【注】 並列複合文の共通語句の省略と見るべきか，単文における文肢の単なる列挙と見るべきかが明らかでない事例もある（下例1）。並列複合文に拡大することができない事例もある（下例2）。
(1) Sie verkauft alte Möbel, also Schränke, Tische und Stühle.
　　〈彼女は古い家具，すなわち戸棚，テーブルそして椅子を売る〉
(2) Drei und vier ist sieben.
　　〈3たす4は7だ〉

[§3] 従属複合文

　従属複合文の副文は，従属接続詞を用いるものと従属接続詞を用いないもの（関係文，間接補足疑問文）とがある。従属接続詞は，主文と副文を結び付ける接続詞である。副文の文頭に置き，副文の目印になる従属接続詞，関係詞，補足疑問詞を導入語と一括して呼ぶことがある。
〔従属接続詞による従属複合文〕
　　Als er das Haus verließ, begann es zu regnen.
　　〈彼が家を出た時，雨が降り始めた〉
〔関係文による従属複合文（詳細は第3課を参照）〕
　　Ich suche das Buch, das ich gestern geliehen habe.
　　〈私は昨日借りた本を探している〉
〔間接補足疑問文による従属複合文（詳細は§4②を参照）〕
　　Ich fragte ihn, wen er besucht habe.
　　〈私は彼に誰を訪問したのかと尋ねた〉

【注】
（a） 従属接続詞を省略した従属複合文もある。
　　Ich dachte, er hätte seine Prüfung abgelegt.
　　(... , dass er seine Prüfung abgelegt hätte.)
　　〈私は彼が試験を受けたと考えた〉
（b） 従属複合文を内容的側面から見た場合，意味の重点を主文よりも副文の方に置くことがある。
　　Er war kaum aus der Tür, als das Telefon klingelte.
　　〈彼がドアから外へ出るや否や電話が鳴った〉
（c） 従属複合文における意味関係については第2課§3を参照。

[§4] 直接話法と間接話法

1. 定義

発話された言葉を直接そのまま伝える表現形式を直接話法と呼ぶ。また，発話された言葉を間接的に再現する表現様式を間接話法と呼ぶ。

〔直接話法〕
　　Er sagt zu mir : „ Du bist schön."
　　〈彼は私に「君は美しい」と言う〉
〔間接話法〕
　　Er sagt mir, dass ich schön sei. 〈彼は私に私が美しいと言う〉
　　... , ich sei schön.

2. 種類

間接話法の文タイプには，叙述文と疑問文と要求文の3種類がある。叙述文と要求文の場合には，接続詞を用いる形式（定動詞文末）と接続詞を用いない形式（定動詞（定形）第2位の主文形式）の2種類がある。直接話法の文タイプについては第1章第1課§2を参照。

① 平叙文
　　Er sagte, dass sie gleich zurückkomme.
　　〈彼は彼女がすぐに戻って来ると言った〉
　　(← Er sagte: „ Sie kommt gleich zurück.")
　　Er sagte, dass er seine Tante besucht habe.
　　〈彼は叔母を訪ねたと言った〉
　　(← Er sagte: „ Ich habe meine Tante besucht.")

② 決定疑問文の間接話法文は従属接続詞 ob によって，補足疑問文の間接話法文は従属接続詞を用いず，疑問詞を文頭に置いて作る。
　　Ich fragte ihn, ob er sie besucht habe.
　　〈私は彼に彼女を訪問したか尋ねた〉
　　(← Ich fragte ihn: „ Hast du sie besucht ?")
　　Ich fragte ihn, wo er gewesen sei.
　　〈私は彼にどこにいたのか尋ねた〉
　　(← Ich fragte ihn: „ Wo bist du gewesen ?")

③　命令文などに対応する間接要求文は，話法の助動詞 mögen（弱い命令；依頼），sollen/müssen（強い命令）を用いて作る。

　　Sie bat ihn, er möge sie besuchen.
　　〈彼女は彼に訪ねてくれるように頼んだ〉
　　（← Sie sagte zu ihm: „Besuche mich !")
　　Der Chef befahl ihm, er solle das ins Reine schreiben.
　　〈主任は彼にそれを清書するように命じた〉
　　（← Der Chef sagte zu ihm: „Schreib das ins Reine !")

【注】　次のような文も，一種の間接要求文とみなすことができよう。
　　Das Gericht teilte den Leuten mit, dass sie die Strafe bezahlen müssten.
　　〈裁判所はその人々に罰金を支払うように伝えた〉

[§5] 体験話法

　小説の中で作中人物の心理を述べるのに，動詞に接続法を用いず（ただし werden は würde になる），人称と時制だけを語り手からの視点に変え，一見，地の文と同一の形をとりながら，作中人物の心理などを描写する話法を体験話法と呼ぶ。このことによって，読者は作中人物の心理を共体験することになる。

　　„Ich probier's einfach aus !" sagte Bastian. Aber er brachte das Wort nicht über die Lippen. Was, wenn es tatsächlich gelang ? Dann würde er irgendwie nach Phantásien kommen. Aber wie ? Vielleicht mußte er auch eine Verwandlung über sich ergehen lassen. Was würde dann aus ihm werden ? Vielleicht tat es weh oder er wurde ohnmächtig ?
　　　　　　　　　　　（M. Ende : Die unendliche Geschichte）
　〈「よし，やってみよう！」バスチアンは言った。だが，その名を口に出さなかった。もし本当にうまくいったらどうなるのだろう。そうなったらどうにかしてファンタジエン国に行ってみよう。でも，どうやって。ひょっとして何かに変身しなければならないかも知れない。そうしたらどんなふうになるのだろう。ひょっとしたら痛いのかも知れない，あるいは気を失うかも知れない〉

第/2/課　副文

[§1] 形式

1．定義

　主文(上位文)に従属する文を副文(従属文)と呼ぶ。副文は，主文の一構成素を形成する文である。たとえば，例文(1)の副文は主文の目的語，例文(2)の副文は主文の副詞類になっている。

(1) Wir haben beschlossen, *dass wir ihn entlassen*.
　　〈私たちは彼を解雇することに決めた〉
　　参照：Wir haben *seine Entlassung* beschlossen.
　　　　　〈私たちは彼の解雇を決めた〉

(2) *Als ich klein war*, habe ich oft meinen Onkel besucht.
　　〈私は小さい時よく叔父を訪問した〉
　　参照：*Damals* habe ich oft meinen Onkel besucht.
　　　　　〈当時私はしばしば叔父を訪ねた〉

【注】　副文はふつう主文中の1文肢の働きをするもので，言わば，文の形をした文肢である(一部は付加語としても用いる)。副文が他の副文に従属することもある。

2．構造

　副文の場合，導入語（従属接続詞，関係詞，疑問詞）は文頭に置き，定形の動詞は原則的に文末に置く。他の文肢は，主文の場合と同一の規則に従って導入語と定形の動詞の間に配列する。

　　　〔導入語〕　　　　　　〔定形の動詞〕
　　　Wenn　　er heute mit ihr　　ankommt, ...
　　　〈もし彼がきょう彼女と到着すれば…〉

【注】
（a）接続詞を用いない認容文，接続詞を用いない条件文，主文形式の目的語文，als ob の ob を省略した非現実比較文の定形の動詞は，文末に来ない。

>　*Sei* die Arbeit auch schwer, sie muss geschafft werden.
>　〈その仕事はたとえ難しくとも，なされねばならない〉
>　*Kommt* er morgen, können wir alles besprechen.
>　〈もし彼が明日来れば，私たちはすべてのことを話し合える〉
>　Ich dachte, er *hätte* die Prüfung bestanden.
>　〈私は彼が試験に受かったと思った〉
>　Es schien so, als *schliefe* er fest.
>　〈彼はまるで熟睡しているように思われた〉

（b）　副文の文末で2つの不定形の動詞が並ぶ場合，定形の動詞はそれらの前に置く．

>　Ich weiß, dass er mit ihr *hat* gehen wollen.
>　〈私は彼が彼女と行きたがっていたことを知っている〉

3．位置

　副文は，主文の後ろにも前にも，文中にも置くことがある．ただし，副文を主文の前に置く場合，主文の定形の動詞は副文の直後に置く．

>　Ich konnte nicht kommen, *weil ja gestern meine Prüfung war*.
>　〈昨日実は試験だったので，私は来れなかった〉
>　Das kam, *weil es zu teuer war*, nicht in Frage.
>　〈それは高すぎるので問題にならなかった〉
>　*Da er verreist war*, konnte er nicht kommen.
>　〈旅行中だったので，彼は来ることができなかった〉

【注】　条件文（wenn 文など），時間文（als 文など）および理由の da 文はふつう主文の前に，dass 文，目的文（damit 文），認容文（obwohl 文など）および weil 文はふつう主文の後ろに置く．

［§2］統語的機能

　副文は，統語的機能によって，次のように分類できる．

1．名詞に対応する副文

〔主語文〕

>　*Dass er angerufen hat*, freut mich sehr.
>　〈彼が電話をくれたことを私は非常に嬉しく思う〉

〔目的語文〕
　　Ich weiß nicht, *ob er zu Hause ist*.
　　〈私は彼が家にいるかどうか分からない〉
　　Ich zweifle nicht daran, *dass er kommt*.
　　〈私は彼が来ることを疑っていない〉
〔述語文〕
　　Die Hauptsache ist, *dass du glücklich bist*.
　　〈肝心なことは君が幸せだということだ〉
〔付加語文〕
　　Ich habe die Hoffnung, *dass sich alles noch zum Guten wenden wird*.
　　〈私はこれからすべてがよい方へ向かうとの期待を持っている〉
　　Jeder musste zugeben, dass es das beste Eis war, *das er je gegessen hatte*.
　　〈誰もがこれをこれまでに食べたなかで一番おいしいアイスクリームだと認めざるをえなかった〉

2. 副詞類に対応する副文
　　Während die Sonne schien, lagen sie am Strand.
　　〈太陽が輝いている間，彼らは浜辺に寝そべっていた〉

[§3] 副詞類としての副文の意味的分類

　副詞類としての副文は，従属接続詞も多様で，時間，手段，条件，目的，原因・理由，結果などを表す。認容文については§4を，比較文については第4課を参照。
〔時間〕　*Nachdem er gefrühstückt hatte*, ging er ins Büro.
　　　　〈朝食をとった後，彼は事務所に行った〉
〔反意〕　*Während ich arbeiten muss*, gehst du spazieren.
　　　　〈私は働かなければならないのに，君は散歩に出かける〉
〔手段〕　Sie reizt ihn, *indem sie ihm widerstrebt*.
　　　　〈彼女は逆らって彼を怒らせる〉

〔条件〕 *Wenn du brav bist*, darfst du mitkommen.
　　　　〈良い子にしているならば，一緒について来てもいいよ〉
〔目的〕 Er beeilt sich, *damit er rechtzeitig ankommt*.
　　　　〈彼は到着が遅れないように急ぐ〉
〔原因・理由〕
　　　　Er ging spazieren, *weil das Wetter schön war*.
　　　　〈天気がよかったので，彼は散歩に出かけた〉
〔結果〕 Sie war so hartnäckig, *dass er seinen Einwand zurückzog*.
　　　　〈彼女は非常に頑固だったので，彼は異議を引っ込めた〉
　　　　Er ist noch zu klein, *als dass er das verstünde*.
　　　　〈彼はそのことを理解するには小さ過ぎる〉

【注】 条件文の場合，主文に dann, so などの相関詞をしばしば置く。
　　Wenn die Ferien anfangen, *dann* werden wir gleich losfahren.
　　〈休暇に入ったら私たちはすぐに出発する〉

[§4] 認容文

　条件と帰結という観点から，主文と副文の2つの事柄が相反する関係にあることを表す表現を認容文と呼ぶ。認容文のうち下例(1)のように，「確かに…ではあるが」と，副文の事柄を現時点での事実として認めるものを「事実の認容」，下例(2)のように，「(たとえ)…であっても」と，副文の事柄を仮定して述べるものを「仮定の認容」と呼ぶ。
(1) Obgleich es regnet, gehe ich aus.
　　〈雨が降っているけれど私は外出する〉
(2) Wien ist schön, auch wenn es regnet.
　　〈雨が降っていてもウィーンは美しい〉

【注】 認容文を形成する特別な形式として次のようなものがある。
　(a)　wenn... auch/auch wenn
　　　Wenn es auch schneit, geht er in die Stadt.
　　　〈雪が降っていても，彼は町へ行く〉
　先置される場合，主文の語順が影響を受けないこともある。認容文の事柄が現実に生じると話者が思っていない場合，接続法第2式を用いる。

Auch wenn du ihr Geld *anbötest*, sie *würde* es nicht annehmen.
〈たとえ君が彼女に金を差し出しても,彼女はそれを受け取らないだろう〉
なお, wenn を省略し,定形の動詞を文頭に置くこともある。
　　Ist es auch kalt, zieht er doch keinen Mantel an.
　← Wenn es auch kalt ist, zieht er doch keinen Mantel an.
　　〈どんなに寒くとも彼はコートを着ない〉
（b）　疑問詞＋auch(immer)/(auch)immer
　　Ich werde an dich denken, wo auch immer ich bin.
　　〈どこにいても私は君のことを思うでしょう〉
　先置される場合,主文の語順にふつう影響を与えない。
　　Was du auch sagst, ich glaube dir nicht.
　　〈君が何を言おうとも,私は君のことを信じない〉
（c）　so＋形容詞/副詞(＋auch)
　これらは,副文形式をとる(定形後置)。主文の語順はふつう副文の位置によって影響を受けない。
　　So lieb er mir auch ist, ich kann ihm nicht alles nachsehen.
　　〈どんなに彼をかわいく思っても,私は彼のすべてが許せるわけではない〉
（d）　mögen の主文と「疑問詞＋wollen」の副文の結合
　「(したければ)…するがよい」という,冷淡な容認を表す mögen の主文に「疑問詞＋wollen」の副文を結び付け,仮定的条件を表す認容表現を作ることが出来る。なお, mögen の主文の代わりに,要求話法文(接続法第1式)を用いることもある。その場合,副文も接続法第1式になる。また,主文の語順はふつう副文の位置によって影響を受けない。
　　Er mag sagen, was er will, ich glaube ihm nicht.
　　〈彼が何を言おうとも,私は彼のことは信じない〉
　　Er sage, was er wolle, ich gehorche ihm nicht.
　　〈彼に好きなことを言わせておけ,私は彼に従わない〉
（e）　ob 〜 oder ...
　ob 〜 oder ...という形式で,「〜であれ,…であれ」という意味の認容表現を作ることが出来る。これは随意の認容と呼ぶ。主文の語順はふつう副文の位置によって影響を受けない。
　　Ob du jetzt die Wahrheit sagst oder nicht, ich glaube dir nicht mehr.
　　〈いま君が真実を言おうが言うまいが,私はもう君を信じない〉

◆主な接続詞一覧

【並列接続詞】

aber
 しかし，だが（☆文中に置くこともある）：
 Ich war sehr müde, *aber* ich konnte nicht schlafen.
 〈私は非常に疲れていたが，眠ることができなかった〉
 Er hat sie zum Tanz auffordern wollen, sie hat ihm *aber* einen Korb gegeben.
 〈彼は彼女をダンスに誘おうとしたが，彼女は彼の誘いを断った〉

denn
 というのは，なぜなら：
 Wir gehen spazieren, *denn* das Wetter ist schön.
 〈私たちは散歩にでかけます。というのは，天気が良いのです〉
 【注】 比較文で als の重複を避けるためにも用いる。
  Er war als Komponist berühmter *denn* als Pianist.
  〈彼はピアニストとしてよりも作曲家として有名だった〉

doch
 しかし：
 Ich wollte sie besuchen, *doch* sie war nicht zu Hause.
 〈私は彼女を訪問するつもりだった，しかし彼女は家にいなかった〉

oder
 または，あるいは：
 Kommst du mit, *oder* bleibst du noch ?
 〈君は一緒に来るかい，それともまだ残るかい〉
 【注】 entweder を伴うことがある。
  Wir gehen *entweder* ins Konzert oder ins Kino.
  〈私たちはコンサートに行くか映画を見に行く〉

sondern
 (…でなくて)～(☆ 否定詞と呼応する)：
 Sie kommt nicht heute, *sondern* morgen.
 〈彼女はきょうでなく，明日来る〉

Wir gehen nicht ins Kino, *sondern* ins Konzert.
〈私たちは映画ではなく，コンサートに行く〉
Ich habe nicht angerufen, *sondern* geschrieben.
〈私は電話をかけたのではなく，手紙を書いた〉

nicht nur... , sondern auch〜　…だけでなく，〜も：
　　Sie ist *nicht nur* hübsch, *sondern auch* klug.
　　〈彼女はかわいいだけでなく，頭もよい〉

sowohl〜als（auch）...
　　〜も…も：
　　Er beherrscht *sowohl* Englisch *als auch* Deutsch.
　　〈彼は英語もドイツ語もマスターする〉

und
　　①≪文と文を結び付けて≫そして：
　　Sie wurde rot *und* schlug die Augen nieder.
　　〈彼女は赤くなり目を伏せた〉
　　②≪同種の語句を結び付けて≫…と…，…や…（☆3つ以上を並べる場合は最後の語句の前に置く）
　　Die ganze Famile, Vater, Mutter *und* die drei Kinder, fährt nach Berlin.
　　〈家族全員，父親，母親そして3人の子供たちはベルリンに行く〉
　　【注】同種の語を結び付けて強調を表す。
　　　　Es *schneite und schneite*.〈雪が降りに降った〉
　　　　Der Ballon stieg *höher und höher*.
　　　　〈気球はどんどん高く上って行った〉

weder〜, noch...
　　〜でもなければ，…でもない：
　　Er ist *weder* reich *noch* intelligent.
　　〈彼は金持でもなければ，頭もよくない〉
　　Wir haben *weder* Nachteile *noch* Vorteile davon.
　　〈私たちはそのことで不利益も利益も受けない〉

◆主な接続詞一覧

【従属接続詞】

als

①（…した）時：
Als er das Haus verließ, begann es zu regnen.
〈彼が家を出た時，雨が降り始めた〉
②≪比較級や anders と≫…より，…と（違う）：
Sie ist älter *als* er.
〈彼女は彼より年上だ〉
Er war gestern ganz anders *als* sonst.
〈彼は昨日ふつうとまったく違っていた〉
③…として：
Als dein Freund möchte ich dir raten, es nicht zu tun.
〈君の友人として私は君にそれをしないように忠告したい〉

als ob／als wenn

あたかも…のように：
Er tut, *als ob* er schliefe.
〈彼はあたかも眠っているような振りをする〉
Es ist dunkel, *als wenn* schon die Nacht hereingebrochen wäre.
〈もう夜が訪れたかのように暗い〉

【注】 文中の動詞はふつう接続法第2式になるが，時には接続法第1式，直説法も用いる。また「als＋定形の動詞」という形になることもある。
Er tat, *als habe* er nichts gehört.
〈彼は何も聞かなかったようなふりをした〉

(an)statt

（…をする）代わりに（☆ zu 不定詞句および dass 文と）：
Er las, *statt* zu arbeiten.
〈彼は仕事をする代わりに読書をした〉

bevor

（…する）前に：
Komm noch einmal zu mir, *bevor* du abfährst.

〈出発する前にもう一度私のところに来てくれ〉
bis
　(…する)まで：
　Sie wartete, *bis* er kam.
　〈彼が来るまで彼女は待っていた〉
da
　(…)だから：
　Da sie krank war, konnte sie nicht kommen.
　〈彼女は病気だったので，来ることができなかった〉
　【注】　weil と異なり，既知の原因を述べる場合に用いる。ふつう主文の前に置く。
damit
　(…する)ために：
　Wir fahren an die See, *damit* wir uns erholen.
　〈私たちは休養するために海辺に行く〉
　【注】　ふつう主文の後ろに置く。副文の主語が主文の主語と同一の場合，um ... zu によって書き換えることができる。
　　　　Wir fahren an die See, *um* uns *zu* erholen.
dass
　(…という)こと：
　Ich glaube, *dass* sie kommen.
　〈私は彼らが来ると思う〉
　kaum dass...　(…する)や否や：
　　Kaum dass er da war, begann er schon zu streiten.
　　〈彼は来るや否やもう争いを始めた〉
　ohne dass...　(…する)ことなしに：
　　Er ist erschienen, *ohne dass* ich ihn eingeladen habe.
　　〈彼は招待もしないのに姿を見せた〉
　so dass...／so～dass　(非常に)～なので…
　　Es war kalt, *so dass* sie froren.
　　〈寒かったので，彼らは凍えた〉

◆主な接続詞一覧

  Es war *so* dunkel, *dass* ich nichts sah.
  〈非常に暗かったので，私は何も見えなかった〉
 zu〜, als dass ... 〜過ぎて…できない：
  Das Projekt ist *zu* kostspielig, *als dass* es verwirklicht werden könnte.
  〈プロジェクトは費用がかかり過ぎるので実現しないであろう〉

desto
 それだけ一層，ますます（☆比較級とともに用いる。ふつう je ＋ 比較級と呼応する）：
 Je älter er wird, *desto* bescheidener wird er.
 〈彼は年をとるほど，一層謙虚になる〉

ehe
 （…する）前に：
 Sie schaute kurz in den Spiegel, *ehe* sie die Tür öffnete.
 〈彼女はドアを開ける前に素早く鏡を見た〉

falls
 もし（…）ならば：
 Falls es regnen sollte, bleiben wir zu Hause.
 〈万一雨でも降るならば，私たちは家にいる〉

indem
 （…すること）によって：
 Er beruhigte das Kind, *indem* er es streichelte.
 〈彼は子供をなでてなだめた〉

nachdem
 （…した）後に（☆副文の時制は主文の時制よりも前になる）：
 Nachdem er gegessen hat, raucht er eine Zigarette.
 〈彼は食事をした後にタバコを吸う〉
 Nachdem er gegessen hatte, legte er sich eine Weile hin.
 〈彼は食事をした後に少し横になった〉

ob
…かどうか(☆間接疑問文に用いる):
Er fragte mich, *ob* sie morgen kommt.
〈彼は私に彼女が明日来るかと尋ねた〉

obwohl／obgleich
(…であるにも)かかわらず:
Er kam sofort, *obwohl* er nicht viel Zeit hatte.
〈彼は時間があまりなかったのにもかかわらずすぐに来た〉

statt → anstatt

während
① (…している)間:
Er las, *während* sie schlief.
〈彼女が眠っている間, 彼は本を読んでいた〉
② (…である)のに対して:
Während es gestern schön war, ist das Wetter heute schlecht.
〈天気は昨日よかったのにきょうは悪い〉

weil
(…)だから(☆ふつう未知の理由を述べる場合に用いる):
Er zog eine Grimasse, *weil* er in einen sauren Apfel gebissen hatte.
〈彼はすっぱいリンゴを嚙んだので顔をしかめた〉

【注】 主文中の deshalb などと呼応することがある。
Er blieb *deshalb* zu Hause, weil es draußen schneite.
〈外は雪が降っていたので, 彼は家に留まった〉

wenn
①もし(…)ならば:
Wenn das Wetter schön ist, gehen wir spazieren.
〈天気がよければ, 私たちは散歩に出かける〉
Wenn er Geld hätte, würde er ein Auto kaufen.
〈彼は金があれば, 自動車を買うだろう〉
② (…する)と〔すぐ〕(☆ 一回限りの出来事を表す):

◆主な接続詞一覧

Wenn es dunkel wird, singt die Amsel nicht mehr.
〈暗くなると，クロウタドリはもう鳴かない〉
Wenn ich angekommen bin, rufe ich dich an.
〈到着したら，私は君に電話をする〉
③ (…する)時には〔いつも〕(☆反復的出来事を表す)：
Immer *wenn* sie kommt, bringt sie Blumen mit.
〈彼女は来るたびごとに花を持って来る〉
Wenn es regnete, blieb er zu Hause.
〈彼は雨が降るといつも家にいた〉
【注】「wenn 文＋過去形」は，必ず反復的出来事を表す。一回的出来事は als を用いる。
　　Als es *regnete*, war er zu Hause.
　　〈雨が降った時，彼は家にいた〉

wie
① (…の)ように(☆しばしば (genau) so を伴う)：
Er macht es genauso *wie* sie.
〈彼はそれを彼女とまったく同じ様にする〉
② (…と)同じ位 (☆ so＋形容詞・副詞を伴う)：
Er ist so alt *wie* ich.
〈彼は私と同い年だ〉
Das Auto fährt so schnell, *wie* ich erwartet habe.
〈その自動車は私が期待したとおりのスピードが出る〉

第/3/課　関係文

[§1] 関係詞

　関係詞は，1つの文を他の文の語句に関係させる語である。関係詞には，関係代名詞と関係副詞の2種類がある。関係詞を含み，他の文に従属する文を関係文と呼ぶ。関係文は一種の副文である（§4を参照）。また，主文の中の関係づけられる語句を先行詞と呼ぶ。

　　　Er ist　*der einzige Freund,*　**der** mich nicht verlassen hat.
　　　　　　　〔先行詞〕　　　　〔関係詞〕
　　〈彼は私を見捨てなかった唯一の友人だ〉

[§2] 関係代名詞

　関係代名詞には，定関係代名詞と，先行詞をそれ自身の中に含む不定関係代名詞の2種類がある。

1.　定関係代名詞
1.1.　定義
　定関係代名詞は，他の文の名詞に関係文を関連づける働きをもつ代名詞である。derとwelcherの両形があるが，welcherは文語的で，特に冠詞，代名詞などが連続し，理解しにくい場合や口調が悪くなる場合に用いる。

1.2.　格変化

	〔男性〕	〔女性〕	〔中性〕	〔複数〕
1格	der	die	das	die
2格	dessen	deren	dessen	deren
3格	dem	der	dem	denen
4格	den	die	das	die

【注】 関係代名詞 der は das, dessen を除き,幹母音を長めに発音するが,指示代名詞ほど強勢を置かない。welcher に 2 格形はない。

1 格	welcher	welche	welches	welche
2 格	———	———	———	———
3 格	welchem	welcher	welchem	welchen
4 格	welchen	welche	welches	welche

1. 3. 用法

① 定関係代名詞の形は,代用される名詞の性・数・格に一致する。すなわち,定関係代名詞の性・数は,先行詞の性・数と一致し,格は関係文における動詞との格関係に基づく。関係代名詞は英語と異なり,省略することができない。

Die Frau, 〔*Die Frau* steht dort〕, ist meine Tante.
　　　　　　　｜
　　　　　女性・単数・1 格

Die Frau, 　*die* dort steht, 　ist meine Tante.
〈そこに立っている女性は私の叔母である〉

Ich suche das Buch,〔*Das Buch* habe ich gestern geliehen.〕
　　　　　　　　　　　　｜
　　　　　　　　　中性・単数・4 格

Ich suche das Buch, 　*das* ich gestern geliehen habe.
〈私は昨日借りた本を探している〉

② 定関係代名詞は,前置詞に支配される場合,前置詞の後ろに置く。
Der Mann, mit *dem* sie tanzt, ist mein Vater.
〈彼女が一緒に踊っている男性は私の父です〉
Hier ist das Hotel, in *dem* ich einen Monat gewohnt habe.
〈これが私が 1 か月泊まったホテルです〉

【注】
（a） 定関係代名詞が関係文で前置詞と結び付き,場所を表す場合,関係副詞も用いる。§3 を参照。
（b） 事物を表す定関係代名詞を前置詞と結び付けて用いる場合,しばしば wo-/wor- ＋前置詞の結合形を用いる。

Das ist der Stuhl, worauf er immer sitzt.
〈それは彼がいつも座っている椅子だ〉
Der Bericht, wonach er verunglückt ist, trifft nicht zu.
〈彼が事故にあったという報告は事実でない〉

③　定関係代名詞の2格を関係文中で名詞の前に置く場合，名詞は冠詞類を伴わず，付加語としての形容詞も強語尾（dieser と同一の語尾）を付ける。
Dort steht der Bahnhof, *dessen* Bild ich dir gezeigt habe.
〈そこに私が君に写真を見せた駅がある〉
Die Schüler, *deren* gute Arbeiten gelobt worden sind, sind von meiner Klasse.
〈作文の出来がよくて褒められた生徒たちは私のクラスのものだ〉

④　先行詞が人称代名詞の1・2人称単数で，これを受ける定関係代名詞が1格の場合，定関係代名詞の性は生物上の性に基づき，定形の動詞は3人称になる。1・2人称単数の人称代名詞を繰り返す場合，定形の動詞はその人称と一致する。
ich, *der*〔（女性の場合）*die*〕Deutsch **lernt**
〈ドイツ語を学んでいる私〉
du, *der*〔（女性の場合）*die*〕Deutsch **lernt**
〈ドイツ語を学んでいる君〉
ich, *der*〔（女性の場合）*die*〕ich schon immer davor gewarnt **habe**
〈これまで常にそのことに注意するように言ってきた私〉
wir, *die* wir das immer befürwortet **haben**
〈そのことをいつも支持してきた私たち〉

2人称敬称の場合，人称代名詞をかならず繰り返し，また，定関係代名詞は実際の人物の性・数に基づいて用いる。
Ich danke Ihnen, *der*〔（女性の場合）*die*；（複数の場合）*die*〕Sie mir geholfen haben.
〈私は私の手助けをしてくれたあなたに感謝する〉

2.　不定関係代名詞
不定関係代名詞は，先行詞をそれ自身のなかに含み，不特定のものを

指示する関係代名詞である。不定関係代名詞には，人に関して用いる wer「…する人」(＝Derjenige, der...) と，事物に関して用いる was「…するもの〔こと〕」(＝Das, was...) の2種類がある。

① 不定関係代名詞 wer

格形は，不定関係代名詞の関係文中での格関係に基づく。

1格　wer
2格　wessen
3格　wem
4格　wen

Wer so fleißig ist, dem muss alles gelingen.
〈これほど勤勉な人にはすべてうまくいくにちがいない〉
Wessen Worte ihn begeistern, dem folgt er immer.
〈彼を感激させる言葉を言う人に彼はいつも従う〉
Wem nicht zu raten ist, dem ist nicht zu helfen.
〈人の忠告を聞こうとしない人は助けることができない〉
Wen ich zuerst treffe, den frage ich.
〈私は最初に会う人に尋ねる〉

② 不定関係代名詞 was

格形は，wer と同じ様に，不定関係代名詞の関係文中での格関係に基づく。3格形はない。

1格　was
2格　wessen
3格　――
4格　was

Was einmal geschehen ist, ist nicht zu ändern.
〈一度起こったことは変えることができない〉
(Das,) *wessen* er sich rühmt, ist kein besonderes Verdienst.
〈彼が自慢に思っていることは特別な功績ではない〉
Jetzt verstehe ich, *was* Sie sagen.
〈今，私はあなたの言われることがわかります〉

3. 不定関係代名詞文と指示代名詞

不定関係代名詞の主文中における役割を明示するために，主文に指示代名詞を置く。

Wen man in seine Wohnung lässt, *dem* muss man auch vertrauen können.
〈自分の家に入れる人は信用できる人でなければならない〉

Mit *wem* ich einmal zusammen war, *dessen* Gesicht vergesse ich nicht wieder.
〈私は一度出会った人の顔を二度と忘れない〉

ただし，主文の指示代名詞は，wer ... der, was ... das のように不定関係代名詞と同形の場合，省略することができる。

Wer nicht arbeiten will, (*der*) soll nicht essen.
〈働く意志のない者は食うべきでない〉

Wen wir lieben, (*den*) möchten wir nicht gern verlieren.
〈愛する人は失いたくないものだ〉

Was du gesagt hast, (*das*) ist nicht richtig.
〈君の言ったことは正しくない〉

4. 不定関係代名詞 was の特殊な用法

不定関係代名詞 was は，次のような場合にも用いる。前置詞を伴う場合，かならず wo-/wor-＋前置詞の形になる。

① das, 不定代名詞（etwas, nichts など），中性名詞化したもの（einiges, alles, vieles など）が先行詞の場合：

Ich habe euch alles berichtet, *was* ich gesehen habe.
〈私は君たちに私が見たことをすべて報告した〉

Das ist alles, *woran* ich mich erinnern kann.
〈これが私が思い出せるすべてだ〉

Das ist das Beste, *was* ihr tun könnt.
〈これは君たちができる最善のものだ〉

② 先行する文の意味内容が先行詞の場合：

Ich habe die Prüfung bestanden, *was* meine Eltern sehr freute.
〈私は試験に合格したが，そのことは両親を非常に喜ばせた〉

Ich habe ihr einige neue Kleider gekauft, *wofür* sie mir sehr dankbar war.
〈私は彼女に新しいワンピースを何着か買ってやった。そのことで彼女は私に非常に感謝していた〉

[§3] 関係副詞

　関係詞が関係文で場所を表す場合，関係副詞を用いる。先行詞が普通名詞の場合，「前置詞＋定関係代名詞」を用いることもできるが，先行詞が国名や地名などの，固有名詞および副詞の場合は関係副詞（wo, woher, wohin）のみを用いる。

　　Ich liebe die Stadt, *wo* ich geboren bin.
　　〈私は自分の生まれた町が好きだ〉
　　（参照：… , in der ich geboren bin.）
　　Ich fahre nach Mannheim, *wo* ich studiert habe.
　　〈私は大学に通っていたマンハイムに行きます〉
　　Er fährt dorthin, *wo* ich im letzten Jahr war.
　　〈彼は私が去年いたところに行く〉

【注】
（a）　主文と関係文で表される場所関係が同種の場合，先行詞の副詞を省略することがある。

　　Ich arbeite (dort), wo er auch arbeitet.
　　〈私は彼も働いているところで働く〉
　　Du kannst (dorthin) gehen, wohin du willst.
　　〈君は自分の行きたいところへ行ってもかまわない〉
　　〔参考〕Er soll wieder *dorthin* gehen, *woher* er gekommen ist.
　　　　　〈彼はやって来たところにもう一度行くように言われている〉
　wo は時間を表す関係代名詞としても用いる。また，wie は様態を表す関係代名詞として用いる。

　　Jetzt, wo sie selbst ein Kind hat, versteht sie die Sorgen ihrer Eltern.
　　〈自分で子供を持ったいま彼女は両親の心痛が理解できる〉
　　Mich stört nur die Art und Weise, wie er es macht.
　　〈私はそのことに関する彼のやり方だけが気に入らない〉

[§4] 関係文

1. 定義

関係文は，関係詞を含み，他の文に従属する一種の副文である。関係文は，関係詞（あるいはそれを含む前置詞句）を文頭に，定形の動詞を文末に置いて作る。関係文は，先行詞の後ろに置き，（制限的，非制限的用法に関係なく）かならず前（後）をコンマで区切る。

Der Mann, *der dort steht*, ist mein Onkel.
〈そこに立っているその男は私の叔父です〉
Heute verlässt er Bonn, *wo er zwei Jahre gelebt hat*.
〈きょう彼は2年間暮らしたボンを後にする〉

2. 制限的用法と非制限的用法

関係文は，先行詞とのつながりに基づき，制限的用法と非制限的用法の2種類に区別される。制限的用法は文の意味を正しく理解する上で不可欠な情報を表すもので，非制限的用法は先行詞に補足的な説明を付け加えるものである。

〔制限的〕

Hunde, die bellen, beißen nicht.
〈吠える犬はかまない〉
Eine Frau, deren Mann gestorben ist, nennt man „Witwe".
〈夫の死んだ女性を「未亡人」と呼ぶ〉
Das ist das schönste Schloss, das ich je gesehen habe.
〈それは私がかつて見た最も美しい城だ〉

〔非制限的〕

Wir fuhren zu Onkel Hans, den wir in beklagenswertem Zustand vorfanden.
〈私たちは叔父のハンスのところへ行ったが，私たちの見た叔父は哀れむべき状態だった〉
Er mähte regelmäßig ihre Wiese, die sie ihm dann nach drei Jahren auch verkaufte.
〈彼は定期的に彼女の牧草地の草を刈っていたが，それから3年後彼女は彼にそれを売り渡した〉

【注】 非制限的用法には，様々な意味関係が含意される。
Mein Sohn, der krank war, ist wieder gesund und munter.
〈私の息子は病気だったのだが，もう健康で元気になった〉
Den Film, den alle Kritiker loben, findet er langweilig.
〈その映画を批評家がすべて褒めるのだが，彼は退屈なものと思う〉
Das Mädchen, dessen Mutter krank geworden ist, kommt heute nicht in die Schule. 〈その少女は母親が病気になったので，きょう学校に来ない〉

3. 関係文と冠飾句

定関係代名詞文は，名詞を修飾する文的付加語であるという点で名詞の前に置かれる冠飾句（第4章第2課§2の1.④および第3課§2の4.を参照）と共通性を持つ。したがって，定関係代名詞文は原則的に冠飾句によって書き換えることができる。

der Mann, der in Berlin wohnhaft ist
〈ベルリンに住んでいる男〉
⟷ der in Berlin wohnhafte Mann
der Künstler, der beim Publikum beliebt ist
〈観衆に人気のある芸人〉
⟷ der beim Publikum beliebte Künstler
der Zug, der vor einigen Minuten abgefahren ist
〈数分前に発車した列車〉
⟷ der vor einigen Minuten abgefahrene Zug

【注】 ドイツ語では名詞を修飾する文的付加語が名詞の前にも後ろにも現れる(関係文と冠飾句)。このことは，一見，ムダな感じがするが，言語の一般傾向として「動詞が文末に置かれる言語(たとえば日本語)では名詞を修飾する文は名詞の前に現れ，動詞が第2位に置かれる言語(たとえば英語)では名詞を修飾する文が名詞の後ろに現れる」ということが確かめられている。ドイツ語では動詞が第2位(主文の場合)にも，文末(副文の場合)にも置かれる。したがって，名詞の文的付加語が名詞の前にも(すなわち冠飾句)，また，後ろにも(すなわち関係文)現れるということはきわめて自然な現象である。

定形文末　　　→　日本語　　→　文的付加語が名詞の前
定形第2位　　→　英語　　　→　文的付加語が名詞の後ろ
定形文末　　⎫
定形第2位　　⎬　→　ドイツ語　→　文的付加語が名詞の前と後ろ

〈第7章　複合文・副文〉—— *301*

[§5] wie＋人称代名詞

1. 定義

　主文中の名詞を受ける人称代名詞を含む wie 文は「関係文」に準じる付加語文を作る。wie 文では，定形の動詞を文末に置く。

　　Das ist ein Roman, *wie ihn* Peter gern **liest**.
　　〈これはペーターが喜んで読むような小説だ〉

【注】　人称代名詞の形は，主文中の名詞の性・数，および wie 文中の格関係によって決まる。すなわち，上例で wie 文中の人称代名詞が ihn（男性・単数・4格）という形をとったのは，主文中の名詞 Roman が男性名詞の単数で，かつ lesen の4格目的語になっているからである。

　　Das ist ein *Roman*. ⇔ Peter liest gern den *Roman*.
　　〈それは小説だ〉⇔〈ペーターはよろこんでその小説を読む〉

2. 先行詞

　先行詞は，原則的に不特定のもので，したがってふつう，単数ならば不定冠詞，複数ならば無冠詞になる。なお，wie 文中の人称代名詞は1格か4格である。

　　Das ist *ein Wein*, wie *er* von Frauen auch gern getrunken wird.
　　〈それは女性にも好んで飲まれるワインだ〉
　　Das war *ein Kampf*, wie *ihn* noch keiner gesehen hatte.
　　〈それはいままで誰も見たことのないような戦いだった〉

【注】
（a）　人称代名詞を含む wie 文は，次例のように先行詞に solch が付くことから分かるように，「…のような〜」とか「…のごとき〜」のように，類似性に基づく先行詞の性質を規定する。

　　Solch einen Mantel, wie du ihn hast, möchte ich mir kaufen.
　　〈君が持っているようなコートを私は買いたい〉

（b）　人称代名詞の代わりに，名詞的用法の不定冠詞類を用いることがある。

　　Ich brauche einen Computer, wie er *einen* hat.
　　〈私は彼が持っているようなコンピュータが必要だ〉
　　Das war einen Kampf, wie man noch *keinen* gesehen hatte.
　　〈それは誰もがまだ見たことのないような戦いだった〉

第 4 課　比較文

[§1] 定義
ある事柄を他の事柄と比較して相対的に表す文を比較文と呼ぶ。

[§2] 原級・比較級・最高級
比較文の最も典型的なものは，形容詞・副詞の比較級（二者の比較の場合）と最高級（三者以上の比較の場合）によるものである。比較級・最高級に対して基本になる形を原級と呼ぶ。

1.　形容詞

形容詞の比較級は原級に -er，最高級は -st を付けて作る。

〈原級〉		〈比較級〉	〈最高級〉
fleißig	勤勉な	— fleißiger	— fleißigst
schwer	重い	— schwerer	— schwerst
tief	深い	— tiefer	— tiefst
wichtig	重要な	— wichtiger	— wichtigst

〔ウムラウトするもの〕

arm	貧しい	— ärmer	— ärmst
jung	若い	— jünger	— jüngst
lang	長い	— länger	— längst
schwach	弱い	— schwächer	— schwächst
stark	強い	— stärker	— stärkst

〔不規則変化をするもの〕

groß	大きい	— größer	— größt
hoch	高い	— höher	— höchst
nah(e)	近い	— näher	— nächst
gut	良い	— besser	— best

viel	多い	—	mehr	—	meist
wenig	少ない	{ —	weniger	—	wenigst
		—	minder	—	mindest

【注】
（a）-d, -t, -ss, -ß, -z で終わる形容詞の場合, 最高級は口調上の e を入れ, -est になる。-sch で終わる場合も, ふつう口調上の e を入れる。

gesund	健康な	{ —	gesunder	—	gesundest
		—	gesünder	—	gesündest
leicht	軽い	—	leichter	—	leichtest
alt	古い	—	älter	—	ältest
kalt	冷たい	—	kälter	—	kältest
nass	湿った	—	nasser	—	nassest
kurz	短い	—	kürzer	—	kürzest
frisch	新鮮な	—	frischer	—	frisch(e)st

ただし, 最後の音節にアクセントがない場合, 口調上の e は入れない。

bedeutend	重大な	—	bedeutender	—	bedeutendst
malerisch	絵のような	—	malerischer	—	malerischst

（b）-e 以外の母音や -h に終わる形容詞の場合, 最高級では口調上の e を挿入することもある。

neu	新しい	—	neuer	—	neu(e)st
roh	生の	—	roher	—	roh(e)st

（c）-e で終わる形容詞の場合, 比較級では r のみを付ける。

weise	賢い	—	weiser	—	weisest

（d）語末が -el に終わる形容詞の場合, 比較級で語幹の e を落す。-en, -er に終わる形容詞の場合, 比較級で e を落すこともある。これは, 比較語尾 -er の付加によって弱アクセントの e が連続することを嫌うためである。

dunkel	暗い	—	dunkler	—	dunkelst
trocken	乾いた	—	trock(e)ner	—	trockenst
teuer	高い	—	teu(e)rer	—	teuerst

（f）最高級しかない形容詞もある。

ober	上の	—	oberst
unter	下の	—	unterst
inner	内の	—	innerst
äußer	外の	—	äußerst

（g）程度が問題にならない性質を表す形容詞は比較変化をしない：schwanger「妊娠した」, tot「死んだ」。

2. 副詞

比較級は -er, 最高級は am -sten によって作る。

bald	まもなく	—	eher	—	am ehesten
gern	よろこんで	—	lieber	—	am liebsten
lange	長い間	—	länger	—	am längsten
oft	しばしば	—	öfter	—	am öftesten
sehr	非常に	—	mehr	—	am meisten
wohl	気分がよい	—	besser	—	am besten

[§3] 用法

1. 種類

比較級・最高級には, 付加語的, 述語的, 副詞類的の3種類の用法がある。

2. 付加語的用法

比較級・最高級を付加語的に用いる場合, 原級の場合と同一の格語尾を付ける。最高級ではかならず定冠詞を用いる。

〔比較級〕ein *fleißigerer* Student
　　　　〈(他者よりも)より勤勉な学生〉
〔最高級〕der *fleißigste* Student
　　　　〈(三者以上の間で)一番勤勉な学生〉

Sie kämpfen für *höhere* Löhne.
〈彼らはより高い賃金を求めて戦う〉
Damals wohnte er in einem *größeren* Haus.
〈当時彼はもっと大きな家に住んでいた〉
Kennen Sie den *höchsten* Berg in Deutschland?
〈あなたはドイツでもっとも高い山を知っていますか〉

【注】
(a) 比較の対象は als によって示すことがある。
　　Sie werden kein besseres Hotel finden *als dieses*.
　　〈あなたはこれよりよいホテルは見つけられないだろう〉
(b) mehr や weniger は格語尾を付けずに用いる。

Er hat *weniger* Bücher als Hans.
〈彼はハンスよりも持っている本が少ない〉
Wir haben jetzt *mehr* Freizeit als früher.
〈いま私たちは以前よりも自由な時間が多い〉

3. 述語的用法
3．1．二者の比較
　二者を比較し，一方の方が他方よりも程度が高いことを表す場合，述語に比較級（＋als）を用いる。
　　Sein Wagen ist *schneller* (als mein Wagen).
　　〈彼の自動車の方が(私の自動車よりも)速い〉
　　Der Fluss ist hier *tiefer* als dort.
　　〈その川はここの方があそこよりも深い〉
【注】
（a）　als の後ろに動詞を含む文を置く場合がある。
　　Sie war ängstlicher, als er dachte.
　　〈彼女は彼が思ったよりも心配していた〉
　　Er sieht jünger aus, als er ist.
　　〈彼は実際よりも若く見える〉
（b）　als が「…として」の意味の als と並ぶ場合，denn を用いる（文語的）。
　　Er ist als Wissenschaftler bedeutender *denn* als Lehrer.
　　〈彼は教師としてよりも学者として偉大である〉

3．2．三者以上の比較
　三者以上のものを比較し，そのなかで「一番…だ」という場合，述語に最高級を用いる。最高級の述語形式には次の2種類がある。
　① 定冠詞を伴う形
どの形式を用いるかは，補いうる名詞の性・数による。
　　　　der -ste　（男性・単数）　　das -ste　（中性・単数）
　　　　die -ste　（女性・単数）　　die -sten　（複数）
　　Hans ist von uns allen *der lustigste*.
　　〈ハンスは私たちの中でもっとも愉快なやつだ〉
　　Sie ist *die fleißigste* in dieser Klasse.
　　〈彼女はこのクラスの中でもっとも勤勉だ〉

【注】　この形式を事物に関して用いる場合，最高級の後に補って考えるべき名詞が文中の他の箇所に現れていなければならない。
>Der *Baum* ist der größte in dem Garten.
>〈この木は庭で一番大きいものだ〉
>Von allen *Bergen* in Deutschland ist die Zugspitze der höchste.
>〈ドイツのすべての山のなかでツークシュピッツェがもっとも高い〉

② am -sten の形

>*Am besten* ist es, wenn du ihn morgen besuchst.
>〈一番よいのは明日君が彼を訪ねることだ〉
>Er ist *am fleißigsten* in dieser Klasse.
>〈彼はこのクラスでもっとも勤勉だ〉

【注】
（a）人の持つ特性を比較する場合，am -sten の形式よりも，定冠詞を伴う形式の方を好む。
（b）この am -sten の形式は，主語の特性をいくつかの状況のなかで比較し，ある状況のもとで「一番…だ」と言う場合にも用いる。
>Der Fluss ist hier am tiefsten. 〈その川はここがもっとも深い〉
>Jeder Student ist vor dem Examen am fleißigsten.
>〈どの学生も試験の前がもっとも勤勉だ〉

3．3．原級による比較形式

原級による比較形式として，次のようなものがある。

① so＋原級＋wie

程度が同一であることを表す。
>Der Lehrer ist *so* alt *wie* mein Vater.
>〈先生は私の父と同じ年だ〉
>Dieses Bild ist *genauso* schön *wie* das andere.
>〈この絵は他のとまったく同じくらい美しい〉

【注】
（a）副詞を付加し，様々なバリエーションを付けることができる。
>Er ist *nur halb* so alt wie ich. 〈彼は私の年齢の半分でしかない〉
>Der Durchmesser ist *zweimal* so lang wie der Radius.
>〈直径は半径の2倍である〉

Er verdient *doppelt* so viel wie ich. 〈彼は私の倍稼ぐ〉
（b） wie の後ろに動詞を含む文を置くことがある。
Er ist jetzt so alt, wie du damals warst.
〈いま彼は当時の君と同じ年齢だ〉

② nicht so＋原級＋wie
程度が同一でないことを表す。
Hans ist *nicht so* dumm *wie* ich.
〈ハンスは私ほど馬鹿ではない〉
Heute ist es *nicht so* kalt *wie* gestern.
〈きょうは昨日ほど寒くはない〉

③ weniger/minder＋原級＋als
程度が低いことを表す。
Er ist jetzt *weniger* fleißig *als* früher.
〈いま彼は以前ほど勤勉ではない〉

④ mehr/weniger＋原級＋als
同一の対象物が持つ2つの特性を比較し，一方の方が他方よりも程度が高い（あるいは低い）ことを表す。
Die Kiste ist *mehr* lang *als* breit.
〈その箱は幅よりも長さがある〉
Er ist *weniger* unbegabt *als* faul.
〈彼は才能がないというよりも怠け者なのだ〉

【注】 述語が名詞の場合，「むしろ…だ」という意味になる。
Er ist *mehr* Makler *als* Gelehrter.
〈彼は学者というよりもブローカーだ〉

3．4． 副詞類的用法

比較級・最高級を副詞類的に用いる場合，二者の比較には比較級（＋als）を，三者以上の比較には am＋-sten の形を用いる。

① 二者の比較
Er raucht *mehr* als ich.
〈彼は私よりも喫煙量が多い〉

Ich trinke *lieber* Wein als Bier.
〈私はビールよりもワインが好きだ〉
【注】 比較級の場合，als 以下の部分が明示されないことがある。
Ich gehe lieber zu Fuß.
〈私は歩いて行く方がよい〉
Welche Stadt gefällt dir besser ?
〈どちらの町の方が君は好きですか〉
Du musst dich etwas klarer ausdrücken.
〈君はもう少しはっきり表現しなければならない〉

② 三者以上の比較
Er saß mir *am nächsten*.
〈彼は私にもっとも近く座っていた〉
Er trinkt *am liebsten* Rotwein.
〈彼は赤ワインを一番好んで飲む〉
Der Wagen fährt *am schnellsten*.
〈その自動車が一番速く走る〉
Das wissen Sie selbst *am besten*.
〈それはあなた自身が一番よく知っている〉
Welchen von deinen Freunden schätzst du *am meisten* ?
〈君はどの友人を一番高く評価しますか〉
【注】 同一の程度を表す場合，原級による比較形式を用いる。
Im Vakuum fällt Eisen *so* schnell *wie* Papier.
〈真空では鉄も紙と同じ速さで落ちる〉
Mein Freund studiert *ebenso* lange *wie* ich.
〈私の友人は私と同じくらい長く大学に通っている〉

[§4] 絶対比較級・絶対最高級

　他との比較を表さず，「比較的…だ」を意味する比較級を絶対比較級，「きわめて…だ」を意味する最高級を絶対最高級と呼ぶ。絶対最高級の場合，定冠詞を省くことができる。
〔絶対比較級〕
Das ist noch das *kleinere* Übel.

〈それはまだましな方だ〉
　　Ich habe ihn *längere* Zeit nicht gesehen.
　　〈私は彼にここしばらく会っていない〉
〔絶対最高級〕
　　Er war wirklich in *größter* Not.
　　〈彼は本当に非常に困っていた〉
　　Er übersieht nicht den *kleinsten* Fehler.
　　〈彼はどんな小さな間違いも見逃さない〉
　　Es ist die *höchste* Zeit, zum Arzt zu gehen!
　　〈医者に行くのをこれ以上延ばせないよ〉

【注】
（a）　ein jüngerer Mann は ein junger Mann よりも年上で，ein älterer Mann は ein alter Mann よりも若い。
（b）　aufs〔auf das〕＋最高級の形は，程度がきわめて高いことを表す。
　　Er war aufs höchste〔auf das höchste〕überrascht.
　　〈彼は非常に驚いていた〉
　　Er arbeitet auf das genaueste.
　　〈彼は非常に正確な仕事をする〉
　　Ich danke Ihnen aufs herzlichste.
　　〈私はあなたに心から感謝をする〉

[§5] 比較文のバリエーション

1. 比較の強め

　viel, weit などの副詞は比較級を，weitaus などの副詞は最高級の程度を強めるのに用いる。
　　Mein Bruder ist *weit* älter als seine Frau.
　　〈私の兄〔弟〕は彼の妻よりもずっと年をとっている〉
　　Es kamen *viel* mehr Gäste, als ich erwartet hatte.
　　〈私が期待したよりもずっと多くの客が来た〉
　　Von der gesamten Mannschaft spielt er *weitaus* am besten Fußball.
　　〈チーム全員の中でサッカーのうまさは彼が断然一番だ〉

【注】 比較における差を表わす場合，前置詞 um＋4格を用いる。ただし，この um は省略することもできる。
>   Er ist (*um*) *zehn Monate* älter als ich.
>   〈彼は私よりも10か月年上だ〉
>   Er wohnt *zwei Etagen* höher.
>   〈彼は2階上に住んでいる〉
>   Heute ging er *eine Stunde* früher fort als sonst.
>   〈きょう彼はいつもよりも1時間早く出発した〉

2. immer＋比較級

程度がますます強まることを表す。
>   Es regnet *immer* stärker.
>   〈雨はますます強く降る〉
>   *Immer* mehr Touristen strömen auf die Insel.
>   〈ますます多くの旅行者が島に押し寄せて来る〉

【注】 比較級を重ねることによっても程度が強まることを表すことが出来る。
>   Das Wetter wurde *schlechter und schlechter*.
>   〈天候はますます悪くなった〉

3. je＋比較級(副文)，desto〔umso〕＋比較級(主文)

比較の対象となる一方の特性の程度が強まるにつれ，他方の特性の程度もまた強まることを表す。
>   *Je* mehr er verspricht, *desto* weniger glaube ich ihm.
>   〈彼が約束をすればするほど私は彼をますます信じなくなる〉
>   *Je* mehr man darüber nachdenkt, *umso* mehr ärgert man sich.
>   〈そのことを考えれば考えるほどより一層腹が立つ〉

4. 比較級と否定詞の結合

比較の対象と想定されるものに勝るものがないことを表し，結果的に一種の最高級表現を作る。
>   *Keiner* läuft *schneller* als er〔*so schnell* wie er〕.
>   〈誰も彼より速くは〔彼ほど速くは〕走れない〉
>   Ich kenne *keinen fleißigeren* Schüler als ihn.

〈私は彼よりも勤勉な生徒を知らない〉

[§6] 形容詞・副詞を用いない比較文

① 比較の対象として wie 文のみを用いる場合，ある行為の様態が他の場合に想定されるものと類似していることが表される。

Er weinte *wie* ein Kind.
〈彼は子供のように泣いた〉
Sie liebt ihn *wie* einen Vater.
〈彼女は彼を父親のように愛している〉

② 主文に形容詞ではなく，anders, auf andere Weise のような語句を入れる場合，程度ではなく，単に相違していることのみが表される。

Er ist heute ganz *anders* als sonst.
〈彼はきょうふつうとまったく違う〉
Heutzutage denkt man darüber *anders* als früher.
〈近頃はそのことに関して以前と異なった考え方をする〉

③ als ob/als wenn などを用いる場合，非現実的な状況との比較が表される。「主な接続詞一覧」を参照。

Er tat, *als ob* er es schon wüsste.
〈彼はあたかもそのことを知っているかのような振りをした〉
Er lachte, *als wenn* ihm alles gleichgültig wäre.
〈彼はすべてがどうでもよいかのように笑った〉

【注】 次の事例では比較の対象になる現実の状況が als 文として示されている。

Als die Tür zufiel, war ihr, *als ob* sich ein Sarg schließe.
〈扉がバタンと閉まったとき，彼女にはまるで棺桶が閉じたかのような気がした〉

◆練習問題

1. 次の文を訳しなさい。
(1)　Er kennt Italien, er hat dort gelebt.
(2)　Es regnete, trotzdem ging er spazieren.
(3)　Ich fragte sie, ob er schon angekommen ist.
(4)　Man wusste nicht, wer die Prüfung bestanden hat.
(5)　Er kann deshalb nicht aussagen, weil er nichts weiß.
(6)　Sie kam so spät, dass der Zug schon fort war.
(7)　Weder er noch sie hat den Film gesehen.
(8)　Ich trinke entweder Wein oder Bier, aber nicht beides.
(9)　Wenn es auch spät war, niemand wollte nach Hause gehen.

2. 関係文に注意しながら，次の文を訳しなさい。
(1)　Alles, was wir brauchen, können wir im Supermarkt kaufen.
(2)　Es gibt vieles, worum ich dich bitten könnte.
(3)　Der lange Regen führte zu großen Überschwemmungen, wodurch der Verkehr lahm gelegt wurde.
(4)　Wer fremde Sprachen nicht kennt, weiß nichts von seiner eigenen.

3. 比較の形式に注意しながら，次の文を訳しなさい。
(1)　Dieses Grundstück ist doppelt so groß wie das andere.
(2)　Köln ist nicht so groß wie München.
(3)　Nichts ist mir verhasster als Schmeichelei.
(4)　Niemand liebt sie mehr als ich.
(5)　Welche Verstöße kommen am häufigsten vor ?
(6)　Ich habe das Gedicht anders interpretiert als er.
(7)　Sie haben eine längere Pause gemacht.
(8)　Sie spricht ihm die herzlichsten Glückwünsche aus.
(9)　Seine Tochter wird immer hübscher.
(10)　Je älter er wird, umso vernünftiger wird er auch.

付録

I アルファベット
II 発音とアクセント
III 綴りの読み方
IV 句読法
V 分綴法

付録 I　アルファベット

　ドイツ語のアルファベットは，4つの文字を除き，英語と同一である。ßは語頭で用いることがなく，したがって大文字がない。変音符（ウムラウト）¨が付いた母音は「変母音」と呼ぶ。

　文字の呼び名と，単語の中での発音とが密接に関連しているため，アルファベットの発音を正しく学ぶことは，ドイツ語の単語を読むための基礎として非常に大切である。筆記体は，ドイツ人独自のものがあるが，英語風に書いても差しつかえない。

A	a	𝔄	a	𝒜	a	[aː]	P	p	℘	p	𝒫	p	[peː]
B	b	𝔅	b	ℬ	b	[beː]	Q	q	𝔔	q	𝒬	q	[kuː]
C	c	ℭ	c	𝒞	c	[tseː]	R	r	ℜ	r	ℛ	r	[ɛr]
D	d	𝔇	d	𝒟	d	[deː]	S	s	𝔖	ſ, s	𝒮	s	[ɛs]
E	e	𝔈	e	ℰ	e	[eː]	T	t	𝔗	t	𝒯	t	[teː]
F	f	𝔉	f	ℱ	f	[ɛf]	U	u	𝔘	u	𝒰	u	[uː]
G	g	𝔊	g	𝒢	g	[geː]	V	v	𝔙	v	𝒱	v	[fau]
H	h	ℌ	h	ℋ	h	[haː]	W	w	𝔚	w	𝒲	w	[veː]
I	i	ℑ	i	𝒥	i	[iː]	X	x	𝔛	x	𝒳	x	[ɪks]
J	j	𝔍	j	𝒥	j	[jɔt]	Y	y	𝔜	y	𝒴	y	[ˈʏpsilɔn]
K	k	𝔎	k	𝒦	k	[kaː]	Z	z	ℨ	z	𝒵	z	[tsɛt]
L	l	𝔏	l	ℒ	l	[ɛl]	ß		ß		β	[ɛs-tsɛt]
M	m	𝔐	m	ℳ	m	[ɛm]	Ä	ä	𝔄	ä	𝒜	ä	[ɛː]
N	n	𝔑	n	𝒩	n	[ɛn]	Ö	ö	𝔒	ö	𝒪	ö	[øː]
O	o	𝔒	o	𝒪	o	[oː]	Ü	ü	𝔘	ü	𝒰	ü	[yː]

付録II　発音とアクセント

1. 母音の種類（子音は省略）

主なものとして次のものがある。

[ɪ]	Mitte	[mítə]		[øː]	Möbel	[mǿːbəl]
[iː]	Bibel	[bíːbəl]		[ʊ]	Hund	[hʊnt]
[ɛ]	Lärm	[lɛrm]		[uː]	Hut	[huːt]
[ɛː]	Träne	[trɛ́ːnə]		[ɔ]	Gott	[gɔt]
[e]	Leben	[léːbən]		[oː]	Brot	[broːt]
[a]	Ball	[bal]		*[aɪ]	Eis	[aɪs]
[aː]	Plan	[plaːn]		*[aʊ]	Haus	[haʊs]
[Y]	Hütte	[hʏ́tə]		*[ɔY]	heute	[hɔ́Ytə]
[yː]	Hügel	[hýːgəl]		[ə]	alle	[álə]
[œ]	Hölle	[hœ́lə]				

【注】　*の付いた母音を複母音と呼ぶ。

2. 発音の仕方

　ドイツ語の発音は，日本語とかなり類似した部分もあるが，全体的に日本語よりもはっきりしている。以下にいくつかドイツ語の発音を学ぶ際に役に立つポイントを挙げる。

　①　変母音で特に問題になるのはöとüである。äは短音長音 [ɛ/ɛː] ともに，単音eと同じ様に発音すればよい。

　öの短音 [œ] は唇を短音oの形にし，舌を短音eの位置に置いて発音する。長音 [øː] は唇を長音oの形にし，舌を長音eの位置に置いて発音する。

　üの短音 [Y] は唇を短音uの形にして，舌を短音iの位置に置いて発音する。長音 [yː] は唇を長音uの形にし，舌を長音iの位置に置いて発音する。

　②　chの [x] は，舌の後部を押し上げ，後口蓋を塞ぐようにして出す

摩擦音で，寒いときに手に息を吐きかけるときの音に似ている。

③　pf [pf] は，下唇を上の歯でしっかりかみ，そのまま口をむすび，それから勢いよく息を破裂させる。

④　「のどびこのr」（Zäpfchen-r）を練習するには，水を口に含まずにうがいの動作をする，身体を楽にし喉の奥の方から息を軽く出す，あるいは両手で喉首を押え声門を狭くし息を軽く出すの3つの方法がある。実地には Gras「草」，krank「病気の」などのような後口蓋の音に連続させて練習すると比較的簡単に出る。

【注】語頭の（および音節の頭を形成する）母音は，喉頭を閉鎖した後で，これを再度力強く開きつつ発音する。この音声上の特性を [ʼ] の記号によって示すことがある。
 einatmen [áɪnʼaːtmən] （＜ein-＋-atmen）
 Verein [fɛrʼáɪn] （＜Ver-＋-ein）

3.　アクセント

　語が複数の音節からなる場合，強く発音される音節と弱く発音される音節とがある。このような音節間の強弱関係においてもっとも高い点をアクセントと呼ぶ。ドイツ語のアクセントは単一語，複合語に限らず，原則的に第1音節に置く。
 Vater　[fáːtər] 父 **Vaterland**　[fáːtərlant] 祖国
 Monat[móːnat] 月 **Wörterbuch**　[vǿrtərbuːx] 辞書

【注】
（a）アクセントの位置の例外に関していくつかの細則を立てることができるが，外来語はもちろんのこと，ドイツ語本来の語にも例外があるため，一つひとつ辞書で調べる必要がある：lebendig [lebɛ́ndɪç]「生き生きとした」，zufrieden [tsufríːdən]「満足した」。また，一部の語は二重アクセントを持つ：allgemein [álgəmáɪn]。
（b）複合動詞の場合，アクセントの位置によって意味が異なることがあるので特に注意する必要がある：übersetzen [ýːbərzɛtsən]「向こうへ渡す」—übersetzen [yːbərzɛ́tsən]「翻訳する」。

付録III　綴りの読み方（主にドイツ語特有のものを扱う）

[§1] 基本規則

綴りの読み方に関して，次のような基本規則が立てることができる。
① ドイツ語の綴りはローマ字的に読む。
② 無音のhを除き，綴りの字母はすべて発音する。
③ 重複した子音字の前に置かれ，アクセントを持つ母音は短母音である。

    kommen　来る　　Suppe　スープ　　Schlüssel　鍵

[§2] 母音字（長音記号のhも含む）

1. a [a]／a, ah, aa [a:]
 ① 短音　Ball　ボール　　Hals　首　　Mann　男
 ② 長音　Gras　草　　　　Plan　計画　Rat　忠告
    Bahn　鉄道　　Hahn　雄鶏　Jahr　年
    Haar　髪　　　Paar　ペア　Saal　ホール

2. e [ε]／e, eh, ee [e:]
 ① 短音　Bett　ベッド　　Keller　地下室　Perle　真珠

＊語尾や前つづりでアクセントを伴わない場合，あいまい母音 [ə] になる：Kanne「ポット」, Frage「質問」, Onkel「おじ」。

 ② 長音　geben　与える　Leben　生命　Regen　雨
    Ehre　名誉　　gehen　行く　Lehrer　教師
    Meer　海　　　Tee　茶　　　See　海，湖

3. i [ɪ]／i, ie, ih, ieh [i:]
 ① 短音　Bitte　頼み　　Mitte　中央　Tinte　インク

② 長音 B*i*bel 聖書　　L*i*lie 百合　　　T*i*ger ライオン
　　　 B*ie*r ビール　h*ie*r ここ　　　L*ie*be 愛
　　　 *ih*m 彼に　　*ih*n 彼を　　　*ih*r 君たちは
　　　 fl*ie*hen 逃げる V*ie*h 家畜　　z*ie*hen 引く

　* ie は ii の変形。

4. o [ɔ]／o, oh, oo [oː]
　① 短音 G*o*tt 神　　　P*o*st 郵便　　　*O*nkel おじ
　② 長音 Br*o*t パン　　Kn*o*ten 結び目　r*o*t 赤い
　　　 K*oh*l キャベツ L*oh*n 賃金　　*Oh*r 耳
　　　 B*oo*t ボート　M*oo*r 沼地　　M*oo*s コケ

5. u [ʊ]／u, uh [uː]
　① 短音 Br*u*nnen 泉　　H*u*nd 犬　　　T*u*rm 塔
　② 長音 Bl*u*t 血　　　H*u*t 帽子　　N*u*del 麺
　　　 K*uh* 雌牛　　R*uh*e 静寂　　R*uh*m 名声

6. ä [ɛ]／ä, äh [ɛː]
　① 短音 K*ä*lte 冷たさ　L*ä*rm 騒音　　W*ä*rme 温かさ
　② 長音 B*ä*r 熊　　　K*ä*fer カブトムシ Tr*ä*ne 涙
　　　 g*äh*nen 欠伸をする N*äh*e 近さ　　Kr*äh*e カラス

7. ö [œ]／ö, öh [øː]
　① 短音 H*ö*lle 地獄　　k*ö*nnen 出来る　L*ö*ffel スプーン
　② 長音 Fl*ö*te フルート M*ö*bel 家具　　*Ö*l オイル
　　　 H*ö*he 高さ　　H*ö*hle くぼみ　M*öh*re ニンジン

8. ü [ʏ]／ü, üh [yː]
　① 短音 B*ü*rger 市民　　d*ü*nn 薄い　　H*ü*tte 小屋
　② 長音 Fl*ü*gel 翼　　H*ü*gel 丘　　　T*ü*r ドア
　　　 B*üh*ne 舞台　　fr*üh* 早い　　k*üh*l 涼しい

9. y (= ü) [ʏ]／[yː]
   ① 短音　H*y*mne　賛歌　　Rh*y*thmus リズム
   ② 長音　M*y*thos　神話　　T*y*p　　　タイプ

10. ei, ai [aɪ]
    B*ei*n　　脚　　　*Ei*　　　卵　　　*Ei*s　　氷
    H*ai*　　サメ　　L*ai*e　　素人　　M*ai*　　五月

11. eu, äu [ɔʏ]
    Fr*eu*de　喜び　　　h*eu*te　　きょう　　L*eu*te　人々
    tr*äu*men　夢をみる　Geb*äu*de　建物　　　K*äu*fer　購買者

12. au [aʊ]
    Fr*au*　女性　　H*au*s　家　　Tr*au*m　夢

[§3] 子音字

1. a, o, u, au の後ろの ch [x]
   Ba*ch*　　小川　　na*ch*　　…の後で　Lo*ch*　　穴
   Bu*ch*t　　湾　　　Bu*ch*　　本　　　　Bau*ch*　腹

2. a, o, u, au 以外の字母の後ろおよび語頭の ch [ç]
   lä*ch*eln　ほほえむ　Re*ch*t　　法律　　　Tei*ch*　池
   feu*ch*t　　湿った　　Tö*ch*ter　娘（複数）　hö*ch*st　最も高い
   Kü*ch*e　　台所　　　Bü*ch*er　本（複数）　i*ch*　　私は
   rie*ch*en　臭う　　　Mil*ch*　　ミルク　　　*Ch*ina　中国

3. j [j]
   *J*apan　日本　　*j*eder　誰もが　*j*ung　若い

4. v [f]
   *V*ater　父親　　*V*ogel　鳥　　primiti*v*　原始的な

* 外来語の v は母音の前で [v] と発音する：Novelle [novɛlə]「小説」，Klavier [klaviːr] ピアノ。

5. w [v]
   *W*ald　森　　*W*olke　雲　　Lö*w*e　ライオン

6. z/-tz/-ts/-ds [ts]
   *Z*ahn　歯　　*Z*weck　目標　　Ar*z*t　医者
   Ka*tz*e　猫　　Ne*tz*　網　　je*tz*t　今
   Rä*ts*el　謎　　nach*ts*　夜に　　aben*ds*　夕方に

7. 母音の前の s [z]
   *S*uppe　スープ　　Ro*s*e　バラ　　Rei*s*e　旅行
   * 母音を伴わない場合、[s] と発音する：Haus [haʊs]「家」, Kiosk [kiɔsk]「売店」。

8. ß／ss [s]
   Fu*ß*　足　　Stra*ß*e　通り　　drau*ß*en　外で
   Flu*ss*　川　　Ku*ss*　キス　　e*ss*en　食べる
   * ss と ß は相補的な関係にある。すなわち前の母音が短い場合に ss を、長いかあるいは二重母音の場合に ß を用いる。なお、従来の正書法では、前後を母音に挟まれ、かつ前の母音が短い場合に ß を、その他の場合には ss を用いていた。すなわち前の母音が短くても、後ろに母音がない場合は ß を用いていた：Kuß「キス」（新正書法では Kuss）。

9. pf [pf]
   *Pf*eife　パイプ　　A*pf*el　リンゴ　　Ko*pf*　頭

10. qu [kv]
    *Qu*elle　泉　　*Qu*ittung　領収書　　be*qu*em　快適な
    * 字母 q は qu の組み合せでしか用いない。

11. sch [ʃ]
    *Sch*iff　船　　*Sch*wan　白鳥　　Ti*sch*　テーブル

12. tsch [tʃ]
    Gle*tsch*er 氷河　　　Deu*tsch* ドイツ語　zwi*tsch*ern さえずる

13. -chs／-x [ks]
    se*chs* 六　　　　　Fu*chs* 狐　　　　wa*chs*en 成長する
    E*x*amen 試験　　　Ta*x*i タクシー　　Te*x*t テキスト

14. 無音の h（前の母音が長音であることを示す）
    Ba*h*n 鉄道　　　　Ru*h*e 休息　　　Lo*h*n 賃金
    *語頭では発音する：hoch [hoːx]「高い」。

15. 語頭の sp- [ʃp]
    *sp*rechen 話す　　*sp*ielen 遊ぶ　　*Sp*iegel 鏡

16. 語頭の st- [ʃt]
    *St*raße 通り　　　*st*ehen 立っている　*St*aat 国家
    *語頭以外では [st] と発音する：Kiste [kɪstə] 木箱。

17. 語末（綴り末）の -b [p]
    gel*b* 黄色　　　　Stau*b* ほこり　　Herb*st* 秋
    *母音を含む語尾が付くと，[b] の音になる：Dieb [diːp]「泥棒」→ Diebe [díːbə]。

18. 語末（綴り末）の -d [t]
    Han*d* 手　　　　　Kin*d* 子供　　　To*d* 死
    *母音を含む語尾が付くと，[d] の音になる：Lied [liːt]「歌」→ Lieder [líːdər]。また，語末の -dt も [t] と発音する：Stadt [ʃtat]「町」。

19. 語末の（綴り末）の -g [k]
    Ta*g* 日　　　　　Krie*g* 戦争　　　tä*g*lich 毎日
    *母音を含む語尾が付加されると [g] と発音する：Weg [weːk]「道」→ Wege [véːgə]。

20. 語末の-ig [ɪç]

   Honig 蜜　　　ruhig 静かな　　traurig 悲しい

 *母音を含む語尾が付くと，[g] の音になる：König [køːnɪç] → Könige [køːnɪɡə]。また，[ɪç] が重複するときは [ɪk] と発音する：königlich [køːnɪklɪç]。

21. -ng [ŋ], -nk [ŋk]

   Angst 心配　　　Menge 数量　　　Ring 指輪
   Wohnung 住い　Mah-Jongg マージャン
   Dank 感謝　　　links 左に　　　trinken 飲む

22. 語末の -r [r]

   für …のために　hier ここに　Uhr 時計

 *長母音 [aː] あるいは（綴り末で）アクセントのある短母音の後ろでは，はっきり [r] と発音する：Haar「髪」，Jahr「年」，Perle「真珠」。

23. 語末の -er [ər]

   Lehrer 先生　　Mutter 母　　ändern 変える

 *定冠詞 der，人称代名詞 er，非分離前つづり ver-/zer- などは末尾の r のみを母音化させる。

【注】
（a）外来語は特に特殊な綴りの読み方をするから，辞書などで調べながら学習する必要がある。
（b）辞書，参考書などで発音を示すのに音標文字ではなく，カナ文字を使用する傾向がある。カナ文字の使用を提唱する人の論理は次のようにまとめられるであろう：「発音表記は表意文字（たとえば漢字）には当然必要であるが，表音文字（たとえばカナ文字）には，文字そのものが発音を表しているのであるから，本来不必要である。ドイツ語はたしかに，完全な表音文字とは言いがたいが，基本的には表音文字的側面を大いに残しているのであるから，本来，綴りの読み方とその正しい発音の仕方を学べば，綴りを見るだけで十分に単語を発音できる。したがって，ドイツ語における発音表記は，綴りを正しく発音するための補助的手段（カナ文字）で十分である」。

付録IV　句読法

1. 終止符
　① 完結する平叙文の文末
　　Das zweite Mal war er vor drei Jahren hier gewesen.
　　〈彼が二度目にここに来たのは3年前だった〉
　② 省略記号
　　bzw. (＝ beziehungsweise)　ないし
　　usw. (＝ und so weiter)　…など
　　m.E. (＝ meines Erachtens)　私の考えでは
　　z.B. (＝ zum Beispiel)　たとえば

【注】　略語であっても，すでに定着した名称，度量衡，通貨単位などには省略記号を用いない。
　　g　　(＝ Gramm)　　　　　　　　　グラム
　　DB　 (＝ Deutsche Bundesbahn)　　 ドイツ連邦鉄道
　　USA　(＝ die Vereinigten Staaten von Amerika)　アメリカ合衆国

　③ 序数
　　Friedrich der II.　フリードリッヒ2世
　　am 17. April　　　4月17日
　　das 21. Jahrhundert　21世紀

2. コンマ
2.1. 並列的な語句の区切り
　① 列挙
　　Er ist frech, stur, dumm, eigensinnig, leichtsinnig..
　　〈彼はずうずうしくて，頑固で，馬鹿で，わがままで，軽率で…〉

【注】
（a）　und, oder, bzw., sowie, entweder ... oder, sowohl ... als (auch), sowohl ... wie (auch), weder ... noch などを用いる場合，コンマは打たない。しかし aber, doch, jedoch, sondern のような反意の接続詞を用いる場合はコンマを打つ。

Franz, Gisela und Sabine gehen in die Schule.
〈フランツ，ギーゼラそしてザビーネは学校へ行く〉
Das Papier kann weiß oder grau oder gelb sein.
〈紙は白か灰色か黄色ならよい〉
Sie sind schon alt, aber noch rüstig.
〈彼らはもう年をとっているが，まだ元気だ〉
Er ist nicht nur Musiker, sondern auch Dichter.
〈彼は音楽家であるだけではなく，詩人でもある〉

（b） 複数の形容詞が名詞を階層的に（左側のものが右側のものをすべて含んで）修飾する場合もコンマを打たない。

die zwei dortigen altmodischen großen braunen skandinavischen Tische
〈2つのそこの時代遅れの大きな茶色のスカンジナビア製のテーブル〉

② 同格，特に固有名詞と結びつく称号，肩書きなど

Johannes Gutenberg, der Erfinder der Buchdruckerkunst, wurde in Mainz geboren.
〈印刷技術の発明者であるヨハネス・グーテンベルクはマインツで生まれた〉

③ also, besonders, das heißt (d.h.), insbesondere, nämlich, und zwar, vor allem, zum Beispiel (z.B.) などの後ろの説明語句

Sie isst gern Obst, besonders Äpfel und Bananen.
〈彼女は果物，特にリンゴとバナナが好きだ〉
Die Feier findet nun doch statt, und zwar am Mittwoch.
〈祭典はやはり開催されます，それも水曜日に〉

④ 呼びかけの語句および間投詞

Hans, hörst du ?
〈ハンス，聞いているか〉
Entschuldigung, wo ist der Eingang ?
〈すみません，入口はどこでしょうか〉
Oh, wie schön !
〈オー，何と美しいのだ〉

【注】 bitte は原則的にコンマで区切るが，強調しない場合は任意である。
Kommen Sie morgen wieder zu mir(,) bitte !
〈どうぞあすもう一度私のところへ来てください〉

Bitte (,) kommen Sie morgen wieder zu mir! 〈同上〉
Kommen Sie (,) bitte (,) morgen wieder zu mir! 〈同上〉

2.2. 主文と主文の区切り
① 列挙
Ich kam, ich sah, ich siegte.
〈私は来た，見た，勝った〉
Die Musik wird leiser, der Vorhang hebt sich, das Spiel beginnt.
〈音楽が静かになる，カーテンが上がる，演奏が始まる〉

【注】 und, oder などで結びつける場合，コンマは用いない。ただし，この場合でも，文全体の中での区切りを明確にするために，コンマを用いることができる。
Ich habe sie oft besucht und wir saßen bis spät in die Nacht zusammen.
〈私は彼女をしばしば訪れ，私たちは夜遅くまで一緒に時を過ごした〉
Ich habe sie oft besucht(,) und wir saßen bis spät in die Nacht zusammen, wenn sie in guter Stimmung war.
〈私は彼女をしばしば訪れた，そして彼女の機嫌がよいときは，私たちは夜遅くまで一緒に時を過ごした〉
Er geht ins Theater oder besucht ein Konzert.
〈彼は芝居を見に行くかコンサートに行く〉

② 反意の主文
Er bleibt zu Hause, *aber* sie geht aus.
〈彼は家に留まるが，彼女は外出する〉
Er dachte angestrengt nach, *aber* ihr Name fiel ihm nicht ein.
〈彼は一生懸命考えたが，彼女の名前を思い出せなかった〉

2.3. 主文と副文，zu 不定詞句などとの区切り
① 従属接続詞による副文
Ich warte, bis du zurückkommst.
〈私は君が戻って来るまで待つ〉
Er arbeitet noch, obwohl er schon alt ist.
〈彼はもう年をとっているのにまだ働いている〉
Gerade als ich ausgehen wollte, kam ein Anruf.

〈ちょうど私が外出しようとしたとき電話がかかって来た〉
Ich wusste nicht, dass das Lied von Schubert komponiert wurde.
〈私はこの歌がシューベルトの作曲だとは知らなかった〉
Dass er Sie gekränkt hat, das bedauere ich sehr.
〈彼があなたの感情を害したことを私は非常に残念に思う〉

② 間接文
Eines Abends sagte sie, sie mache sich Sorgen.
〈ある晩彼女は心配をしていると言った〉
Weißt du, mit welchem Zug sie kommen?
〈彼らがどの列車で来るのか知っているか〉

③ 関係文
Der Junge, der dort singt, ist mein Neffe.
〈そこで歌っている若者は私の甥だ〉
Er fährt nach Bonn, wo er einmal studiert hat.
〈彼はかつて大学に通っていたことのあるボンに行く〉
Wer einmal gelogen hat, dem glaube ich nicht mehr.
〈一度うそをついた人は私はもう信じない〉

④ 枠構造外に置かれた als 文および wie 文
Hans ist klüger, als du denkst.
〈ハンスは君が思っているよりも賢い〉
Olf ist ebenso groß, wie sein Bruder im gleichen Alter war.
〈オルフの身長は彼の兄が彼の年齢の時のとちょうど同じだ〉

【注】 als および wie の後ろに単一の語句が置かれる場合, コンマを打たない.
Hans ist größer als Thomas.
〈ハンスはトーマスよりも大きい〉
Thomas läuft nicht so schnell wie du.
〈トーマスは君ほど走るのが速くない〉

⑤ zu 不定詞句
付加語的な zu 不定詞句, 相関詞で受ける zu 不定詞句および um/ohne/(an)statt＋zu 不定詞句の場合, 主文との間にコンマを打つ.

Er hat den Wunsch, Fußballspieler zu werden.
〈彼はサッカー選手になる望みを抱いている〉
Er lehnt es ab, über diese Dinge zu sprechen.
〈彼はこの件について議論することを拒否する〉
Sie hatte ein Taxi genommen, um nicht zu spät zu kommen.
〈彼女は，遅れないために，タクシーを使った〉

また，文全体の区切りが不明確になるような場合，誤解が生じそうな場合は，コンマを打つ。

Ich rate (,) ihm (,) zu helfen.
〈私は彼に，手助けするように忠告する〉/〈私は (誰かに)，彼の手助けをするように忠告する〉

その他の場合，コンマを打つか打たないかは原則的に書き手に任される。本書では，文の意味関係の明示を重視したコンマの打ち方を採用する。

⑥ 分詞句，成句的副文など

コンマを打つか打たないかは原則的に書き手に任される。本書では，文の意味関係の明示を重視したコンマの打ち方を採用する。

Durch eine Tasse Kaffee gestärkt (,) werden wir die Arbeit fortsetzen.
〈一杯のコーヒーで力をつけて，私たちは仕事を続けよう〉
Ich komme (,) wenn nötig (,) bei dir noch vorbei.
〈私は必要ならば君のところにこれから寄ります〉
Die Fahrkosten (,) einschließlich Zuschlag (,) betragen 69 Euro.
〈乗車券は特急料金込みで69ユーロだ〉

3. 疑問符

疑問符は直接疑問文に付け，間接疑問文には付けない。

Hast du das schon erledigt？
〈君はそれをもう済ましたのか〉
Wo warst du denn gestern Abend？
〈君は一体昨晩どこにいたのか〉

Er fragte mich, ob ich das schon erledigt habe.
〈彼は私にそれをもう済ましたかと尋ねた〉

4. 感嘆符
   ① 感嘆文
   Welch ein großer Künstler er ist!
   〈彼はなんという偉大な芸術家なのだ〉
   ② 命令文
   Herein! 〈お入り〉
   Kommen Sie einmal vorbei!
   〈一度お出かけください〉
   ③ 願望，脅しなどの文
   Möge er doch glücklich werden!
   〈彼が幸せにならんことを〉
   Dem werde ich's schon noch beibringen!
   〈やつにはそのうちきっと思い知らせてやる〉
   ④ 呼びかけ，間投詞
   Hallo Olaf! 〈ハロー，オラフ〉
   Zum Teufel! 〈ちくしょう〉

5. コロン
   ① 直接話法
   Er sagte zu ihr: „Komm sofort zu mir!"
   〈彼は彼女に「すぐ私のところへ来い」と言った〉
   ② 言い換え，要約，詳述（「すなわち」の意味合いで用いられる）
   Die Namen der Jahreszeiten sind folgende: Frühling, Sommer, Herbst und Winter.
   〈四季の名前は次の通り，すなわち春，夏，秋そして冬です〉

6. セミコロン
   列挙される語句や文を区切るのに用いられるが，コンマで区切るよりもより緊密な文のつながりが意識される。

Sie antwortete mir, sie wünsche es auch; wenn ich aber schon am Sonntagvormittag abreisen würde, sei es ihr unmöglich; denn nur am Sonntagabend könne sie mich wiedersehen.
〈彼女は私に彼女もそれを望んでいると答えた。しかし私が日曜の午前中にもう出発するならば，それは彼女には不可能だろう，というのは日曜の夕方しか彼女は私と再会できないからだと答えた〉

7. 引用符

引用符には，„ " と ‚ ' の2種類があるが，後者は前者の中で用いる引用符である。

① 直接話法

Er lächelte und sagte: „Ich bin krank."
〈彼はほほえみ，「私は病気だ」と言った〉

【注】引用符の文によって文全体が完結する場合，終止符や疑問符や感嘆符は引用符の内側に打つ。文全体が完結しておらず，他の文が後続する場合，コンマは引用符の外側に打つ。

„Wann kommst du wieder?", rief er.
〈『君は今度いつ来るの？』と彼は叫んだ〉

② きわ立たせ

„Die Zeit" ist eine Wochenzeitung.
〈新聞『ツァイト』は週刊新聞である〉

8. アポストロフィ

人名の2格であることを示すために，アポストロフィを付けることができる。

Königs/König's Videothek　　ケーニヒの貸しビデオ店

付録V　分綴法

1. 定義
　改行により単語の一部が次行に送られることを分綴と言う。前行に留まった部分にハイフン(-)を付ける。分綴は，2音節以上の単語ではじめて可能である。

2. 原則
2.1. 合成語と派生語の分綴
　合成成分あるいは接辞を単位として分綴を行う。
　　　Aus-reise　出国　　　zer-brech-lich　壊れやすい
　　　Miss-ver-ständ-nis　　誤解

2.2. 単一語
　音節に基づいて分綴を行う。
　　　Rei-se　旅行　　　Teu-fel　悪魔　　　Gar-ten　庭

3. 母音
　母音字を一字だけ残したり，次行に送ったりする改行，あるいは分節を見誤らせるような紛らわしい改行は避けるべきである。
　　　避けるべき分綴の例：
　　　　A-del　貴族　　　　　　Treu-e　信義
　　　　Beer-digung　埋葬　　　bein-halten　内容として含む

4. 子音字の分綴に関する細則
　① ff, mm, nn, pp, ss, tt, zz のように同一の子音字が重なっている場合，後ろの子音字を次行に送る。
　　　　schaf-fen　やり遂げる　　sam-meln　収集する
　　　　ken-nen　知っている　　　klap-pen　ぱたんと折る

Mes-ser　ナイフ　　　　　　Ret-tung　救助
　　　Skiz-ze　スケッチ

② 　bs, chs, dt, ng, pf, ps, tz などの子音字結合は，最後の子音字のみを次行に送る。ただし，tsch は t-sch になる。
　　　Erb-se　エンドウ　　　　　wach-sen　成長する
　　　Verwand-te　親せき　　　　Sän-ger　歌手
　　　imp-fen　予防接種をする　　gip-sen　せっこうで補修する
　　　krat-zen　ひっかく　　　　　Deut-scher　ドイツ人

③ 　長音記号の h は，直前の母音と切り離されない。ただし，母音で始まる接辞に続く場合は次行に送る。
　　　Ah-nung　予感　　　　　　Eh-re　名誉
　　　oh-ne　…なしで　　　　　Bezie-hung　関係
　　　ru-hen　休息する　　　　　se-hen　見る

④ 　sch, ch, ß は分綴することはない。
　　　Ta-sche　バッグ　　　　　spre-chen　話す
　　　bei-ßen　噛む

【注】　従来の正書法で ck は，k-k と分綴したが，新正書法では分綴しない：
　　　Zucker →（従来）Zuk-ker　（新正書法）Zu-cker
また，従来の正書法では st を分綴することはできなかったが，新正書法では st を分綴することができる：
　　　ges-tern　昨日

5. 語源的な合成語（合成語として意識されなくなった語）
　語源的な観点に基づいて分綴することも，発音上，自然に区切れる音節で分綴することもできる。
　　　wa-rum/war-um　　　　　なぜ
　　　ei-nander/ein-ander　　　　互いに
　　　Helikop-ter/Heliko-pter　　ヘリコプター
　　　Pä-dagogik/Päd-agogik　　教育学
　　　inte-ressant/inter-essant　　興味深い

◆ 練習問題解答 ◆

【第1章】
1. 定形の動詞（定動詞）の位置：文頭，第2位，文末
   - （a） 定動詞文頭　　：決定疑問文，命令文
   - （b） 定動詞第2位：平叙文，補足疑問文
   - （c） 定動詞文末　　：副文
2. 文肢：文中の語句を移動させる場合，かならずひとかたまりで移動する語群
   - （1） An Intelligenz／ist／er／uns allen／weit überlegen.
     〈知能では彼は私たちの誰よりもずっと優れている〉
   - （2） Der Pilot／fliegt／die Maschine／heute／zum ersten Mal.
     〈パイロットはその飛行機をきょうはじめて操縦する〉
   - （3） Er／legt／dem Direktor／die Briefe／zur Unterschrift／vor.
     〈彼は所長に手紙をサインしてくれるように差し出す〉
   - （4） Aus Verdruss über ihr Verhalten／blieb／er／dem Treffen／fern.
     〈彼女の態度に腹を立てていたので彼は会合に出て来なかった〉
   - （5） Er／bekam／für sein gutes Zeugnis／von seinen Eltern／ein Fahrrad.
     〈彼はよい成績をとったので両親から自転車をもらった〉
3. 補足成分：削除すると当該の文が非文法的になる文肢
   添加成分：削除しても当該の文が非文法的にならない文肢
   - （1） (Er) trägt〔für seine Mutter〕(das Gepäck).
     〈彼は母親のために荷物を運ぶ〉
   - （2） (Ich) habe (ihn)〔gestern〕〔im Theater〕getroffen.
     〈私は彼に昨日劇場で会った〉
   - （3） (Die Lieferung der Waren) erfolgt (in fünf Tagen).
     〈品物の配達は5日後になる〉
   - （4） (Wir) blieben〔wegen einer Panne〕(auf der Autobahn) liegen.
     〈私たちはパンクのためにアウトバーンで立ち往生してしまった〉
   - （5） 〔Gestern〕ereigneten sich〔in der Stadt〕(drei Unfälle).
     〈昨日町で事故が三件起きた〉
4. 文型：
   - （a） 主語＋動詞

（b）主語＋動詞＋述語
（c）主語＋動詞＋副詞類
（d）主語＋動詞＋目的語
（e）主語＋動詞＋目的語＋目的語
（f）主語＋動詞＋目的語＋副詞類
（g）主語＋動詞＋目的語＋目的語述語

（1）彼は彼女がコートを着る手助けをする。
（2）彼はドアを開けようとしたら戸に鍵がかかっていた。
（3）彼の提案は私たちはそれを買うべきだというものだった。
（4）君に関係のないことにかまうな！
（5）彼は部屋にいるのが自分一人でないような感じがしていた。

5. 形態的規則：文肢の形態的長さに基づくもので，形態的に長い文肢，あるいは構造的に複雑な文肢ほど後方に置く

統語的規則：動詞との統語的関係に基づくもので，動詞と統語的に密接な関係にある文肢ほど後方に置く

伝達的規則：伝達すべき情報の重要性に基づくもので，伝達上の情報価値が大きい文肢ほど後方に置く

6. 文否定の nicht は否定する語句の前に置くという簡潔な規則が立てられる。すなわち，文否定の nicht は「原則的に文末，述部成分などがある場合はその前に置く」と説明されるが，動詞を文末に置いた語順をドイツ語の基本語順とした場合，述部成分もすべて文末に置かれるのであるから，文否定の nicht は否定する語句の前に置くという規則によって，述部成分に関する例外もすべて一括処理できる。

【第2章】

1.

	現在時制 単数	現在時制 複数	過去（弱変化）単数	過去（弱変化）複数	過去（強変化）単数	過去（強変化）複数
1人称	-e	-en	-e	-en	―	-en
2人称	-st	-t	-st	-t	-st	-t
3人称	-t	-en	-e	-en	―	-en

【注】 現在時制と過去(弱変化)は3人称以外は同一である。また，過去(弱変化)の人称語尾は接続法にも用いられる。これらのことを考えるならば，ドイツ語の基本的な人称語尾は過去(弱変化)の人称語尾であることになる。したがって，この人称語尾タイプをしっかり覚える必要がある。なお，過去(強変化)の人称語尾はかつてのドイツ語の名残であり，他の箇所で用いられることはない。

2. （1） lächel-（語幹）→ lächel-e（人称語尾の付加）→ lächl-e（語幹のeの削除）
   （2） lern-（語幹）→ lern-t（過去接辞tの付加）→ lern-t-t（人称語尾の付加）→ lern-t-e-t（口調上のeの挿入）
   （3） red-（語幹）→ red-t（過去接辞tの付加）→ red-e-t（口調上のeの挿入）→ red-e-t-en（人称語尾の付加）

3. 移動および状態変化を表す自動詞
   （1） Er ist über den See gekrault.
   （2） Er hat eine halbe Stunde gekrault.

4. 人称受動：被動作者（能動文の目的語）に対してなされる行為を表す〔当該の事柄を被動作者の視点から提示する〕。
   非人称受動：動作主を主語の位置から外し，行為のみを際立たせて出来事として表現する。
   （1） 自転車に乗っていた人はトラックにひかれた。
   （2） 橋は最新の技術的知識に基づいて建設された。
   （3） 芝居が終った時，激しく口笛が鳴った。

5. 接続法：叙述される事柄を事実以外のもの(単に有り得ること，ないし想像しうるもの)として提示する。
   命令法：発話の相手に対する命令，要求などを表す。
   直説法：事柄を事実のものとして提示する。

6. （1） kauf-（語幹）→ kauf-e（接続法接辞eの付加）→ kauf-e-t（人称語尾の付加）
   （2） wart-（語幹）→ wart-e（接続法接辞eの付加）→ wart-e-st（人称語尾の付加）
   （3） wart-（語幹）→ wart-t（過去接辞の付加）→ wart-e-t（口調上のeの挿入）→ wart-e-t-e（接続法語尾eの付加）→ wart-e-t-e-en（人称語尾の付加）→ wart-e-t-en（重複したeの削除）
   （4） geh-（語幹）→ ging-（幹母音変音；過去）→ ging-e（接続法接辞eの付加）→ ging-e-en（人称語尾の付加）→ ging-e-n（重複したeの削除）

【第3章】

1. müssen ： (a) 状況に基づく不可避性
            (b) 目的を遂行する上での必要性
            (c) 印象などに基づく確信に近い推量
   sollen ： (a) 主語に対する他者の意志
            (b) 主語に関する第三者の主張・うわさ
   (1) sollt
   (2) muss

2. (1) abbrechen, abreißen
       基礎動詞の行為によって目的語を取り去ることを表す。
   (2) abfahren, abreisen
       基礎動詞の表す移動が起点からの出発であることを表す。
   (3) abschreiben, abtragen
       基礎動詞の行為によって目的語を徐々に古くすることを表す。
   (4) abspringen, absteigen
       基礎動詞の行為が下方に向うことを表す。
   (5) abspülen, abtrocknen
       基礎動詞の表す状態変化が何かを取り去ることによって成り立つことを表す。

3. (1) Das Wasser klärt sich.
       〈水は澄む〉
   (2) Die Schraube löst sich.
       〈ネジがゆるむ〉
   (3) Das Lied singt sich leicht.
       〈この歌は歌いやすい〉
   (4) Der Unfall erklärt sich leicht.
       〈この事故は簡単に解明できる〉

4. (1) Auf dem Land lebt es sich gut.
       〈田舎は暮らしやすい〉
   (2) Mit knurrendem Magen schläft es sich nur schlecht ein.
       〈腹がグウグウ言っていてはなかなか眠りにつけない〉

5. 機能動詞構造の機能：
   (a) 動詞的意味の強調
   (b) 動作相の明確化
   (c) 受動表現の形成
   (d) 他動的（使役）表現の形成

（1）君は私のことを考慮する必要はない。
（2）突然私は滑った。
（3）その仕事は完結した。
（4）私は彼を再び笑わせた。

【第4章】

1. 定形：主語の人称と数に呼応している形
   不定形：主語と人称・数に呼応していない（すなわち人称・数について定まっていない）形
2. 形態的特徴：動詞の語幹が -el/-er で終る
   理由：これらの動詞は，語幹に弱アクセントの e を含むため，語尾 -en を付加すると，弱アクセントの e が連続することになり，これを避けるために語尾が -n になる。
3. （1）彼は思い違いをしたかも知れない。
   （2）彼はその男を見たことを否定しなかった。
   （3）フランツは試験を終えたら故郷に行く。
4. （1）私はいつか喫煙の習慣を止めなければならない。
   （2）私はあなたにその申し出を受けるように助言する。
   （3）私は夜中に仕事をする習慣を持っている。
   （4）少なくとも1つの課題はどの受験者も解かねばならない。
   （5）これ以上の遅延はどうしても避けなければならない。
   （6）私はもう一時間働かなければならない。
5. （1）日本の医者は15時間かかった手術で切断された手を縫い合わせた。
   （2）町の南部に住んでいるので，彼は仕事場までの距離が遠かった。
   （3）それは忘れ得ぬ出会いだった。
6. （1）新しい髪型で彼女は見た感じが違う。
   （2）彼は転んだ子供を再び立ち上がらせる。
   （3）大統領は二人のボディーガードに付き添われて車に乗った。

【第5章】

1. 単数形：名詞の指示対象が不可算的である場合，および可算的ならば，1つのものである場合に用いる。
   複数形：可算的なものが2つ以上ある場合に用いる。
   （1）彼は譲歩する用意がある。

（2）それは彼女にとって頭痛の種だ。
　　　（3）私たちは出費を厭わないだろう。
　　　（4）その仕事は大いにはかどった。
2. 自立格：前置詞を伴わない目的語
　　前置詞格：前置詞を伴う目的語
3. （1）患者は上機嫌だ（述語の2格）。
　　（2）彼は殺人の容疑をかけられる。
　　（3）彼は表彰に値しない。
　　（4）彼の訪問は彼女には徐々に煩わしくなる。
　　（5）彼は彼女の目を見る（所有の3格）。
　　（6）ダイバーは鼓膜が破れた（所有の3格）。
　　（7）医者は患者の傷を洗う（所有の3格）。
4. （1）真実を知っている人はそれを私に言いなさい。
　　（2）彼は眠ろうとしたが，眠ることが出来なかった。
　　（3）彼は自分の計画以外のことは何も話さなかった。
　　（4）彼には敵がいなかった。
5. 冠詞類：名詞句の句頭に置かれる語群
　　定冠詞類と不定冠詞類の格変化の相違点：男性1格と中性1・4格で定冠詞類が強語尾をとり，不定冠詞類が無語尾になる。
　　（1）生まれながら犯罪者的な素質を持っている人もいる。
　　（2）あなたは子供の時にどのような病気にかかりましたか。
　　（3）音楽の専門家および自分でそう思っている人たちが来た。
6. 例文（a）は既知の女性のなかから誰かを結婚相手として選択することを求めるのに対し，例文（b）は結婚相手になる女性の特性を述べることを求める。

【第6章】

1.

	男性	女性	中性	複数		男性	女性	中性	複数
1格	-e	-e	-e	-en		-e	-e	-e	-en
2格	-en	-en	-en	-en	⇒ 2格	-en	-en	-en	-en
3格	-en	-en	-en	-en		-en	-en	-en	-en
4格	-en	-en	-en	-en		-en	**-e**	**-e**	-en

2.

	男性	女性	中性	複数			男性	女性	中性	複数
1格	-er	-e	-es	-en		1格	-er	-e	-es	-en
2格	-en	-en	-en	-en	⇒	2格	-en	-en	-en	-en
3格	-en	-en	-en	-en		3格	-en	-en	-en	-en
4格	-en	-en	-en	-en		4格	-en	**-e**	**-es**	-en

3. 冠詞類がない場合，および不定冠詞類の男性1格と中性1・4格のように，格語尾がない場合，形容詞は格表示に関して積極的な強語尾を付ける。他方，冠詞類が存在し，格を明示する場合，形容詞は格表示に関して消極的な弱語尾を付ける。このように，ドイツ語の格表示は，どこか一箇所で格が明示的になればよいという言語経済性に基づき，冠詞類と形容詞の，一部名詞も含めた「相補的な」関係をもとにして行われている。

4. （1）この料理は味が甘い。
　　（2）彼は友人を殴って殺した。
　　（3）以前映画は白黒でしか見ることができなかった。
　　（4）彼はこの提案を受け入れ難いものだと述べる。
　　（5）それはその努力に値しない。
　　（6）私は彼とずっと以前から知合いだ。
　　（7）彼は古いものにしがみついている。

5. （1）君はどうして今頃になって来るの。
　　（2）それらの本がどこにあるかちょっと調べてみろ。
　　（3）君は何をそんなに喜んでいるの。
　　（4）君はどんな結論をそれから引き出すの。

6. 動作の行われる（あるいはある状態が続いている）位置「どこそこで」を表すときには3格を支配し，動作によって人やものが移動して行く方向「どこそこへ」を表すときには4格を支配する。
　　（1）彼女は彼に対して敬意をもっている。
　　（2）この問題は非常に重大だ。
　　（3）医者は病人の命を救おうと必死の努力をする。
　　（4）カールはハンスよりも頭1つ大きい。
　　（5）金持ちの未亡人との私の結婚は大センセーションをまき起こした。

【第7章】

1. （1）彼はイタリアのことを知っている，そこに住んでいたのだ。
　　（2）雨が降っていた，それにもかかわらず彼は散歩に出かけた。
　　（3）私は彼女に彼がもう着いたかどうか尋ねた。

(4) 誰が試験に受かったのか知っている人はいなかった。
   (5) 彼は何も知らないので証言できない。
   (6) 彼女は非常に遅れたので，列車はもう出てしまっていた。
   (7) 彼も彼女もその映画を見なかった。
   (8) 私はワインかビールを飲む，しかし両方は飲まない。
   (9) 遅かったが，誰も帰宅しようとしなかった。
2. (1) 必要とするものはすべて，私たちはスーパーで買うことが出来る。
   (2) 私が君に頼めたら頼みたいことがたくさんある。
   (3) 長雨は大洪水を引き起こし，それで交通は麻痺した。
   (4) 外国の言葉を知らない人は自分の言葉も分からない。
3. (1) この土地は他のものより2倍大きい。
   (2) ケルンはミュンヒェンほど大きくない。
   (3) へつらいほど私の嫌いなものはない。
   (4) 誰よりも私は彼女のことを愛している。
   (5) どのような違反がもっとも頻繁に起きますか。
   (6) その詩に対し私は彼と異なった解釈をした。
   (7) 彼らは比較的長い休憩をした。
   (8) 彼女は彼に心からのお祝いを述べる。
   (9) 彼の娘はますます美しくなる。
   (10) 年をとるにしたがって，彼も思慮深くなる。

《文法索引》

●あ行
アクセント 316
1格 194 *f*

●か行
外交的接続法 100 *f*
格 190
確認疑問文 7
格変化
　―名詞 190 *ff*
　―冠詞類 222 *ff*, 231 *ff*
　―形容詞 241 *f*
過去基本形 64 *f*
過去形 64 *ff*
過去時制 72 *f*
過去完了時制 74
過去分詞 168 *ff*
過去分詞句 172 *f*
活用 56
関係詞 293
関係代名詞 293 *ff*
関係副詞 298
関係文 299 *f*
冠詞 216 *ff*
冠詞類 215
冠飾句 23, 165, 172, 300
関心の3格 198
間接話法 95 *f*, 279
感嘆文 8
完了相 145 *ff*
完了動詞 145
完了不定詞 67, 151
機能動詞 141
機能動詞構造 141 *ff*
疑問冠詞 230, 236
疑問代名詞 214

疑問代名副詞 250 *f*
疑問副詞 248 *f*
疑問文 5 *ff*
強語尾 222
強調構文 208
強変化 222
強変化動詞 58 *f*, 63 *ff*
口調上の e 61 *ff*, 65, 103, 168, 303
句読法 323
敬称 203
継続相 145 *ff*
継続動詞 145
形容詞 240 *ff*
　―の名詞的用法 245 *f*
　―格・前置詞支配 246
結合価 24
決定疑問文 5 *f*
原級 302, 306 *f*
現在時制 71 *f*
現在完了時制 73 *f*
現在分詞 163 *ff*
現在分詞句 166
肯定文 9
呼応 56 *f*
語順→文肢配列
固有名詞 177
混合変化動詞 59 *f*, 65, 168

●さ行
再帰代名詞 131 *ff*
再帰動詞 133 *f*
最高級 302 *ff*
最上級→最高級
3格 196 *ff*
3格目的語 17, 196 *ff*
3基本形 57 *ff*

〈文法索引〉── 341

3要形→3基本形
指示冠詞　222 *ff*
指示代名詞　208 *ff*, 297
時称→時制
時制（直説法）　71 *ff*
　　―絶対的用法　76
　　―相対的用法　76
時制（接続法）　93 *f*
弱語尾　241
弱変化動詞　59
集合名詞　176 *f*
修辞疑問文　7
従属接続詞　288 *ff*
従属複合文　276, 278
従属文→副文
熟語動詞　129
主語　11 *ff*
主語述語　13 *f*, 243
主文　5
述語　13 *ff*
述部成分　11, 40 *f*
受動態　77 *ff*
受動不定詞　77
状態再帰　137
状態受動　87 *f*, 147
助動詞　110
所有冠詞　231 *ff*
所有の3格　197 *f*
自立格　200
親称　203
数　181 *ff*
性→文法上の性
接続法　89 *ff*, 107
絶対最高級　308 *f*
絶対比較級　308 *f*
ゼロ冠詞　220 *f*
選択疑問文　6
前置詞　254, 261 *ff*
　　―格支配　254 *ff*
　　―と定冠詞の融合形　256 *f*
　　―と人称代名詞の結合形　203, 249 *f*, 258 *f*
前置詞格　200

前置詞格目的語　18 *f*
相関詞　161 *f*
相互代名詞　136 *ff*

●た行
体験話法　280
代名詞　201 *ff*
代名副詞　249 *f*
単一文　4
男性弱変化名詞　192 *f*
単純不定詞　150 *f*
単数　181, 186 *f*
単数形名詞　188 *f*
知覚・感覚動詞　152
抽象名詞　177
直説法　89
直接話法　279
定関係代名詞　293 *ff*
定冠詞　216 *ff*
定冠詞類　215, 222 *ff*
定形　57, 150
定形の動詞　38 *ff*, 57
定動詞→定形の動詞
添加成分　21, 24
動作受動　77 *ff*
動作相　145 *ff*
独立的間接話法　96

●な行
2格　195 *f*
2格目的語　18
人称　201
人称語尾　56, 61, 66
人称受動　80 *ff*
人称代名詞　201 *ff*
人称動詞　139
人称変化　56
　　―現在　61 *ff*
　　―過去　65 *ff*
　　―未来　67
　　―完了　67 *f*
　　―受動　77 *f*
　　―接続法　89 *ff*

認容文　284 *f*

●は行
判断の 3 格　197
比較級　302 *ff*
否定冠詞　234 *f*
否定文　9
非現実願望文　99 *f*
非現実話法　98 *f*
非人称主語 *es*　139 *f*
非人称受動　79 *ff*, 82 *ff*
非人称的用法　139 *f*
非人称動詞　140
非分離動詞　122, 126 *f*, 169
非分離前つづり　122, 126 *f*
付加語　22 *f*, 147, 164 *f*, 172, 260
不規則変化動詞　58, 60
副詞　247 *ff*
副詞類　20 *ff*, 244, 260
複数　181, 186
複数形　181 *ff*
複数形名詞　189
複合動詞　122 *ff*, 169
複合文　4, 276 *ff*
副文　5, 281 *ff*
普通名詞　176
物質名詞　177
不定冠詞　218 *ff*
不定関係代名詞　296 *ff*
不定冠詞類　215, 231 *ff*
不定形　57, 150
不定詞　150 *ff*
不定数冠詞　226 *ff*
不定代名詞　210 *ff*
部分否定　52
文　4
文型　24 *ff*
文肢　10
文肢配列　29 *ff*, 41 *ff*
文頭　36
文否定　48 *ff*
文法上の性　178 *ff*
分離動詞　123 *ff*, 169

分離・非分離動詞　123, 128 *f*, 169
分離・非分離前つづり　123, 128 *f*
分離前つづり　122 *ff*
平叙文　5
並列接続詞　276 *f*, 286 *f*
並列複合文　276 *ff*
補足疑問文　6
補足成分　21, 24
本動詞　110

●ま行
未来時制　74 *f*
未来完了時制　75 *f*
未来受動分詞　167
無冠詞→ゼロ冠詞
名詞　176 *ff*
命令形　102 *ff*
命令文　105 *f*
命令法　102
目的語　15 *ff*, 259
　　―述語的形容詞の目的語　19 *f*
目的語述語　14 *f*, 243 *f*, 260

●や行
要求文　7 *f*
要求話法　97
4 格　198 *ff*
4 格目的語　16 *f*, 198 *f*

●ら行
利害の 3 格　197

●わ行
枠構造　30 *f*
枠外配列　31 *f*
話法の助動詞　112 *ff*
　　―独立的用法　120 *f*

all-　226 *f*
als ob 文　100
bekommen 受動　85
da(r)-＋前置詞　203, 249 *f*, 258

〈文法索引〉── 343

dies-　222 *f*
dürfen　114
einer　211
es　204 *ff*
etwas　212 *f*
haben　110 *f*
haben と sein の使い分け　68 *ff*
jed-　228
jemand　211 *f*
jen-　224
können　114 *f*
lassen　86, 121 *f*
man　210 *f*
manch-　228 *f*
mögen　115 *f*
müssen　116 *f*
nicht の位置　48 *ff*
nichts　213
niemand　212

solch-　225 *f*
sollen　118 *f*
was　214, 296 *f*
was für ein-　236
welch-　230
wer　214, 296
werden　111 *f*
wie による関係文　301
wollen　119 *f*
würde の結合形　93
zu 不定句 → *zu* 不定詞句
zu 不定詞　154
zu 不定詞句　154 *ff*
zu 不定詞句と *dass* 文　158 *f*
zu 不定詞句 + *haben*　160 *f*
zu 不定詞句 + *sein*　86, 159 *f*
-eln／-ern 型動詞　62 *f*
-s と -es の使い分け　191 *f*

[著者紹介]

在間　進（ざいますすむ）

1944年東京に生まれる。1969年東京外国語大学よりゲルマン系言語専攻（ドイツ語学）で修士号をとる。1971年DAAD給費生として渡独。1973年から1976年までInstitut für deutsche Spracheに専任研究員として勤務。東京外国語大学名誉教授。

[編著]『アクセス独和辞典第3版』（三修社），『アクセス和独辞典』（三修社），『ドイツ語会話とっさのひとこと辞典』（DHC）

[著書]『新キャンパス独和辞典』（郁文堂），『エクセル独和辞典』（郁文堂），『スタートラインのドイツ語』（三修社），『ゼロからはじめるドイツ語』（三修社），『Z先生の超かんたんドイツ語』（郁文堂）

[共著]『独検合格4週間5級』（第三書房），『独検合格4週間 Neu 4級』（第三書房），『独検合格4週間3級』（第三書房），『新・独検合格 単語＋熟語1800』（第三書房）

[改訂版] 詳解ドイツ語文法

© S. Zaima, 2006　　　　　　　　　　NDC 840／xi, 343p／22cm

初版第1刷──1992年6月1日
改訂版第1刷──2006年9月15日
第2刷──2013年9月1日

著　者─────在間　進（ざいま　すすむ）
発行者─────鈴木一行
発行所─────株式会社　大修館書店
　　　　　　　〒113-8541　東京都文京区湯島2-1-1
　　　　　　　電話　03-3868-2651 販売部／03-3868-2294 編集部
　　　　　　　振替　00190-7-40504
　　　　　　　[出版情報] http://www.taishukan.co.jp

装丁者─────下川雅敏
印刷所─────壯光舍印刷
製本所─────牧製本

ISBN978-4-469-21307-2　Printed in Japan

®本書のコピー，スキャン，デジタル化等の無断複製は著作権法上での例外を除き禁じられています。本書を代行業者等の第三者に依頼してスキャンやデジタル化することは，たとえ個人や家庭内での利用であっても著作権法上認めておりません。